WIZARD

新装版

マーケットの
テクニカル百科

実践編

Technical Analysis
of Stock Trends, 8th Edition

by Robert D. Edwards, John Magee, W. H. C. Bassetti

ロバート・D・エドワーズ、ジョン・マギー、W・H・C・バセッティ[著]

長尾慎太郎[監修]　関本博英[訳]

Pan Rolling

本書は、2004年にパンローリングから『マーケットのテクニカル百科　実践編』
として発売されたものの新装版です。

CONTENTS

目次

第2部　トレード戦術　　9

CONTENTS

CONTENTS

CONTENTS

Technical Analysis of Stock Trends, 8th Edition
by Robert D. Edwards , John Magee and W. H. C. Bassetti
Copyright © 2001 CRC Press LLC.
St. Lucie Press is an imprint of CRC Press LLC
Published by AMACOM, a division of the American Management
Association, International, New York
Japanese translation published by arrangement with AMACOM,
a division of the American Management Association, International,
New York through The English Agency (Japan) Ltd.

第2部

トレード戦術
Trading Tactics

まえがき

　第2部のまえがきとして、ハーバード大学総長であるジェームズ・ブライアント・コナント博士（化学者・教育家）の「科学の理解について――ひとつの歴史的なアプローチ」と題する論評について言及したい。コナント博士は科学について、われわれは学校で次のように学ぶべきだと述べている。つまり、科学とはさまざまな事実を体系的に集積したものであり、それらの事実は整然と分類・分解・分析・検討・総合、そして考察されてはじめて偉大な法則が現れる。その法則は適正かつ完全なものであり、産業や医学はもとより、その他のすべてのものにもすぐに利用できる。

　コナント博士はさらにこのような偉大な法則について、多くの専門外の人々は誤った考え方をしているという。同博士によれば、偉大な法則の発見は疑問点を解きながら少しずつ形を整えていくのであり、徐々に明瞭かつ正確に、そして十分に立証される理論が形成されていく。一連の立証と検討作業による整然とした基礎データの作成は当初から始められるのではなく、ずっとあとになって初めて着手される。実際にデータの作成などはまったく別の人々によって行われるものであり、それらの人々はさまざまな結論を提示されることによって、完全に統合された立証データを組み立てることが可能となる。マーケットの動きの理論もこれとまったく同じであり、インスピレーションによって一瞬にして構築されるのではなく、多くの投資家や研究者の経験をひとつひとつ積み上げることによって形成される。そうした理論は長年にわたって繰り返し出現する典型的な現象を説明するためのものである。

　しかし、実際に株式取引を行っている投資家はそのような理論だけに関心を持っているのではない。株式投資の初心者は「その方法とは

どのようなものですか」と質問するが、それはおそらく「早く簡単に多くのお金を儲けるにはどの株式を買ったらよいのか」を聞きたいのであろう。そのような投資家が本書を読めば、何らかのヒントが得られるかもしれないと思うだろう。つまり、本書に書かれてあることを「試してみる価値がある」と思うかもしれない（逆に言えば、このように思う投資家はそれまで試してみるに値しないことばかりをやってきたのである）。しかし、このような投資家は株式投資の理論などはまったく理解することなく、またこの本に述べられている投資手法を経験することもなく、その結果、それらの投資手法に対して真の確信を抱くだけの基礎的な知識も習得しないで、まったく楽観的にスタートする。

このような投資家が望みどおりに簡単に成功することはめったにない。その新しいアプローチには経験による裏付けがまったくないので、すぐに過ちと失敗を招いてしまう。たとえその手法をかなり注意深く適用して株式を売買しても、まったく理解できないさまざまなマーケットの動きに直面してしょっちゅう損失を出すだろう。さらに自分のしていることに強い確信を持てないために、ため息をつきながら本書を本棚に戻してこう言うだろう。「思ったとおりだ。この本はまったく役に立たない」

もしもあなたが初めて農業に従事するとして、タバコ栽培の商売はとても儲かるという話を聞いたとしよう（これは本当である）。しかし、まったく設備投資もしないで、しかもタバコ栽培はどのような土壌、どの地方で、そしてそのようにして栽培するのかについて調べもせずに、また収穫の経験もないのに利益だけを期待しても、それではまったくだめである。まずあなたは確信を持たなければならない。すなわち、栽培の時期や栽培法に対する信念である。もしも最初の収穫が虫害を受けたら（これはよく起こる）、当然のことにがっかりするだろう。2年目の収穫もひょう害を受けたら大きく落胆するだろう。

　もしも３年目も干ばつで全滅したら、おそらく相当に悲観的になるだろう。しかし、あなたは「万事休すだ。良いことなんて何もありゃしない」とはあきらめないかもしれない。もしもあなたが農業や公認の栽培法などを学んでいたら、不幸な出来事が続発しても自分の信念が揺らぐことはないだろう。そしてもっと簡単ではあるが利益はあまり期待できないほかの作物の栽培に転換するようなことはなく、今の道がどれほど困難に満ちていようとも、その道を進めば最後には大きな報酬を手にすることができることは皆さんもよくご存じであろう。

　株式市場のテクニカル分析の手法についてもこれと同じことが言える。だれにでも悪い時期はある。本書に述べられた手法に従ってマイナートレンドで売買していた投資家がメジャートレンドの転換に直面すると、連続して損失を出すかもしれない。そして株式投資の理論をよく理解していない人は、それまでの売買手法をすべて放棄し、最近のマーケットの動きにうまくフィットした方法を模索するだろう。「もしも平均的にトレードしていたら…、もしも夢のなかに出てきた本に書いてあったことを実行していたら…、もしもXYZ株についてチャーリーの予想に従っていたら…、もしもこうしていたらかなりの利益になったのに…」などと。

　これまで考え出された投資手法がけっして損失を回避してくれるものではないこと、そのときには痛ましいほどの連続的な損失を被る可能性があることを最初に理解しておくことが大切であり、そのほうが安全なのである。われわれが求めているのは、そのような状況にも当てはまる確率の方法であることを理解すべきである。例えば、700粒の白豆と300粒の黒豆が入っている袋から１粒を取り出すとき、それが白豆である確率はかなり高い（たとえ黒豆を続けて10粒取り出しても）。これと同じように、これまで長期にわたって最も確実に、そして何度もマーケットのメカニズムと一致してきたと思われる手法に従って売買していけば、最後には報われる可能性はかなり高いだろう。

この本はちょっと目を通すといった性質のものではないし、また簡単に金儲けできるような内容が書いてあるわけではない。読者の皆さんはこの本を何度も熟読し、株式投資の参考書として利用すべきである。最も重要なことは皆さん自身が成功と失敗の両方を実際に経験することである。そうすれば自分のしていることは、さまざまな状況の下で自分ができる唯一のロジカルな行為であることが分かるだろう。このような心構えを持てば、皆さんはそれに見合った程度に成功するだろう。そして失敗も株式投資というビジネスの一環としてうまく切り抜けられるようになれば、投資資金も投資意欲もなくなることはないだろう。本書を通じて詳述・分析されているのは、株式投資の手法というよりはむしろ株式投資の哲学なのである。

　皆さんがテクニカル分析から究極的に学ぶものは、何が自由に競争売買されているのか、競争売買のメカニズムとはどのようなものか、そしてその意味は何か——といったことを深く理解することである。株式投資のこの哲学は木の上で成長するものでも、また海水の泡から生まれるものでもない。それは経験の積み重ねと真摯かつ知的な絶えざる努力から徐々に生まれるものである。

　この第2部はトレード戦術について述べている。これまで検討してきたことは株価のテクニカルなパターンとそれらの重要性についてである。われわれはチャートにあるパターンが現れたら、そのあとに何が起こるのかを大まかに理解しなければならない。しかし、たとえそれが分かったとしても、実際にさまざまな株式を売買するときは、「いつ」「どのように」売買するのがベストなのかについて、さらに明確な指針が必要である。

　この第2部はひとりの人間の経験と、彼の何千回にも及ぶ実際の投資事例の分析に基づいている。ここでは投資手法とその応用の問題が扱われており、実際に株式市場で売買するときの実行可能な基準となるだろう。皆さんは時間がたつにつれて自分なりの投資手法を身につ

けられるだろうし、または自分の経験に基づいて本書で示した手法を
修正して実践してもよいだろう。そのどちらであっても、第2部に述
べられたことを十分に理解されるならば、皆さんは賢明にかつ秩序立
った方法でテクニカル分析ができるようになるだろう。そうなれば、
皆さんは当然のことに損失から免れる一方、利益のほうはだんだんと
増えていくだろう。

　　　　　　　　　　　　　　　　　　　　ジョン・マギー

第18章
トレード戦術の問題
The Tactical Problem

(編者注　マギーはこの章で、中短期トレンドに従って売買する「投機家」向けのトレード戦術を述べている。長期投資家向けのトレード戦術と戦略については第18.1章で検討する)

　強気相場で損失を出すこともあるし（多くの投資家がすでに経験済みである）、弱気相場の空売りで損をすることもある。あなたのメジャートレンドに対する判断は完全に正しく、またその長期投資戦略も100%正しいとしよう。しかし、戦術、つまり戦場における実際の戦いの局面を詳細に把握する能力がなければ、いくら詳しい知識を持っていてもそれだけで最高の利益を上げることはできない。

　投資家、特に経験の少ない投資家がたびたび失敗するのはいくつかの理由がある。ある株式を買ってそれが値上がりしても、彼らには目標株価もないし、いつ売却して利益を確定したらよいのかを決定する方法も持たない。またその株価が下がっても、いつ損切りしたらよいのかを決める方法も知らない。その結果、彼らは儲け損なうし、また素早く損切りできないために損失が膨らんでいく。さらに株式を買うときには（または空売りするときにも）費用がかかるし、そのトレードを手仕舞うときもやはり取引コストがかかるという心理的なプレッシャーが重くのしかかっている。株価が急騰したときの最高値、または急落したときの最安値をとらえることは極めて難しく、実際の約定値段はそうした最高値・最安値よりもかなり不利なものとなる。どれほど堅実かつ賢明に投資しても、期待した動きが始まるまでには10〜15%（またはそれ以上）の評価損が出るかもしれない。購入した株式

が予期した方向に動く前に、十分な理由もなく弱気になってそこで手仕舞ってしまえば、不要な損失を出したり、または儲けるチャンスをまったく失ってしまう。

底値圏で買って天井近くまで持ち続けてそこで売却し、再び底値で買える次のチャンス（おそらくそれは数年後であろう）が来るまで現金や債券の形で資金を保有する長期投資家は、継続的にいつ買って、いつ売却するのかといった問題には直面しない。もっとも、こうしたことができるのは株価が底値や最高値に達する時期を、その投資家が正確に知ることができることが前提になっている（これは実に大きな前提である）。メジャートレンドで大きな利益を得ようとするこのような長期投資は、実際には「安値で買って天井近辺で売る」という一般的な言葉のようにはけっしてうまくいかないものである。しかし、そのような大きな利益は長い忍耐のあとに得られるもので、それは極めて感激するものである（**注　第5章と第5.1章にはダウ平均の推移が示してある**）。

この第2部では株式の投機的な売買について詳しく検討している。投資と投機にはいくつかの基本的な違いがある。この相違点をよく理解して、これから自分はそのどちらをやろうとしているのかを正確に知ることが大切である。どちらの手法にもそれぞれのメリットがあり、また実行可能であるが、もしも皆さんがこの2つをはっきり区別しないと重大な問題が生じ、その結果として大きな損失を被るだろう。まず最初に知らなければならないことは、もしもあなたが投機家であるとすれば、投機的な株式を売買しているということである。株式はその企業に対する部分所有権であるが、株式と企業はまったく同じものではない。堅実な企業の株式が弱い動きをするのはけっして珍しいことではなく、また極めてぜい弱な企業の株式が力強い動きをすることもある。企業とその株式はまったく違うものだということをよく理解する必要がある。テクニカルな手法は、株式を売買したり、保有する

図200　強気相場で株式をバイ・アンド・ホールドしても損をすることがある。この株の大天井は1929年ではなく1928年の夏に形成されたが、多くの株式と平均株価はその後も1年以上にわたって強気相場のもとで上昇を続けた。これに対し、カダヒー株は一貫して下げ続け、1929年の大暴落前には50ドル以下となった。それ以降も4年以上にわたって下降トレンドを続け、最終的には20ドルまで下げた。8月21日のヘッドにおける少し異常なほどの出来高を除けば、これは9月半ばの上昇を右肩とする典型的なヘッド・アンド・ショルダーズ（H&S）である。H&Sトップはほかの株式が強気にあるときでもけっして軽視すべきではないと先に警告したが、そのことはここでも立証されている。H&Sトップはそれが単純な形または複合型であろうとも、それは大天井や中期の天井に現れるのに対し、H&Sボトムは大底または中期の底に出現するものである。その出来高、持続期間および持ち合い放れなどの動きには、長方形や上昇・下降三角形と同じような特徴が見られる。穏やかな動きをするH&Sは円形の反転パターンと似た形になることが多い。

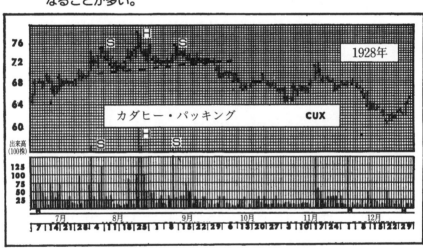

19

人々が関心を持つ株式の価格だけを扱っている。

　投資と投機の二番目の相違点は配当金についてである。「純粋な投資家」（今ではかなり珍しい存在になった）とは、株式からの配当収入（投資に対する現金配当）だけを目的としている人々である（注　今ではこのような投資家はほとんどいない）。株価が75％以上も下落しても一定配当を維持しているような株式はよくあるし、また微々たる配当金や無配でもかなり大きなキャピタルゲインが得られる株式もある。一部の投資家が考えているほど配当率が重要なものであるならば、そのような人々にとって必要なリサーチツールは各銘柄の利回りを計算する計算器だけで十分であり、株式の価値もそれで計算できる。配当金だけが株式投資の基準であれば、無配の株式はまったく価値のないことになる。

　テクニカルな観点から見ると、売買損益と切り離した収入は何の意味も持たない。株式投資の総利益とは、その株式の売却額から購入額を差し引いた金額に配当金を加えたものである。その利益が株価の値上がりによるものか、配当金によるものか、それともその2つによるものかはそれほど重要な問題ではない。空売りをすればその人は配当金を支払わなければならないが、それはその取引の正味の損益を計算するとき、売買益や売買損として一括されるひとつの要素にすぎない。

　投資と投機の三番目の相違点は、よく混乱を招くものである。「純粋な投資家」は30ドルで買った株式が今は22ドルになってしまったが、まだ売却していないので損失にはなっていないとよく主張する。このような投資家はその企業に大きな信頼感を寄せており、株価が回復するまでその株式を保有するつもりであるという。さらにはけっして損切りはしないと強調することもある。そうした投資家が1953年に40ドル以上でスチュードベーカー株を買い、1956年に約5ドルまで下がっても依然として保有していれば、彼は自分の立場を何と言って正当化するのだろうか。しかし、彼にとって損失というものは実際に実現す

るまでは存在しないのである（注　オズボーン株は1980年代に25ドルからゼロになったほか、ビサカルク株なども紙くず同然となった）。彼は自分が買った株式はいずれは買値まで戻るだろうと信じているのだろうが、そうした信念そのものが投機的な期待にほかならない。しかもそれは絶望的な期待である。さらに、その理由付けが常に首尾一貫しているのかどうかもはなはだ疑問である。例えば、彼が30ドルで買った株式が今では45ドルまで上昇したとしよう。こうした場合も彼はその株式を実際に売却するまでは損益を考えないのだろうか。今のその評価益を確定しようとはしないのだろうか。損益は実現してから、または取引を終了してから考えてもよいし、またはそのときの市場価格に基づいて考えてもよい。しかし、ある方法によって自分の過ちを隠し、別の方法で成功を強調するというのは、自分に対して正直ではない。投資と投機というコンセプトを混同することが、多くの経済的な悲劇を生んでいるのである。

　（編者注　最近では投資と投機を混同しているような人々が、意識的または神経症的な行動をとることがよくある。現在では保有するポジションを値洗いするソフトなども簡単に入手できるが、こうしたことを知らないと遅かれ早かれ自滅することは明らかである）

　テクニカルな手法に基づく投資家としての皆さんは、おそらく評価損益を基準にするのが最も現実的な方法であると考えるだろう。すなわち、ある時点での損益をその日の終値で評価するのである。ここでこれまで述べてきたポイントを要約しよう。①株式とその株式を発行している企業を同じもの、または価値の等しいものと考えてはならない、②意識するしないにかかわらず、市場価格を無視し、利回りを基準にしてその株式の価値を決めてはならない、③実現損益と評価損益を混同してはならない。

　（注　株式市場における最も重大で危険なワナと落とし穴は、投資家の理解不足とその結果として起こる間違った考え方に関係するもの

図201　読者の皆さんはこのハドソン株のチャートをどのようにご覧
になるだろうか。1929年10〜11月の株式大暴落によって、ダ
ウ平均は9月の最高値386.10ドルから11月には198.69ドルま
で暴落した。ダウ平均が294・07ドルまで戻した1930年4月ま
での上昇幅は95ドル、つまりそれまでの下げ分の51%を埋め
ており、これは完全に通常の調整の範囲内である。仮にハド
ソン株が1929年の最高値93 1/2ドルから37ドル下げたので、
割安圏に入ったこの株を56ドルで買ったとしよう。1930年初
めの日足チャートにはこのような下降三角形が形成された。
ここであなたはプロテクティブストップを入れるだろうか。
それとも終値で54ドルを下抜いた翌日に成り行きで手仕舞う
だろうか。またはその後の上昇を期待して50ドル、48ドル、
40ドルでナンピン買い下がりをするだろうか。もしくは6月
に25 1/2ドルを付けたときも「健全な長期投資」という考え
でこの株を保有しているだろうか。そして3ドル以下となっ
た1932年の最終的な大底のときも、依然としてこの株を保有
し続けているだろうか（図65を参照）。

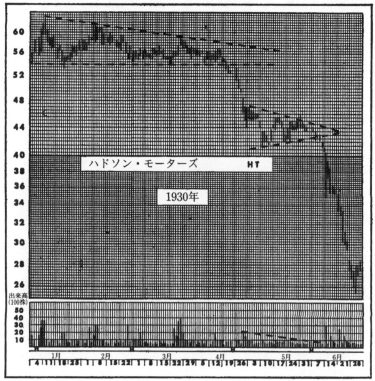

で、このような心理的な問題の研究については、ジョン・マギー著
『ジェネラル・シマンティクス・オブ・ウォールストリート（The
General Semantics of Wall Street）』を参照のこと。本書の編集者
によってまとめられた現在の第2版の表題は、『ウイニング・ザ・メ
ンタル・ゲーム・オン・ウォールストリート（Winning the Mental
Game on Wall Street）』である）

　テクニカル分析に基づく投資家は、「バイ・アンド・ホールド」と
いった手法はとらない。数カ月とか、数年間にわたってその株式を保
有したほうが有利であると思われるときもあるが、評価損益を無視し
てもその株式をいったん売却したほうがよいときもある。成功するテ
クニカルアナリストは目の前の状況から判断して、そうした状況がそ
れ以上続かないと判断すれば、感情に押し流されてそこに踏みとどま
るようなことはけっしてない。テクニカルな手法をベースとする経験
に富んだ投資家は、短い中期トレンドから利益を得るが、その純利益
はたとえ手数料といった取引コストや税金などを考慮しても、長期ト
レンドに基づく売買による純利益よりも大きいのである。

　しかし、このような短期取引の利益も簡単には得られないことをよ
く理解すべきである。このような利益は油断することなく、一貫した
投資戦術を繰り返し実践することによってはじめて得られるのである。
株式市場をスタッドポーカーやルーレットのような賭博場と考えて、
単なる数学的なシステムによって「株式市場に打ち勝とう」としても
それは不可能である。いやそれは可能であると思うならば、ここで本
書を読むのを止めて、自分の気に入ったそうしたシステムを十分に研
究し、それをマーケットの実際の動きの長い記録と照らし合わせてみ
るとよい。株式取引のガイドとして、そのシステムだけに従って成功
した人があったかどうかを調べてみるとよい。

　（注　マギーが本書を著したあと、多くの成功したトレーダーがコ
ンピューター技術や高度なファイナンス理論をベースとし、株式市場

で目覚ましい成果を上げたという客観的なシステムを開発した。しかし、一般にマーケットはそうしたシステムの成功を裏切るような対抗策を次々と打ち出すようである。その結果、そうしたメカニカルなシステムのパフォーマンスは次第に悪化していく傾向がある）

テクニカル分析にはもちろん数学も含まれているが、それは数学的なプロセスではない。テクニカル分析は株式市場に対する明確な認識（すなわち、株式市場は敏感なメカニズムであり、マーケットに関心を持つすべての人々の考えは民主的な競争入札によって、その時点の株価に反映されたただひとつの数値に集約されるという事実の認識）に基づいて、似たような過去の経験からチャートによってマーケットの動きの意味を探ろうとするものである。われわれがこれまで検討してきたさまざまな株価のパフォーマンスは無意味なものでも、また独断的なものでもない。それは株式の真の価値の変化、つまりその企業に対する期待、願望、不安などをはじめ、だれもが知っているその他のあらゆる要因を反映したものである。それらの個別の株価パフォーマンスがどのような願望、不安や期待などを映しているのかを知る必要はない。それらのパターンを認識し、そのあとにどのような結果が予想されるのかを理解することこそが重要なのである。

短期取引の利益とは、トレンドの不均衡をスムーズにして市場に流動性をもたらすことに対する報酬である。皆さんは長期投資家に比べて素早く行動するだろうし、また利食いや（必要であれば）損切りもためらわないだろう。また、取引する株式をある特定の銘柄だけに限定するようなこともないだろう（ただし、あとで述べるように、そのときの状況次第で同じ結果を出すために、一定の「総合レバレッジ」や、リスクとリターンのエクスポージャーを維持することもある）。個別の取引では長期投資家よりも利益は少ないかもしれないが、新規に仕掛ける前に客観的に全体の状況を把握できるというメリットがある。

　短期取引の最も大きなメリットは、パニック相場から身を守ることができるということである。長期投資家はじっくりと積み上げてきた利益の多くを、わずか数日で吹き飛ばしてしまうことがよくある（そうした時期は1929年だけでなく、1987年や1989年もそうだった）。そうした異常な局面では、短期投資家はストップロスオーダーや成行注文によって直ちに相場から手を引いてわずかな損失にとどめる。手元に残った資金の多くを次の新しいトレンドに投入するのである（注　現在のテクニカル分析家の考えでは、たとえ長期投資家といえども弱気相場をじっと耐えるだけではいけないということである。こうした考えは特に今の持ち株を損切りしたほうがよいと忠告すれば、顧客である個人投資家の怒りを買うのではないかと恐れている銀行の信託部門やウォール街の大手証券会社に必要なものである）。

　最後にトレード戦術の検討に入る前に、われわれがこれまで述べてきたことは、小口投資家や中規模の投資家についてであることをここで確認しておきたい。ここで述べられるトレード手法は株価水準とその出来高に応じて、端株、100株、200株、そしてときには1000株以上の株式の売買に使えるものである。１万株単位で売買する投資家はこの手法を利用することはできないが、それはそのような大口売買をすれば、その株式の価格を大きく左右するからである。このような大口取引は特殊な分野のものであり、そうした分野でも基本的なトレードの手法と戦術は同じだが、ここで述べるものとは別の投資戦術が必要となる（注　つまり、マギーがあるとき私に言ったように、象はネズミが行けるすべての場所に行けるわけではない）。

　章末注　1972年にウォール街で当時の最も著名な投資アナリストたち（ファンダメンタリスト）が有望銘柄を推奨した。それらの株式はアメリカ経済を代表する超一流の企業の株であった。エイボン、イーストマン・コダック、IBM、ポラロイド（**図253**を見ないかぎり）、

シアーズ・ローバック、ゼロックスなどまったく非の打ち所がない超
一流の株式ばかりである。現在でもそのチャートを詳しく調べないか
ぎり、いわゆるこれらの「優良株」の有利さを疑問視することはない
だろう。以下の表は、これらの優良株を長期保有したときの結果を示
したものである。また以下にはIBMとゼロックスのチャートを掲載
した。

銘柄	1972/4/14 の株価	1992/12/31 の株価	下落率
エイボン・プロダクツ	61.00ドル	27.69ドル	54.6%
イーストマン・コダック	42.47ドル	32.26ドル	24.0%
IBM	39.50ドル	25.19ドル	36.2%
ポラロイド	65.75ドル	31.13ドル	52.7%
シアーズ・ローバック	21.67ドル	17.13ドル	21.0%
ゼロックス	47.37ドル	26.42ドル	44.2%

図201.1　このチャートからもブルーチップ（優良株）への長期投資が本当に報
　　　　　われるのかどうかがよく分かる。まず最初に、10年来の高値にあった
　　　　　IBM株を証券会社の買い推奨に従って購入したとすれば、その後に
　　　　　50％以上は引かされた。しかし、我慢して保有し続けたところ、株価
　　　　　は運良く買い値の2倍まで上昇したので、そのときの買いは正しかっ
　　　　　たようだ。ところが20年保有したときの株価は買い値のほぼ40％安。
　　　　　チャート上に引かれたトレンドラインを見ると、テクニシャンであれ
　　　　　ばこの株をどのように売買するのかに関するヒントが得られるだろう。
　　　　　株式市場にはブル（強気筋）、ベア（弱気筋）のほかにダチョウ（事
　　　　　なかれ主義者）などもいるが、このチャートをよく見てブルーチップ
　　　　　への長期投資がどのような結果をもたらすのかをよく考えてみるべき
　　　　　だ。

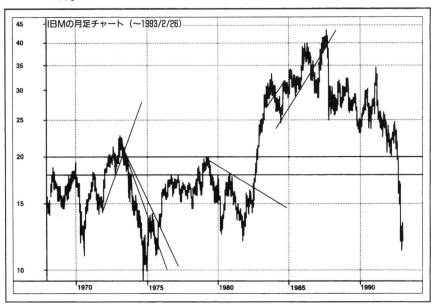

図201.1.1　ゼロックスの20年の値動き。ブルーチップへの長期投資のもうひとつの例。平均株価をバイ・アンド・ホールドすること（第5.1章を参照）と、個別銘柄をバイ・アンド・ホールドすることはまったく別である。おもしろいのは、人気アナリストがこの株をバイ・アンド・ホールド推奨したのは矢印の時期である。

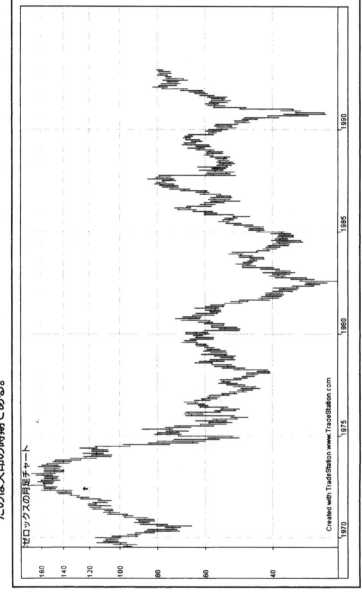

第18.1章
長期投資家のための戦略と戦術
Strategy and Tactics for the Long-Term Investor

最近の投機家と投資家

　マギーが第18章を書いたあと、「投機家」と「投資家」という言葉はそれまでとはやや異なるニュアンスで呼ばれるようになった。その背景には投資界における大きな状況の変化がある。ニューヘブン株（ニューヨーク・ニューヘブン＆ハートフォード鉄道）が投資家から尊敬とあこがれのまなざしで見られ、高配当を支払っていた時代は永久に過去のものとなった。同社とともに、新しい世紀を迎えて、アメリカ企業の配当に対する投資家の見方も大きく変化した。投資家が求めているのはキャピタルゲインだけであり、配当金などには目もくれなくなった。事実、最近では「成長株」の資格は高配当ではなく、株価の大きな値上がりである。明らかに「投資家」が配当金を目的に株式をバイ・アンド・ホールドした時代は過ぎ去ってしまったのである。一方、中期トレンドに飛び乗り、変わった投機株を売買するマギーみたいな「投機家」はややうさん臭い目で見られるなど、そのイメージは依然としてあまり良くなっていない。

　昔の投機家は今では中期投資家と呼べるかもしれない。「投機家」という言葉は今でもマーケットで「トレードする」人を指しているが、最近ではこうした昔からの投機家は投機家というよりは「トレーダ

ー」と呼ばれているようだ。売買対象の産業にはまったく関心のない商品先物トレーダーも、投資商品のヘッジャー兼ユーザーである取引業者とは区別されて投機家と呼ばれている。最近はやりの「デイトレーダー」も昔の投機家に当たるだろう。私（編者）の考えでは、パッシブな投資家だけがまったくトレードしないで、弱気相場でも持ち株を保有し続けている。

投資家のなかでも配当金だけを目的とした昔の「ニューヘブン株の投資家」はこのごろではまったく見られず、大きく変動する株価をただ黙って見過ごしているのは顧客からの訴えを恐れている銀行の信託部門ぐらいである。慎重な投資家もそうした「ボラタイルな株式をトレードする」ことはなく、債券のような安全な証券に投資している。債券などは実質的には毎年1.5〜2.0％も減価しているが、それでも元本が保証されているという幻想を抱いている。

長期投資家のひとつの定義

長期にわたり少なくとも市場平均並みのリターンを目指している長期投資家について考えてみよう。これを書いている新世紀初めの現在、市場平均並みのリターンを追求することに伴うリスクのことを考えている長期投資家はもとより、中短期投資家もそのようなことなど眼中にないだろう。最近では弱気相場が続いているが、これは一過性のものであり、いずれダウ平均株価は3万6000ドルを目指すと多くの投資家は考えている。事実、ダウ平均は強気相場のたびごとに上値を切り上げており、1990年代の歴史的な弱気相場が再来する可能性はますます低くなっているようだ。こうした状況の下で、市場平均並みのリターンを確保するという長期投資家の戦略と戦術はどのようなものなのか。

マギーが本書で投機家（トレーダー）向けの戦術として述べている

ものは、長期投資家がときどき採用する短期的な取引戦術とそれほど矛盾するものではない。長期投資家でも株式を売買するときにはストップオーダーを入れるだろうが、そうした投資家はもう立派なトレーダーである。彼はトレーダーの戦術を実践できるし、また実践すべきである。遅かれ早かれ、ほとんどリアルタイムに売買を実行しなければならないときがやってくる。われわれが本書で検討してきたチャートの技術もリアルタイムなデータに基づいている。トレーダーがリアルタイムな環境下でトレードするときは、チャートパターンのリアルタイムな形成を見てトレードのタイミングを計らなければならない。わずか数ドルのリターンを取ろうとする長期投資家は、本当にアクティブで高度な技術を持つ人だけであろう。しかし、株価データとマギー流のテクニカル分析の2つのツールでフラクタルなマーケットに臨もうとするときは、もはや投資家や投機家（トレーダー）といった呼び方の区別はそれほど重要なものではない。

長期投資家の戦略

　長期投資家の戦略はメジャートレンドをとらえて、数カ月から数年にわたるトレードに参加することである。しかし、その戦略では長期の弱気相場の時期は意図されておらず、弱気のシグナルが確認されれば、そのポートフォリオは手仕舞いされるか、ヘッジされるだろう。ダウ理論に基づいてダウ平均をほとんど機械的に売買したときのパフォーマンスは先に示したが（第5章を参照）、そのリターンは1990年代のクリントン政権のときの株高時期をバイ・アンド・ホールドしたときよりもかなり高いものである。

　もしも市場平均やミューチュアルファンドのパフォーマンス（長期にわたり市場平均を上回るリターンを上げているファンドは全体のわずか20％にすぎない）に打ち勝つことが目的であれば、パッシブなイ

ンデックス投資が最も適当な戦略であろう。その投資手法にはインデックスファンド、ダウ平均銘柄のバスケットの買い、先物の買いなどがあるが、最も便利な方法はSPDRs（S&P500と連動した投資信託）やDIAMONDS（ダウ平均と連動した投資信託）に投資することだろう。もちろん、こうした戦術もその投資家のリスク許容度と性格に応じて決定しなければならない。それでもダウ理論のシグナル、200日移動平均のブレイク、中長期トレンドラインのブレイクなどがあったときは、一定のフィルター（マギーは2％のブレイク率を勧めているが、そのときのマーケットの状況やボラティリティに応じてブレイク率の基準を3％に引き上げてもよい）に従って、ポートフォリオをヘッジしたり、手仕舞う必要がある。こうした投資戦術はこれまでに言及したさまざまな投資対象（SPDRs、DIAMONDS、株価指数先物、オプションなど）に適用することができる。

　ただし、どのような投資戦略をとるときでも株価の逆行、換言すれば弱気相場に対する対処法を忘れてはならない。平均的な投資家でも相場の買いだけにこだわらなければ、弱気相場もそれほど怖いものではない。NYSE（ニューヨーク証券取引所）のフロアが血に染まるほどの暴落局面では、長期投資戦略はまったく役に立たない。さまざまな相場局面の十分な対処法を身につけたテクニカル投資家の投資プランには、株価が逆行したときの保有ポジションの手仕舞い法とそれを実行するルールなどがちゃんと含まれている。そのなかには株価が順行したときに利益を確保するストップの入れ方、評価損が出ている持ち株の損切り法なども含まれる。ポートフォリオは果樹にもたとえらえる。全体のリターンを上げるためには弱い枝を切り取り、損切りや利益確保のストップを何回も調整しなければならない（これについては第27章を参照）。

　一方、200日移動平均や長期トレンドラインのブレイクなどは重要な売買シグナルである（長期投資家にとってこれらは参考例であり、

実践例ではない）。200日移動平均などは信頼できる長期トレンドの指標であると考えられており、そのことはこれまでにも十分に証明されている。実際、200日移動平均やトレンドラインなどはけっして無視してはならない指標である。このほか、持ち株のチャートパターン、主要な株価指数や平均株価のチャートなども極めて重要であり、チャートに現れたそれらの天底、保ち合い、トレンドのテクニカルなパターンなどから目を離してはならない。

リズミカルな投資

　第31章の「ひとつの籠にすべての卵を盛るな」を熟読しながら、マーケットのリズムを持った動きや（後述する）マギーの株価評価指数に従えば、ポートフォリオの運用期間は次第に長期から短気に変化していくだろう。これは本書の筆者のみならず、編者（私）も勧める戦略である。もっとも、こうしたことはすべてその投資家の目標、気質、性格などによって違ってくる。もしもその人がフルタイムでマーケットをフォローしていれば、けっして長期投資家になることはないだろう。そのような人は食欲もあり、夜もぐっすり眠れる。そうしたトレーダーは常にハングリーであるが、それはお金というよりは行動に対してである。マーケットに参入する前には、必ず自分の気質と性格を十分に知っておく必要がある。マーケットは自分を知るための場所としてはあまりにも高くつくからである。

　手元資金という点では、ポジションの長期保有と中期トレンドに乗って利益を追求することに本質的な矛盾はない。問題はその投資家がトレードに投入する時間、エネルギー、そして資金規模である。長期投資では時間とエネルギーというものがそれほど重視されず、株価指数や平均株価の大きなトレンド、ブレイクアウトや保ち合い圏の底値買い、押し目買いなどに徹すればよい。そして基点から計算したトレ

ンドラインのブレイク（これについては第28章を参照）、支持圏からの下放れなどで持ち株を売却したり、ヘッジする。

　長期投資家は中期投資のトレーダーや投機家よりも、株価の逆行に対しては許容範囲が大きい。例えば、第28章で述べる基点の計算についても、投機家は「３日間のルール」を順守するが、長期投資家は４週間程度の動きを見るだろう。これがトレーダーであれば、長期の強気相場がクライマックスに近づいていると判断したときはやはり３日間のルールに従って、前日の終値のすぐ下に利益確定のストップを入れるだろう。

要約

　株価の大きな動きをとらえようとする長期投資家は、（数年間まではいかないが）数カ月にわたってダウ平均で数百ドルをとろうとしている。

　こうした長期の期間には保有ポジションと逆行する修正トレンド局面も当然予想される。そのようなメジャートレンドに反する修正トレンドの動きのときは、自分の気質や性格に応じてポートフォリオのヘッジなどを実行すべきである。

　長期投資家の投資対象は主力株、または主要な株価指数を構成する銘柄であり、そのポートフォリオに風味を添えるためにわずかな投機株を購入するかもしれない。

　もっとも、その長期投資手法にもかかわらず、弱い動きをしたり、平均株価を下回るパフォーマンスしか上げられないような株式には我慢がならない。彼は損失を最小限に抑え、利益を伸ばすために、相場格言で言われていることを実行するかもしれない。しかし、個人投資家に最も理解されていないもうひとつの相場格言は、「強気を買って、弱気を売る」というものである。

　真に高度な技術を持つ投資家であれば、弱気相場にも参入していくだろう。ここがプロの投資家と一般の投資家の違いであり、プロは空売りにも何の偏見も持っていない。

　なお参考までに、デイトレーダーのために「Gamblers　Anony-mous」のURL（http://www.gamblersanonymous.org/）を掲載しておく。

第19章
極めて重要な細かいこと
The All-Important Details

　本章と次章では、主にこれまでチャートをつけたことがない人を対象としたいくつかの基本的なポイントについて述べる。その多くはレベルの高いテクニカル分析の研究者にとってはよく知られていることであり、おそらく繰り返しになると思われるが、もう一度復習すれば作業を効率化する何らかのヒントが得られるかもしれない。株式投資の初心者の皆さんはこの2つの章を熟読し、将来の投資の参考にすべきである。いつ、どのようにチャートをつけるべきかといった細かいことが利益を保証するわけではない。しかし、この細かいことを規則的な日課の一部として実行できるようにしておかないと、チャートの正しい記録や利益を上げることもできない。

　チャートをつけて、それを分析することはそれほど難しいことではなく、また相応の数のチャートを毎日きちんと作成することもそれほど時間はかからない。それにはまず、日々の株価と出来高のデータを入手する情報源が必要である。大都市に住んでいれば夕刊にそれらの完全なデータが掲載されているので、夕食の前後や夜の時間を割いて記録することができる。もしもそのような時間が取れなかったり、またはその時間をほかの社会的な活動やビジネスに充てなければならないときは、翌朝にチャートをつければよい。いずれにしても、何事にも煩わされない一定の時間を確保しないと、株式投資の成功はほとん

どおぼつかない（**編者注**　最近ではパソコンでインターネットやその他の情報源にアクセスして、必要なデータをダウンロードすることができるので、こうした作業はかなり楽になった）。

　チャートをつけるための適当な場所も必要である。もしも自宅の食堂や居間を使うのであれば、家族があなたは重要なことをしているのだとはっきり理解してもらう必要がある。ときにはドアを閉めて、家族から邪魔されないように作業を行うこともある。照明は明るく、できるだけ影が出ないようにすべきである（何枚もチャートをつけるときはなおさらそうである）。普通の机上照明では紙に反射したまぶしい光が直接目に入る。このような細かい作業を長時間続けると目が疲れるので、頭上から照明をとればよい。蛍光灯を頭から少し前の適当な高さのところに置き、それが40ワットの蛍光灯であれば、ほとんど影のない照明が得られるだろう。もちろん、これは夜にチャートを書くときの話である。

　場所も広くとるとよい。机も食堂のテーブルのように、チャートブック、専用の用紙、鉛筆、メモ用紙、定規、計算器など、必要なものすべてが置けるように大きなものを用意する。チャートを書く机の高さが床から28〜29インチ（71〜73cm）であれば、普通の30インチ（76cm）の高さの机よりも疲労は少ないだろう。インクか、鉛筆のどちらで書こうともそれはいっこうにかまわないが、あなたが最も使いやすい筆記用具を選ぶべきである。鉛筆を使うのであれば、いろいろな種類の硬さのものを使ってみる。用紙を汚さない程度の硬い鉛筆がよいだろうが、はっきりと濃く書くにはあまり硬くないほうがよい。書きにくい鉛筆を使うと疲れてイライラしてくる。鉛筆は少なくとも1ダースは用意してよく削っておく。そうすれば1本の鉛筆の先が丸くなってはっきりした美しい線が書けなくなっても、別のよくとがった鉛筆で書き続けることができる。

　チャートはページが開きやすい大きな輪のついたルーズリーフ帳に

保存する。チャート帳にはあまり多くのチャートを挟みすぎないように、多くなったら新しいチャート帳を用意する。書き終わったチャートは綴じ込み帳に保存しておく。チャート帳に綴じておくのは、現在使っているチャートとその直前の時期のものである。できれば7穴のバインダーを使う。2〜3穴のバインダーだとページが破れやすいが、7穴のバインダーを使えばページがしっかり留まってめったに破れることはない。

　あなたが作成するチャートはその歴史が積み上げられるにつれて、あなたにとってますます価値のあるものとなるし、また古いチャートはそれはそれでとても参考になる。索引を付けられるようにファイルやスペースをとり、年代順に保存するとよい。そしてブローカーから送られてきた売買報告書、配当通知書、会社報告、新聞記事などの切り抜き、自分の投資法に関するメモ、毎日記録しているチャートの分析や検討事項などを綴じておく。こうしておけば、売買した株式や配当金などの簡単だが完全な記録を残すことができる。これらの記録を見ると税金の計算が簡単になるほか、売買の結果を判断するときに必要なすべてのデータが入手できるだろう。

　編者注　私が株式投資を始めたばかりのころ（それからかなりの経験を積んだ現在でも）、以上述べられたことは平凡ではあるが、極めて貴重な知恵であることを痛感する。株式投資の経験を積めば積むほど、この地味な知恵が株式投資にとって最も重要なことであると思うようになった。あのマーク・トウェインも年をとるにしたがって、父がどれほど多くの知恵を身につけていたのかが分かるようになったと語っている。その知恵を簡単に言うと、「正しい方法に従って真面目にやれ」「規律を持ってビジネスライクに」ということになるだろう。これらの知恵が分からないで株式投資で利益を上げてもそれはまったくのラッキーであり、死ぬまでずっと成功し続けることはできない。

現在のようにパソコンが広く普及し、テクニカル分析と株式投資に対するそのインパクトを見たとき、はたしてマギーは何と言うだろうか。「パソコンで何ができるんだ。そんなもの大嫌いだ」——こう言ったかもしれない。パソコンのパッケージソフトを使うとテクニカル分析や投資手法が極めて複雑になる可能性があるため、投資家は必ず自分なりのポリシーを持たなければならない。パソコンを使ってテクニカル分析を行うときの注意点はどのようなものなのだろうか。

パソコンでチャート分析を行うときの最も簡単な方法

　パソコンは単純な作業をするための単純なツールとして利用すればよい。パソコンでチャートを作成するのは極めて簡単であり、パッケージソフトを使うとバーチャートの作成もボタンひとつでできる。このほか、ローソク足やオシレーターのチャートなどあらゆる種類のチャート作成が可能である。パッケージソフトの使い方はそれほど難しいものではないので、ここで説明しても冗長になるだけである（**付録D**の参考資料を参照）。そこにはデータの検索、株価データベースの更新、アイコンによるチャート表示などさまざまな機能が盛り込まれており、ここでそのすべてを説明することはできない。チャートの作成はかなり高価なソフトでも、またインターネットからダウンロードできる無料のシェアウエアでも可能である。さらに移動平均やオシレーターによるテクニカル分析なども簡単にできる。そしてここに落とし穴がある。チャート分析は数量的なプロセスではない。株価をグラフ化したチャートを数字データや分析ツールで詳細化すればするほど、投資家の頭は混乱し、明確な決定ができなくなる。

　大切なことはこのプロセスをできるだけ単純化することである。データを入手する、チャートをつける、チャートパターンを分析する、出来高を調べる、適当な分析ラインを引く……。こうした作業はパソ

コンの画面上でもできるが、手作業で行ったほうがきれいなチャート
が作れることもよくある。多くのパッケージソフトの大きな問題点は
画面上のチャートが読みにくいことであり、昔ながらのチャーチスト
にとってはどうも使いにくい。つまり、テクニプラット・チャート用
紙を使い慣れたテクニカル分析家にとって、パソコンソフトで作るチ
ャートは混乱しやすいのである。こうした問題のひとつの対処法は、
目と頭脳を使ってチャートを読むようにする、パソコンによるある種
のチャート表示法だけをしばらく使ってみる、マーケットの動きと関
連づけて読み取るようにする——などであろう。マギー流の対処法を
知りたい読者は、そのウエブサイト（http://www.johnmageeta.
com/）にアクセスしてください。チャートによるテクニカル分析作
業にも役立つだろう。単純で安価なパッケージソフトの入手先などの
情報については、**付録□**の参考資料を参照してください。

要約

　パソコンは株式のテクニカル分析にとって便利なツールであること
は事実であり、次のように利用すれば効果的であろう。

●インターネット上のいろいろなウエブサイトから安価か、無料でデ
　ータが入手できる。それには使い方を知らない素人投資家を破産に
　追い込むリアルタイムな情報も含まれているが、通常の投資家であ
　れば株式取引の参考になるだろう。それらのウエブサイトからはか
　なり高度なテクニカル分析データ（高度すぎて理解できないものも
　多い）から、海外市場のデータに至るまでほぼあらゆる情報が得ら
　れる。

●パッケージソフトを使えば、ポートフォリオの計算や値洗いが簡単
　にできる。マギーも言っているように、こうすれば投資家は実現損
　益と評価損益をごっちゃにすることができないので、その意味では

　貴重なツールと言える。

●パソコンを使えば、従来の作業も驚くほどスピーディーに処理できるし、数多くの銘柄についても簡単に分析できる（これについては第20〜21章を参照のこと）。

●**付録D**の参考資料には、読者がリーズナブルな価格で入手できるパッケージソフトの入手先などが掲載されている。一般の個人投資家のニーズを満たすには、最も安いソフトで十分である。

第20章

われわれが求める株式——投機家の見方

The Kind of Stocks We Want:The Speculator's Viewpoint

　われわれがチャートをつけたいと思う株式の特徴は極めて単純であり、その数はわずかである。われわれが求めているのは短期売買によって利益の上がる株式、つまり短期のトレードができるほど大きく変動する株式である。主に元本の安全性と確実な配当金に関心を向ける人々もいるが、そうした人たちのためには値動きが安定している株式が存在する。あなたはほとんどの資金をこうした株式に投資しておきたいと思うかもしれない（おそらくそう思っているだろう）。この種の株式は狭い範囲で動き、下落に対する抵抗力もかなり強いが、市場全体の上昇に対しても反応が鈍い。このような株式は保守的な投資家にとってはうってつけである。しかし、こうした値動きの鈍い株式ではわずかな売買益も手数料に食われてしまうので、短期売買の銘柄としては適していない。このような株式は極めて投機的な株式とは違って、鋭いはっきりしたチャートパターンは描かずに丸みのある緩やかな値動きをする。

　われわれが求めている株式についてさらに詳しく検討し、われわれが何をしようとしているのかを説明するために、ある企業が2種類の株式、すなわち優先株と普通株を発行していると仮定しよう。この会社はここ数年間に優先株の配当金を支払うのに十分な安定した収益を上げているので、この優先配当が継続して支払われることは保証され

ていると思ってもよい。しかし、優先株に対する配当金は6％に固定されており、その残りが普通株の配当金となる。普通株主に対する配当金はある年は1株当たり50セントだったが、次の年は2ドル、つまり前年の4倍に上ったとしよう。このような場合、ほかに特別な材料がなければ優先株はあまり変動のない安定した動きをするが、普通株のほうはレバレッジがかかってそれ以前の株価の4倍に急騰するかもしれない。株価が非常に投機的な動きをする企業とは、売上高や利益率が年によって大きく変動するために各年の純利益が不確定か、確実な純利益の大半を上位の債務に充てるような会社である。

　株式の投機的な動きに大きな影響を及ぼす要因はほかにもある。それらに対する反応はある株式ではかなり敏感であるが、その一方で反応が鈍い株式もある。この2つの株式の間にはさまざまな反応度とリスク度を持つ多くの株式が存在する。ここでは簡単に、その株式の性質を決めるのはその発行企業の事業ではなく、その他の要因も大きく影響しているということだけを指摘しておこう。しかし、ほとんどの株式はかなりはっきりした値動きの習性を持っており、一般に過去の値動きを見ると将来の株価がどのように変動するのかをある程度予測できる。短期売買ということを付け加えるならば、われわれはその企業の事業にはあまり影響されないその株式の習性について述べているのである。毎年の利益が不安定で変動率の大きい企業の株式を買うことは、中核事業が安定してレバレッジの大きい株式を買うよりも保守的であるといえるかもしれない。このリスク度に関する問題はあとで詳しく検討する。

　ある株式を空売りするというのは、その国が破滅しようとしているとか、その企業が倒産しそうだといったことを意味するものではない。その株価が一時的に上がりすぎた、利益や配当金が減額しそうだ、または何らかの理由でその株式の価格は本来の価値を上回っているなどといった見方を反映しているにすぎない。テクニカルなトレードを目

指すわれわれが求めているのは、強気トレンドのときは大きく上昇し、弱気トレンドのときには大幅に下げるような極めて投機的な株式である。投資家にとってその株式を安全で望ましいものにするような要因は、トレーディング（短期売買）にはまったく不適当なものである。あとで言及する一定の条件を満たしていれば、その株式が投機的であればあるほど、われわれの目的にかなっている。

　（**編者注**　21世紀を迎えて、いわゆる「投機株」とその他の株を区別するものは次第にぼやけてきた。値動きが穏やかな株式よりも「投機的だ」といったやや軽蔑的なニュアンスで呼ぶよりは、これら2つの株式は「値動きが大きい株」「値動きが小さい株」または「ボラタイルな株」「非ボラタイルな株」などと呼ぶほうが適切かもしれない。株式はベータ値やヒストリカルボラティリティなどで評価される。なお、長期投資家のための投資対象という問題は第20.1章で取り上げる）

図202と図203　チャンスと安全性の選択。図202（左図）は上位債務に対する支払いのあとに残余利益の分配を受けるグッドイヤーの普通株。図203（右図）は5ドルの配当金が支払われると いう確実な保証は付いているが、それ以上の利益の分配はされない優先株（額面5ドル）の値動きを示したものである。どちらのチャートも54カ月の株価の月足が対数目盛りで表されている。これを見ると、普通株は安値から300%以上上昇したが、優先株の上昇率は約25%にとどまっている。優先株は確実に支払われる5ドルの配当を得るために、投資家が喜んで投資する最高の水準で横ばいになっている。

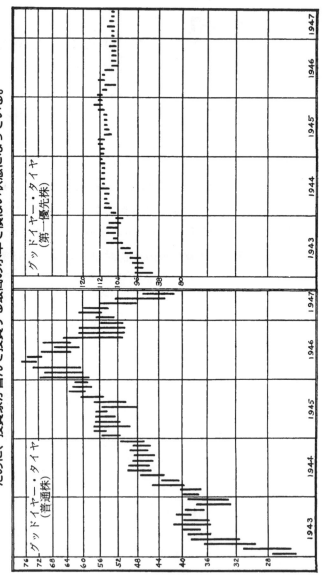

われわれが求める株式——長期投資家の見方

The Kind of Stocks We Want—The Long-term Investor's Viewpoint

保守的な投資に対する考え方の変化

時代遅れの銀行の信託部門などを除けば、従来の保守的な投資家に値するような投資家は今はほとんど見られなくなった。もっとも、リスクを取るのを極めて嫌うそれに近いような投資家はまだ少しは残っており、その最たるものは銀行などの信託部門であろう。彼らがそうするのは、顧客からの訴えを回避しようとするためである。もちろん、顧客から訴えられるのは彼らの無能力もその一因であるが、「プルーデント・マン・ルール（堅実投資原則)」が存在するのはそうした訴訟を避けるためでもある。しかし、最近ではこのルールを新しく解釈する進歩的な銀行信託部門や受託機関はインデックス運用などを行うようになったが、それでもそのパフォーマンスが市場平均を大きく下回るようなときは顧客から訴えられることもある。

「インデックス運用」とは、S&P500やダウ工業株平均など広範な株式で構成する株価指数に極めて近いパフォーマンスを目指すポートフォリオの運用である。もっとも、ファンドマネジャーやアドバイザーに運用手数料を支払うので、その分だけ株価指数よりはリターンが少し落ちる。これらインデックスファンドの手数料はアクティブ運用ファンドのそれよりは幾分安いが、自分で運用する個人投資家は支払

う必要がないものである。最近では投資の初心者でもプロのファンド
マネジャーと同じく、いわゆる「インデックス株」や類似の投資商品
を自分で売買するので、そうした余計な費用を支払う必要はまったく
なくなった。基本的にこうしたインデックス投資は平均株価を売買す
るもので、マギーの時代にはなかった（またはかなり難しかった）手
法である。

長期投資家が求める株式

この第8版の大きな特徴は平均株価の売買を取り上げたことであり、
この事実はこれまでの株式市場の歴史のなかでは極めて重要な出来事
である。長期投資家の戦略と戦術については第18.1章でも検討したの
で、ここでは平均株価や株価指数の売買と投資に話を限定する。

AMEX（アメリカン証券取引所）は1993年に、S&P500種株価指
数に連動した投資信託であるSPDRs（スパイダーズ＝S&P預託証券）
を上場した。AMEXではこの種の証券を「インデックス株」と呼ん
でいる。S&P500の構成銘柄のバスケットであるこのインデックス株
に投資してきたのは大口の投資家やファンドなどで、それらのファン
ドマネジャーは主に大口顧客のためにこうしたパッシブ運用を続けて
きた。こうしたインデックス株の売買は主に「プログラムトレーディ
ング」と呼ばれる手法で行われた。この投資商品の高い人気に目を付
けたAMEXは、小口投資家でも売買できる個人投資家向けのSPDRs
も上場した。その結果、2000年までのSPDRs投資残高は150億ドル、
投資家の保有株式数は1億株に達した。これによって、個人投資家は
個別株式と同じように小口の資金で、S&P500の構成株式のバスケッ
トやポートフォリオを売買することが可能となった。AMEXは1998
年にはSPDRsと類似したインデックス株であるDIAMONDS（ダウ
平均株価と連動した投資信託）を上場した。これによって、個人投資

家はS&P500に加えてダウ工業株30種平均も売買することができるようになった。このように現在の株式市場では「平均株価を買う」ことは何ら珍しいことではなくなったが、エドワーズとマギーの時代には考えられないことだった。

インデックス株と類似商品

AMEXのこうした投資信託は、そのベースとなる株価指数のリターンを目指すことを目的としている。例えば、SPDRsはS&P500構成銘柄の時価総額の10分の1を反映しており、個別銘柄と同じように売買できる。その特徴は22世紀まで保有できる長い投資期間に加えて、構成銘柄の累積配当金から計算された四半期配当金が支払われることである。この配当金を再投資することも可能であり、このSPDRsはAMEXの通常の取引時間に売買されている。通常ではSPDRsの価格はS&P500とほぼ一致している。

こうした特徴はDIAMONDSやWEBS（モルガン・スタンレー・キャピタル指数と連動したインデックスファンドで、世界17カ国の株価指数を反映している）など、その他のインデックス株でもほとんど同じである。もちろん、こうしたインデックス株を売買するにも必要な経費はかかるが、通常の投資信託を購入するよりははるかに安上がりである。個人投資家にとってこうしたインデックス株は、普通の投資信託ではできない節税といったメリットもある。

AMEX以外の証券取引所でも、平均株価や著名な株価指数に連動した類似の投資商品、デリバティブや先物などを続々と上場している。これらの類似商品にはラッセル2000や日経225などのインデックス株のほかに先物オプションなど多岐にわたるため、どの商品を売買、投資またはヘッジの対象にするのか迷うくらいである。それらの主なものはCBOT（シカゴ商品取引所）に上場されているダウ平均に連動

した各種金融先物や先物オプション、CME（シカゴ・マーカンタイル取引所）のS&P500指数、日経225、ミニS&P500、S&P400ミッドキャップ、ラッセル2000、ナスダック100などの金融先物、CBOE（シカゴ・オプション取引所）のS&P100とS&P500のオプションなど、ここでそのすべてに言及するのは不可能である。それらの金融先物やオプションの価格はすべてウォール・ストリート・ジャーナル紙に掲載されている。

　本書ではそれらの先物やオプションについては詳しく取り扱わないが、それらのデリバティブ商品は投機のチャンスはもとより、インデックス株や平均株価のポートフォリオをヘッジできる有効な手段となっている。ヘッジとは買い越しでも売り越しでもないニュートラルな状態である。例えば、CBOTでDIAMONDSを買うと同時にダウ平均のプットオプションを買っておけば、プットの損失をプレミアムだけに限定しながらDIAMONDSの値上がり益を享受できる。その反対にダウ平均が下落すればプットの利益でDIAMONDSの損失をカバーできる。その詳細は本書の取り扱い範囲を超えるが、こうした例はその単純な一例にすぎない。しかし、読者の皆さんはヘッジが極めて重要な投資手法であることを十分に理解すべきである。トレンドの転換が明らかになったとき、ポートフォリオを手仕舞う代わりにこうしたヘッジを利用すれば、ポートフォリオを入れ替えなくてもリスクが回避できるうえ、節税のメリットも受けられる。

投資可能な商品

　新しい投資商品が次々と登場し、またインターネットの進化のスピードもさらに加速している現在、平均株価や株価指数との連動商品、金融先物、オプションなど投資可能な対象をすべて列記することはできない。これらの広範な投資商品に加えて、最近では世界17カ国のベ

ンチマークを反映したWEBSなども登場した。21世紀を迎えた今、AMEXに上場されているこの種のインデックス株はSPDRsやDIA-MONDSを含めて30種以上に上っている。さらにPHLX（フィラデルフィア証券取引所）やCBOTなどにも類似商品が続々と上場されている。しかし、個人投資家はその種類の多さに混乱しないように、最も重要なインデックス株だけを知っていれば十分であろう。投資可能な商品が多くなればなるほど、その戦略や戦術もいっそう複雑になるからである。平均的な投資家が売買する投資対象は、ダウ平均、S&P500とナスダック総合指数に連動したインデックス株で十分である。セクター別、人気株、短期サイクルの売買などの投資対象としては、ミッドキャップ株価指数や日経225などのインデックス株がある。

ポートフォリオの分散化、リスクの軽減、節税およびテクニカルな変動の規則性

これらの新しい投資商品は極めて重要な存在になったが、それは大口投資家しか売買できなかったこれらの商品が個人投資家にも開放されたことで、小口ポートフォリオの分散化が可能になった。S&P500はNYSE（ニューヨーク証券取引所）に上場されている全銘柄の時価総額の69%を反映しているため、それに連動したインデックス株を買えば実質的にはアメリカ経済を買っていることになる。またダウ工業株平均の30銘柄はアメリカ経済のみならず、世界経済も象徴している。個人投資家はこの2つの株価指数をフォローしていれば、アメリカ経済が好調を続けるかぎり、損失を被ることはないだろう。かつてはダウ平均だけだったが、今ではこの2つの株価指数がアメリカのマーケットと株価を反映している。

したがって、SPDRsやDIAMONDSを購入すれば自動的にポートフォリオが分散化できる。長期的に見るとアメリカ経済と平均株価には強気のバイアスがかかっているので、長期投資家にとってこの2つ

のインデックス株は不可欠の存在である。とはいっても、何も考えず
に盲目的にこれらのインデックス株を購入したり、その後の株価の動
きから目を離すようなことをしてはならない。既述したダウ理論に基
づく売買記録を思い出してほしい。長期投資家といえども、弱気局面
に伴う評価損から免れることはできない。これらの新しい投資商品の
便利さについては疑問の余地はないが、ときにはマギーがよく語って
いたアドバイスを思い出すべきだ。それはダウ平均やS&P500から潮
が引き始めたときは、個別株式の購入については十分な注意が必要で
あるということである。一方、これらのインデックス株のリターンは
厳選された有望な個別株式よりも小さいという点も忘れてはならない。
例えば、通信システムメーカーであるクオルコム株は1999〜2000年に
約240％も上昇したが、同期間のS&P500の上昇率は約24％にすぎな
い。しかし、この株を大天井で買えば、その後の安値までに148ドル
（約75％）も引かされることになった。クオルコム株のトレーダーは
この株から片時も目を離さないだろうが、例えばSPDRsの購入者は
１週間に一度しか株価を見なかったり、またはパソコンやブローカー
に対してトレンドラインがブレイクされたり、ストップオーダーが執
行されたときだけアラートを出すように要請する程度であろう。

　SPDRsなどのインデックス株を売買するもうひとつのメリットは、
税金や取引コストの有利さである。通常の投資信託のファンドマネジ
ャーは購入者の増減に応じてポートフォリオの規模を調整したり、ま
たはその収益率に不満を持つ株主が資金を引き揚げることも珍しくな
いので、どうしても運用手数料は高くなる。しかし、インデックス株
は22世紀まで保有できるので、途中で利益を確定して余計な税金を払
う必要もない。弱気相場が到来したら先物やオプション、またはその
他の平均株価のバスケット商品でヘッジすれば、評価損と高い税金を
避けることができる。マギーの時代には平均株価を直接売買すること
はできなかったが、よくマギーはテクニカル分析の観点からすれば、

ダウ平均が最も規則的な動きをする一番信頼できる株式であると言っていた（これについては第5.1章と第36章を参照のこと）。したがって、インデックス株の投資家は個別株式のトレーダーよりもテクニカル的にはスムーズな動きで売買できる。

要約

　長期投資家と中期取引の投機家はマーケットの長期的なトレンドをとらえようとし、取引コストがかさむ頻繁な売買はできるだけ避けようとしている。彼らはリスクというものは時間の経緯とともに軽減し、頻繁な売買は主にブローカーを利するだけだと思っている。長期投資家の戦略はSPDRsやその他の平均株価のバスケットを購入して、市場平均並みのリターンを上げることである。そして弱気相場では出動しないうえ、メジャートレンドの転換が確認されたときはポジションをヘッジしたり、手仕舞う。しかし、市場平均に打ち勝ちたいと思えば、そのポートフォリオにいくらかの投機的な個別株式を加える必要がある。またそのリスク許容度に応じて、ポートフォリオをヘッジすることも忘れてはならない。すなわち、インデックス株を買っているときは、下降トレンドにある一部の株式を空売りするなどである。こうした投資手法を堅持しているかぎり、相応の技術と資金力を持つ投資家であれば、長期的に見てそれほど大きな損失を出すことはないだろう。

図203.1　アメリカ経済史のなかで最も長期にわたって繁栄したクリントン政権時代には、リラックスした長期投資が十分に報われたようだ。このチャートの最後の時期には、大衆の熱狂（グリーンスパンFRB議長の言う いわゆる「根拠なき熱狂」）が次第に波乱含みの展開になっている（図203.2も参照）。点線は約150日移動平均。

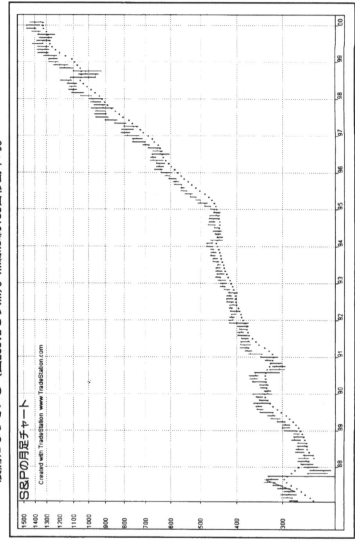

S&P の月足チャート
Created with TradeStation www.TradeStation.com

図203.2　AMEXに上場されているSPDRsの日足チャート。この金融商品に投資するメリットやコストなどについては第20.1章を参照のこと。(アジア経済危機に伴う) 1998年の暴落局面に向かって引かれたファンライン、チャート後半の大きな拡大型の天井圏などに注目。

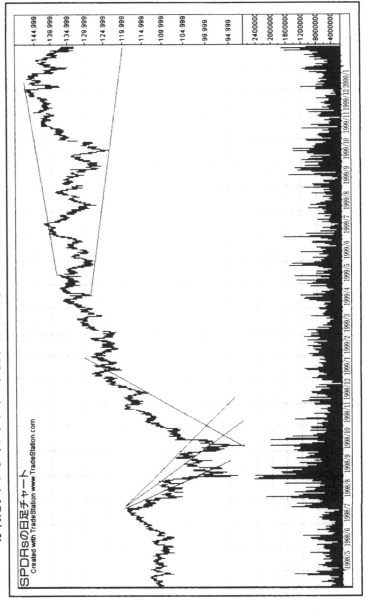

SPDRsの日足チャート
Created with TradeStation www.TradeStation.com

第21章

チャートをつける株式の選択
Selection of Stocks to Chart

　株式の売買をその企業の利益、配当金、経営状態、産業の見通しなどの分析、いわゆるファンダメンタルズ分析に基づいて行う投資家は、投資対象を通常は（必然的に）同じ分野の少数の株式か、ひとつのグループの銘柄に限定している。これに対し、毎日チャートを見ているテクニカルなトレーダーは、チャートをつける銘柄を広範に持つ必要がある。こうしたトレーダーは主にテクニカルなチャートパターンに目を向けているので、各企業の経営状態などを詳しく研究するようなことはしない。彼らにとってその会社が何を作っているのか、どの部門が収益源なのかといったことよりも、市場におけるその株式の習性のほうがはるかに重要である。というのは、株式がその企業の部分所有権を意味するとはいえ、株価を動かすのはその企業の資本構成、レバレッジ、その株式の流動性などであり（多くの場合、ほとんどそうである）、株価はその企業の事業内容を直接反映してしているものではない。

　最近の決算報告書で利益が増加し、配当金も長期にわたって支払われるなど、安定経営を続けてきた伝統ある企業の株式がかなり高値まで買われることもあるだろうが、そうした買われ過ぎた株式はいずれ大きく値を下げるだろう。一方、利益や配当についてはあまり有望でない企業の株式が突然投機的に急騰し始めて、明らかな買いシグナル

を出すことも珍しくない。もちろん、いずれの場合も今の時点で知り得るのは未来のことではなく過去のことだけであるが、そのチャートパターンは一般大衆がまだ知らない事実をすでに握っている人々の内部情報を反映している。

　これをもっと身近な例で示すと、ここに2軒の売り家があるとしよう。1軒は立地条件が良いうえに、しっかりした近代的な建物で、その値段は2万ドルである。もう1軒は少し古く、立地場所もあまり良くない6戸用のアパートで、値段はやはり同じ2万ドルである。ここではどちらの家が良いのかといったことは問題ではない。この値段では一般住宅に対する需要は少ないが、アパートの需要は多いという状況であれば、6戸用のアパートのほうが投資対象としては優れている。

　ここでもう一度、保守的な株式と投機的な株式ということについて考えてみよう。これはその企業の事業内容によって常に判断できるわけではない。売上高が安定し、長期にわって経営がうまく行われてきたにもかかわらず、非常に保守的な会社もある。しかし、もしもその会社が社債、特殊社債、優先株、その他の上位債務を発行していれば、その普通株は大きく変動するだろう。さらに発行済み株式数や浮動株数が少ないと、レバレッジ効果によってその株式はさらに大きく変動する。したがって、チャートをつける株式を選択するときは、その企業の事業内容よりはむしろその株式の種類、特徴、習性などを考慮したほうがよい。なおこれについては、短期取引の対象となる株式の具体的なリストを示すつもりである。

　一方、「どのくらいの数のチャートをつけたらよいのか」という問題がまだ残っている。この問いに対するひとつの答えは、チャートをつける株式数が多ければ多いほど、利益のチャンスも増えるということである。活発に取引されている株式であっても、長期間にわたりチャートに何のパターンも現れない株式が数多く存在する。つまり、値動きが安定しているときはチャートは単にそうした安定さを示すだけ

であり、そうした時期には底で買って天井で売ることしかできない。チャートが何らかのシグナルを出すのは状況の変化が起きたとき、つまり状況変化のニュースが伝わるとすぐに(普通はその前に)チャートはトレンド変化のシグナルを出すのである。そうであれば、多くのチャートを持っていれば、そのなかのいくつかの株式は常に上下のいずれかに決定的、かつ明らかに動くパターンを示しているはずである。

　したがって、できるだけ多くのチャートをつけたほうがよいが、かといって自分の能力の限度以上に作成する必要はない。チャートをつけるために1日に15〜30分しか時間を割けないような人は、せいぜい20〜30枚のチャートが限度であろう。もしも100枚ぐらいのチャートをつけられるのであればそうしたほうがよいし、1日の多くの時間をチャート作成に充てられるのであれば、300枚ぐらいはつけられるだろう。大切なことは、続かないことは初めからやらないほうがよいということである。最初は多すぎるよりは少なすぎるほうがよい。そのほうがもっと増やしてもまだ十分につけられると分かれば、それまでの経験から追加したいと思うチャートを増やせばよい。しかし、最初から多くのチャートをつけ始めるとそれらの分析が次第に雑になって、チャートのメリットを最大限に利用できないことになるので、そのようなときはすぐにチャートの数を減らすべきである(**編者注**　こうしたマギーのアドバイスは、現在の手書きのチャーチストにも依然として有効である。一方、最近のパソコンを使った投資家には別の問題が存在する。そうした投資家は毎日すべての銘柄のチャートをつけることができるが、問題はそれらを効果的に研究・分析できるのかということである。その答えはパソコン頼みということになる。すなわち、そうしたサイバー投資家はパソコンに一定条件をプログラムしておくのである。例えば、株価が50日移動平均を上抜き、かつ異常な大商いの銘柄を表示するなどである)。

　これまで検討してきたことから、自由な競争市場で同じ単位で売買

されているものであれば、何でもチャートにつけられることが分かっただろう。もちろん、どのような種類の商品、社債、発行日取引契約なども株式と同じようにチャートをつけることができる。皆さんは株式以外のものについてもチャートをつけてみたいと思うようになるだろう。それは大変に良いことである。しかし、通常ではチャートをつけたくなるのは、基盤がしっかりしていて活発に取引されている上場株である。非上場株はチャートをつけられないという理由はないが、普通は非上場株について入手できるデータは買値と売値だけである。非上場株の場合は日々の出来高、実際の売買値などは公表されていないが、これらは毎日のテクニカルな動きをチャートに記録するには絶対に必要なデータである。したがって、普通は取引所に上場されている株式のチャートをつけることになる。主要な証券取引所に上場されている企業の株式は一定の条件を満たし、多くの情報を公開し、そして一定のルールと慣行を順守することが義務づけられている。

　本書に掲載したほとんどのチャートは、NYSEに上場されている株式のチャートである。そこで取引されている株式は数千銘柄にも上り、最も穏健な動きをする銘柄から最も投機的な銘柄まで、そして最も安い銘柄から最も高い値がさ株に至るまであらゆる種類の株式があり、主な産業や業種のあらゆる株式が存在する。しかし、AMEXやナスダックなど、アメリカのその他の取引所や外国の証券取引所の上場株を選んではいけないという理由はまったくない。チャートの動きに関するかぎり、そのパターンとそれが意味するものはどの株式でも同じであるからだ。

第22章
チャートをつける株式の選択(続き)
Selection of Stocks to Chart—Continued

　皆さんはチャートをつける株式を選択するとき、おそらくいろいろな産業の株式に広く分散させるだろう。ひとつの分野の株式を専門的に詳しく研究するわけではないので、できるだけ多くの違う分野から株式を選択するのは望ましいことである。鉱業、石油、鉄道、化学、酒類、娯楽、航空、公益事業、ハイテク、インターネット関連、バイオテックなど広範な産業の株式をカバーすることである。その理由は極めて単純であり、ある業種に属する多くの株式はその業種全体に大きな状況の変化の影響が及ぶと、それらの株式は同じまたは似たような値動きを示すからである。例えば、アリス・チャマーズ（またはデルコンピュータなど）が急騰したあとで三角形やその他の保ち合いパターンを形成すると、ディーア（またはコンパック）、ミネアポリス・モリーン、ハーベスターなども同じように急伸したあと、それに類似した三角形や長方形、またはその他の保ち合いパターンを形成する。またシェンリーが長期の下降トレンドをたどれば、シーグラム、ナショナル・ディスティラーズ、パブリッカー、アメリカン・ディスティリングなどの酒類株も長期の下降トレンドに入るだろう（**編者注**　現在ではインテル、フェアチャイルド、ナショナル・セミコンダクター、スリー・コムなどが同じグループに含まれる）。

　したがって、チャートをつけるときに重要な各業種からいくらかの

株式を含めるという方針を特に立てなければ、できるだけ広く分散して株式を選択すればよい。そうすればあるグループの株式の値動きがはっきりしなかったり、またはあまり値動きがないときでも、ほかのグループの株式が活発に変動することもよくある（ただし、同じグループに属する株式が常に一緒に動くものだと考えてはならない。それぞれの株式はその企業特有の材料によって大きく動くことも珍しくない。しかし、その影響がその業種全体に及ぶものであれば、その業種の株式はほとんど一緒に動くことが多い）。こうした理由から、さまざまな業種や基幹産業の代表的な株式を幅広く選択すべきである。しかし、つけるチャートの数が限られて、ひとつの業種からひとつの銘柄しか選択できないとしたら、どのような銘柄を選ぶべきだろうか。例えば、運輸株やバイオテック、インターネット関連株などから1銘柄だけしか選択できないとしよう。おそらく実際にはこれらの業種は極めて重要で広範にわたるので、1銘柄以上選びたくなるだろうが、とりあえず1銘柄だけを選ぶことにしよう。値がさ株、それとも低位株がよいだろうか。まずはこの点から検討しよう。

　対象となる株式のこれまでの値動きの記録を見ると、一般に低位株は値がさ株よりも株価の変動率が大きいことが分かる。約5ドルの株式が数週間で10ドルになる、すなわち上昇率が100%に上るのもそれほど珍しいことではない。これに対し、100〜200ドルの株式が数日や数週間で100%動くことはほとんどない。ある業種の株式が5ドルから10ドルに値上がりしても、同じ業種の100ドルの株式はせいぜい140ドルぐらいまでしか上がらないだろう。ある5ドルの株式に1000ドルを投資していれば、100%値上がりしたその株式は1000ドルを創出したのである。一方、100ドルの株式にやはり1000ドルを投資し、それが140ドルに値上がりしても、（上昇幅は大きいが）最初の投資資金は1400ドルになったにすぎない。低位株の利益は値がさ株の利益のほぼ2.5倍に達している。

　われわれは多くのグループの株式について長期にわたってその変動率を計算し（巻末の**付録A**を参照）、さまざまな株価水準の平均的な相対感応度のリストを作成した。このリストは株価水準だけに焦点を当てたもので、それによれば現在、大幅な率で変動する5ドルほどの株式でも20〜30ドルに値上がりすると、その変動率はかなり小さくなることが分かる。これについてはいろいろな質問が出るだろう。低位株は値がさ株に比べてその値段のわりには手数料が高いのではないか（**注**　まさにそのとおりである。しかし、ネット取引の時代を迎えて取引コストが急減した現在、こうした売買コストは以前ほど大きな負担ではなくなってきた。最新の取引コストを知りたいときは「http://www.johnmageeta.com/」にアクセスしてください）。

　しかし、売買したいと思う株式の株価水準を決めるときに、あまり勝手に制限を設けないほうがよいだろう。というのは、考慮すべき要因はほかにもたくさんあり、そちらの条件を満たすには株価水準では多少の妥協も必要となるからだ。20〜30ドルの株式は、株価水準から見ると短期売買を目的とする取引にはうってつけである。チャートをつけたくなり、そして短期売買したくなるような魅力ある株式は10〜20ドルの株式にも見つけられる。また30〜40ドルの株式にも有望株は存在する。現在10ドルの株式が翌年に40ドルに急騰することもあるが、もちろんその逆の可能性もある。チャートをつけている株式のポートフォリオをしょっちゅう変えることはできないので、投資銘柄の株価水準を決めるときにあまり選り好みしすぎてはならない。

　しかし、同じグループのほかの株式の株価水準よりもはるかに高い値段を付けている株式（例えば、同じ業種のほかの株式が15ドル、28ドル、37ドルなのに、150ドルもするような株式）は、通常では投資対象に含めないほうがよい。既述したように、値段の高い株式は短期売買の対象としてはその値動きが緩やかすぎる。その反対に、同じ業種のなかで最も値段の安い株式（例えば、ほかの株式が10〜30ドルで

あるときに２〜４ドルで取引されているような株）も投資対象として
は不適当である。そうした株式は奇妙で不可解な値動きをするものが
多く、かなり割高な売買手数料になるだけでなく、信用取引もまった
くできないものがある。株価水準に応じて信用取引の建玉には制限が
設けられている。こうした規制は低位株には非常に厳しく、最も低位
の株式の信用取引が認められないこともある（注　こうした条件は
FRB＝連邦準備制度理事会の方針によって頻繁に変更されるので、
投資家は取引するブローカーに問い合わせたり、または「http://
www.johnmageeta.com/」にアクセスして確認すべきである）。

　このような条件を考慮すると、レバレッジ効果を最も大きく利用で
きるのは20ドル台の株式である。投資対象を10ドル以下や40ドル以上
の株式にも広げてかまわないが、そうした株式を売買するときは十分
な資金という点も含めてきちんとした理由がなければならない。した
がって、投資銘柄を絞るときはその多くを（10〜40ドルの）中位株か
ら選び、それにかなり安い銘柄や高い銘柄のなかで特に興味ある株式
だけを追加するのがよいだろう。

　あらゆる株式の長期のヒストリカルな足取りを見ると、今日ではほ
ぼ同じ株価水準にある株式も、その値動きのパターンには大きな違い
があることが分かる。厳しい下げ相場で20％ほど下げる株式（30ドル
→24ドル）がある一方で、やはり同じような市場全体の厳しい下落局
面のなかで50％も暴落する株もある（例えば、30ドル→15ドル）。そ
の株式の値動きの記録を調べると、ある下落局面のときにはそれぞれ
異なる下降パターンを見せた株式が、次の下げ相場では同じような動
きをすることもある。またあるときは緩やかな調整安となった株式が、
上昇局面でも同じように穏やかな値上がりにとどまるものもある一方
で、下げ相場で急落した株式が強気相場では急騰するケースもある。

　こうした値動きのパターンは先に言及した一般論、すなわち低位株
は値がさ株よりも変動率が大きいということとは無関係である。これ

図204と図205 低位株は値がさ株よりも値動きが速い。これは2つの鉄道株の
週足チャートで、6カ月の値動きを対数目盛りで示してある。
この期間中にボルチモア株は、12 3/8ドルから28 7/8ドルまで
16 1/2ドル上昇し、ユニオン株は109ドルから137ドルまで28ド
ル値上がりした。しかし上昇率で比較すると、ユニオン株の25
％に対して、ボルチモア株は133％と5倍以上に達する。もっと
も、低位株は値がさ株よりも急ピッチで値上がりするが、下げ
足も速いということを忘れてはならない。低位株を保有してい
るとき、株券を金庫のなかにしまいっぱなしにしておくのは危
険である。安全性と確実性を求めるのであれば、値がさ優良株
を少し買ったほうがよい。しかし、短期売買を目的とするなら
ば、値動きの鈍いブルーチップと変動率の大きい低位株との中
間に位置する銘柄に投資すべきである。

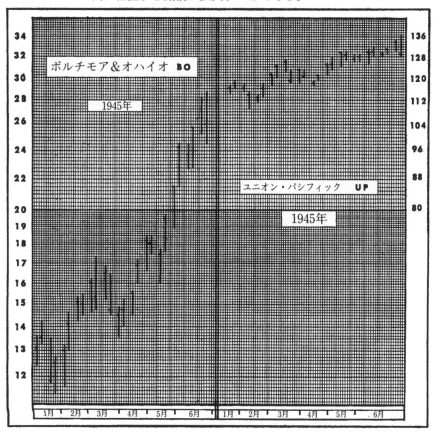

はその株式の習性によるものであり、そうした習性は長期にわたって
繰り返されるだろう。ボラティリティの大きい投機的な株式は、同じ
株価水準のほかの株式よりも大きく変動するし、売り圧力をあまり受
けない値動きの小さい株式のボラティリティはほかの株式よりも小さ
い。もっとも、低位株が値がさ株よりも変動率が大きいという一般論
に照らせば、こうした事実は必ずしも一般化することはできない。個
別株式の習性はそれぞれの株価水準を考慮して初めて分かるものであ
り、こうした事実を知っていれば個別株式の習性はその株価水準から
予測することができる。既述したように、われわれの投資対象はあま
り値動きのない株式ではなく、大きく変動する株式である。われわれ
は個別株式の基本的な変動率（これを「感応度指数」と呼ぶ）を計算
できるが、その計算法については**付録A**で説明する（**注　マギーがこ
こで言及している感応度指数とは、現在では「ベータ値」と呼ばれて
いるヒストリカルな変動率である。各株式のベータ値とは平均株価の
変動率と比較した相対的なボラティリティである。例えば、市場平均
のベータ値が1.00のときの同値が1.50の株式とは、平均株価が１ドル
変動するときに1.50ドル動く株式である。個別株式のベータ値につい
ては「http://risk.mit.edu:8080/web/beta.html」などを参照のこ
と**）。

　さて皆さんは自分の株式リストから、株価水準が不適当なものや十
分な変動率を持っていない銘柄は除外するだろう（利益の大きい短期
売買の対象となる銘柄だけのチャートをつけるためである）。残りの
一部の株式には株価の変動が大きく、大きく儲けるチャンスのある品
薄株などが含まれているかもしれない。しかし、それらのチャートに
はギャップや出来不申（できもうさず）の日もあり、こうした株式は
わずか数百株の売買で数ドルも変動する。それらは、①発行済み株式
数が少ない、②一部の企業やインサイダーが多くの株式を保有してい
る——ような株式である。このような株式は買うことも売ることも難

しいので、トレーディング（短期売買）には不向きである（買い気配値と売り気配値の開きが大きいので大きな損失を被る可能性がある）。このような株式はわずか500株を売却するときでも約定値段がかなり安くなるのをはじめ、ときに100株の売り物で数ドルも下げることもあるので、このような株式は投資対象から除外すべきである。チャートをつける株式のポートフォリオを決める前にそれらの株式の習性が分からないときは、いわゆる品薄株と呼ばれる銘柄を除外して、もっと信頼できる別の銘柄と入れ替えたほうがよい。

　こうして取捨選択された投資対象リストの銘柄はほどよいレンジで動き、市場トレンドによく反応し、十分な流動性のある株式である。これらの株式の1銘柄（または数銘柄）を選択する最終的な判断は、その人の好みによって決まる。ある株式グループからいくつかの銘柄を選んだら、自動車株、娯楽株、コンピューター株、インターネット関連株なども検討して、自分が作成できるチャート数の範囲内でバランスのとれた銘柄を選択すべきである（注　こうしたプロセスは、市販のパッケージソフトやインデックス株などを使って単純化することができる。その投資家の好みに応じてある業種の個別銘柄を売買する代わりに、平均株価にリンクしたインデックス株を売買すればリスクの軽減につながるだろう。もちろん、こうしたインデックス株は厳選された有望な個別銘柄よりも利益は小さいが、選択を間違った悪銘柄よりははるかに有利である）。

　投資対象をすべての業種から選ばないときは、短期売買に適した株式の多い業種を探すことである。例えば、一般に鉄道、酒類や航空株などは、食品株やタバコ株に比べて市場全体の値動きに極めて敏感である。しかし、適当な株式の選択についてはあまり心配しすぎる必要はないだろう。例えば、上場銘柄から最初に50〜100株を取り上げれば、そのなかの少なくとも25銘柄は短期売買に適した株であろう。どのような銘柄を選んで短期売買を始めても、時間が経過するにつれて

ある銘柄を除外して別の銘柄を追加するなど、ポートフォリオの入れ替えを繰り返すことで自分の好きなポートフォリオを組成することができるからである（注　最近のハイテクまたはバイオテック株は、17世紀のチューリップトレーダーを十分に興奮させるほどのリターンとリスクを兼ね備えている。大きなリスクを取れる投資家やトレーダーであれば、こうした人気株やマニアックな株式を積極的にポートフォリオに組み入れて大きなリスクとリターンの興奮を味わってもよい。しかし、「ある人のシャンパンは別の人の毒になる」という格言があることも忘れてはならない。一方、投資銘柄の選択を単純化したい投資家は、SPDRsやDIAMONDSなどのインデックス株を売買してもよい。これらのインデックス株はヘッジもしないでただ保有しているだけで、市場平均並みのリターンが得られる。こうした投資法ほど単純なものはない）。

第23章

ハイリスク株の選択と売買──チューリップ株、インターネット関連株、投機的な人気株など

Choosing and Managing High-Risk Stocks:Tulip Stocks, Internet Sector, and Speculative Frenzies

　新世紀に花咲いたインターネット関連株ほど、華やかなチャートパターンを見せた株式はない。これらの株式はいわゆるチューリップ球根ブーム、ゴールドラッシュ、大金持ちになる一攫千金のチャンスなど、これまで何回も繰り返されてきたパターンを再現している。

　インターネット株やハイテク株に見られるこうした投機的な熱狂ぶりは、17世紀のオランダで起こったあの有名なチューリップ球根ブームを彷彿とさせる。チャールズ・マッケイの不朽の名作『狂気とバブル』（パンローリング）によれば、その当時のオランダではチューリップの球根売買が従来の産業やビジネスに取って代わり、それで大儲けする人が続出した。１個のチューリップ球根を得るために大口の不動産、醸造所、高価な資産などが売買されたという。これについてマッケイは次のように述べている。「人々の前にはキラキラと輝くうっとりするような餌がぶら下がっている。人々はハチミツの壺に群がるハエのように、チューリップ球根の取引所に殺到した。このチューリップ球根ブームは永遠に続き、世界中の金持ちがオランダにやってきて、チューリップ球根の売り手の言うままの値段を支払うとだれもが思っていた」。

　この熱狂が過ぎ去るのにそれほど時間はかからなかった。こうしたチューリップに比べれば、ちゃんとしたテクノロジーと経済的な実質

に裏付けられたインターネット関連株の長期的な見通しは有望である。皆さんはチューリップのような実質のないもので株価を評価してはならないが、1849年のカリフォルニア州のゴールドラッシュでは実際に金を掘り当てた少数の金持ちがいたのである。

　しかし、本書の第7版の編者であるリチャード・マクダーモットは次のように言っている。「ロータスやマイクロソフトなどの企業は株式を公開して、短期間のうちにビッグビジネスに成長した。……こうしたインターネット関連株は1990年代のテーマ株だった。AOL（アメリカ・オンライン）、コンピュザーブ、ネットスケープなどが有名なブランド製品やサービスの代名詞となり、個人は世界中の情報を求めてインターネットをサーフィンした」。しかし、遅れて株式市場に参入した投資家は証券コードでロータス、コンピュサーブ、ネットスケープなどを探したが、これらの企業はもう存在していなかった。非情なライバルであったマイクロソフトに解体されたロータスはIBMに吸収され、コンピュサーブとネットスケープはAOLにのみ込まれてしまった。そして断トツのマイクロソフトも司法省による反トラスト法の攻撃を受けている。

　こうした半焼きのポテト（または花の咲かないチューリップ）をマーケットに持ち込んだウォール街の大手投資銀行を非難する人も少なくない。確かにこれらの投資銀行は、ベンチャーキャピタリストが多額の資金を投じた多くのこれら「ドット・コム企業」を一般大衆に売りつけたが、そのやり方は鉱山技師流に言うならば「鉱山化粧」に近いものだった。ウォール街の投資銀行が次から次へとこうした熱狂を作り出しているプロセスを知りたいときは、ジョン・ガルブレイス著『大恐慌』（徳間書店）を読むことをお勧めする。これは極めて啓発的な本であり、熱狂の絶頂のときにはだれも信用できないことがよく分かる。

チューリップ株やインターネット関連株の売買

　冷静な投資家はそのようなときでも落ち着きと集中力を失わないとはよく言われるが、実際には言うは易く行うは難しである。しかし、こうしたインターネットブームで多くの投資家やトレーダーが儲けたのは事実であり、ただ指をくわえて見ていた多くのファンドマネジャーやその他のトレーダーにとって、そのバブルがはじけたときが「他人の不幸は蜜の味」だった。

　本書の原則に基づいたテクニカル分析による投機とトレーディングにとって、このような熱狂とブームに踊った投機株を売買するのは大きなチャンスである。つまり、冷静できちんとした売買手法を順守することで、無知で無邪気な大衆が投機的に買い上げた株式から大きな利益を上げられる。実質のある株式でも強気相場の最終局面では、同じように投機的に急騰することも珍しくない。

　問題はこのような熱狂的な株式からどのようにして利益を上げるかである。もちろん、まず最初に気をつけなければならないのは、その投資家自身が興奮してはならないことである。こうしたブームはバイオテック、コンピューター、インターネット、さらにはヒトゲノムや火星の土地などと次から次にやってくる。そして利益は買いと売りの両方から得られる。大衆は買いだけしかやらないが、プロや熟練したテクニカルアナリストは売りからでも利益を上げる。

　こうした急騰株を売買するときに最も重要なことは、「本書で述べたすべてのテクニックと売買手法は、これらの株式を売買するときも完全に有効である」という事実を想起することである。そしてさらに知るべきことは、その分野がハイテク、ウエブテック、バイオテック、インターネットなど何であろうともすべてがマーケット（相場）であるかぎり、そこには必ずテクニカルなパターンが現れる。つまり、そこには通常の株の買い集め、人気化、上昇、熱狂、噴き上げなどのパ

図205.1　マイクロソフトのこの日足チャートからは多くの教訓が読み取れる。つかの間の高値、円形の天井、その後、前の天井を試す動き。それ以降の動きはやや波乱含みだが、トレンドは明らかに下を向いている。ランナウエーデイは2000年1月に埋められたのでこれは強気の落とし穴。また10月からの短期トレンドラインもダマシだった。第28章で検討した基点のルールを適用すれば、このようなワナにも陥らないだろう。もっとも、こうしたダマシの動きはときに素晴らしい上向きデテンのシグナルとなる。

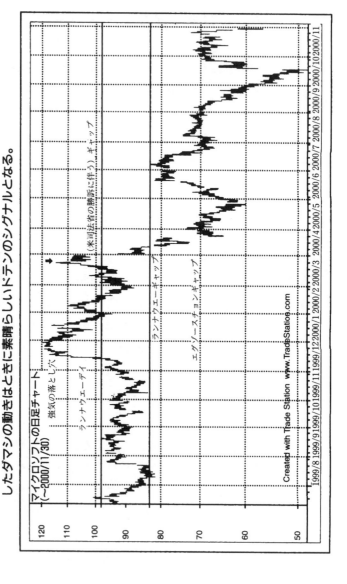

図205.1.1　日足チャートだけを見ていると大局観を忘れて、弱気の落とし穴に引っかかることになる。マイクロソフトの長期の月足チャートはそうした大局観を取り戻してくれる。ダウ・ジョーンズ社が2000年にマイクロソフトをダウ工業株30種平均に採用したとき、同社の担当者はこのチャートを見ていただろう。

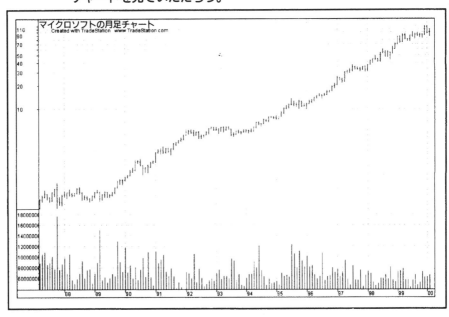

ターンが凝縮された形で現れ、普通の株式のサイクルよりも極めて速いスピードで状況が進展する（図205.2参照）。

　株式が新規に公開されるまでに、インサイダーはすでに売り抜けの準備を終わっている。例えば、パーム・コンピューティングが2000年にスリー・コムからスピンオフ（分離独立）して株式を公開したとき、売り出された株式は全体のわずか３％と意図的に少なくして株価を異常な高値にもっていったのである。その結果、パーム株の時価総額は一時的に親会社のスリー・コムを上回ったほどである。

　この種の株式は細心の注意と慎重さをもって売買しなければならな

図205.2　この株は本物の金に見える黄銅なのか。チャートはスパイクによる反転日で始まったあと、秘密裏の株の買い集め、利ザヤ稼ぎ、売り抜けなどの動きによって、大きな円形底のパターンとなっている。長期的に見れば、この株にはいくらかの本物の金が含まれているのかもしれない。

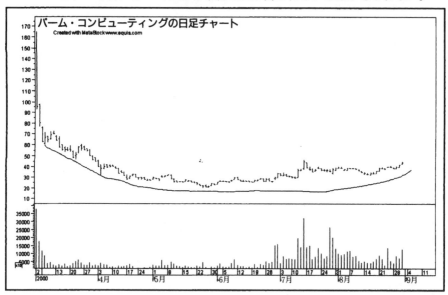

い。例えば、IPO（新規株式公開）銘柄に成行注文を出すのは愚の骨頂である。公開値が12ドルの株式が50ドルで寄り付くことはけっして珍しいことではなく、抜け目のないテクニカルアナリストの目には、羊たちが羊小屋に殺到している光景と映るだろう。

　このほか、株式公開直後に急落したり、売り抜けが終わらないうちに暴落する銘柄もあるので要注意である。それには注意深くストップを活用することである。株価や出来高から見てロケットのような離陸が確認されたとき、経験豊富で高度なテクニックを持つ投機家であれば、慎重なピラミッディング（増し玉）を心掛けるだろう。

図205.3 パーム株のIPOのとき、引受証券会社はスリー・コムが保有するパーム株をわずか3%しか放出しなかったのは賢明だった。パームがスリー・コムの価値を上回ったのは一時的にすぎなかった。このチャートから読み取れる教訓は次の2つである。トレンドラインを引き直すことの大切さ、そして利益を守るにはさきつめに直近のラインを引き直すことである。スパイクの反転日が大商いであれば、それが本物の反転シグナルであることはほぼ間違いない。

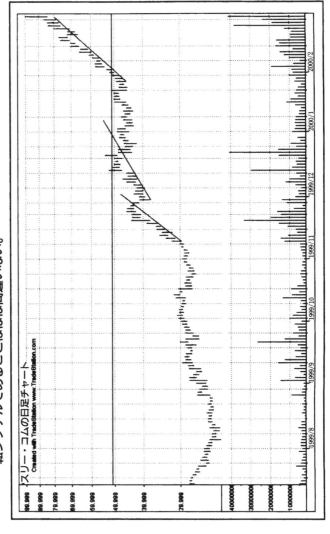

スリー・コムの日足チャート
Created with TradeStation www.TradeStation.com

急騰株の売買テクニック

　この種の株式については、第28章で詳述するプログレッシブストップ（利益確定のストップ）というテクニックが効果的である（そこでは「３日間のルール」に従って基点からストップを引き上げていく方法が詳述されている）。とりわけロケットのような急騰株については、新高値を基点としたストップの漸進的引き上げも極めて有効である。こうしたゲーム的な状況では目いっぱいの資金を投入してはならず、新高値が切り上がるについて増し玉数を減らしていくべきだ。さらに

図205.4　オラクルの完成し損なった長方形で、多くのギャップやランナウエーデイが見られる。正しいトレンドラインとストップオーダーを活用すれば、トレンドの多くの流れをとらえられるだろう。ギャップは予想外の業績修正によるもの。

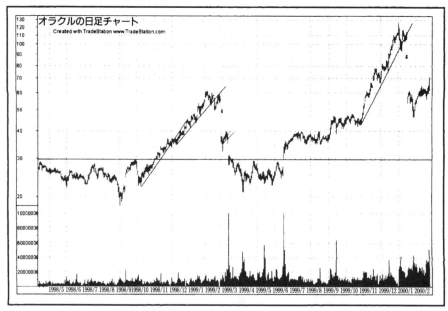

図205.5　インクトミ（サーチエンジン・サービス）は投機家好みのインターネット関連株。最後のギャップが現れたあとの天井圏の値動き、すなわちその翌日に二度目のギャップが埋められたこと（矢印）は、この上昇トレンドが終わりに近いことを示唆している。ちなみに、このギャップの前日は1日の反転の条件を満たすキーリバーサルデイである。機敏で抜け目のないトレーダーだけしか、このような株は売買できない。

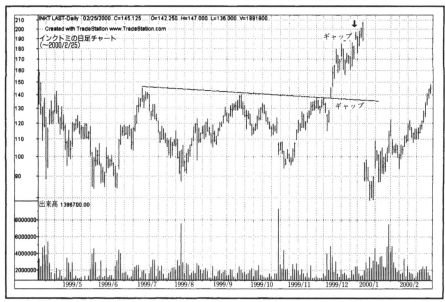

最終的な噴き上げの局面で長大線によるリバーサルデイ（反転日）やキーリバーサルパターン（これについては第10.1章を参照）が出現したら、直ちにポジションを手仕舞うべきである（またはドテン売りに転じる）。

　編者（私）はこの種の株式には少なからぬ興味があるが、長期投資のスタンスはまったく役に立たない。すぐにお金を引き揚げて、さっさと逃げるスタンスが必要である。こうした株は花火のように爆発した瞬間に消えてしまう（もちろん、マイクロソフトやヤフーなどは別

図205.6　エミュレックス（コンピューターソフト）にはシスコシステムズを売買するときと同じトレード手法が求められる。このような株を売買していれば、今日までの利益は明日には吹き飛んでいるかもしれない。

格である）。しかし、辛抱強いテクニカルアナリストは花火ショーが終わってもさっさと帰らずに、残り火があるかどうかを確認するために現場に向かい、暴騰、爆発、暴落、そして底値まで下げたそうした株の再投資のチャンスを探る（そうしたチャンスはよくある）。インターネット、バイオテック、ヒトゲノムなどの株式が不死鳥のように、灰のなかから再び上昇する可能性はけっして少なくない。

　大きなリスクとリターンに満ちたこのような投機株を売買するときは、次のルールを順守すべきである。

●慎重な投機家はこのような株に投じる資金を全体の５〜10％に限定する。

●そうした株の空売りを焦ってはならない。大天井を確認してから出

図205.7 インターネット株バブルの典型例で、1999年以降の暴落は投機的な熱狂買いの当然の結果である。次の日足チャート（図205.7.1）を見ると、最後の噴き上げがいかにものすごいものだったのかがよく分かる。

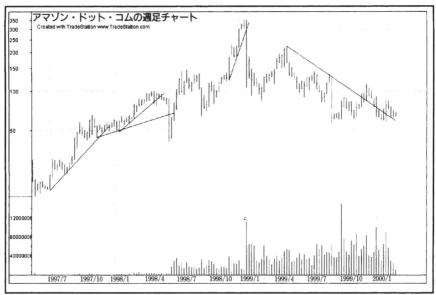

動しないと再び暴騰する可能性がある。

● この種のチューリップ株やインターネット関連株に惚れ込むと大きな失望を味わうことになる。キーリバーサルデイなどを確認するため、チャートから目を離してはならない。

図205.7.1　このような投機的な噴き上げのとき、トレンドラインはほとんど役に立たない。行動ののろい投資家がこのような株（明らかに投資適格銘柄ではない）に手を出せば、ひどい目に遭うだろう。抜け目のないトレーダーであれば、このような噴き上げ局面ではモメンタムの勢いが弱まったところを売るだろう。二番目のギャップがエグゾースチョンギャップであることを確認して手仕舞ってもよい。第28章で検討したルールを適用して、ストップのポイントを徐々にきつめにするのも大きな損失の防止に役立つだろう。

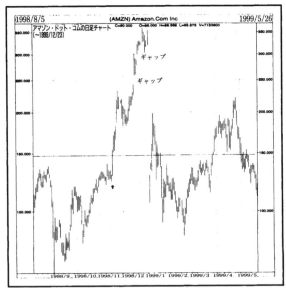

図205.8 トレーダーはこのような断崖からの転落をどのようにして避けるのか（一般投資家はこのような株に手を出してはならない）。そのひとつの方法はこのような狂乱株の売買は避けること、もうひとつはシスコ株と同じようなこの株の値動きのパターンを機敏に利用することである。つまり、暴落が起きたあと、また短期の下降トレンドラインを株価が上抜いたときに買い出動することである（例えば、矢印のところ）。

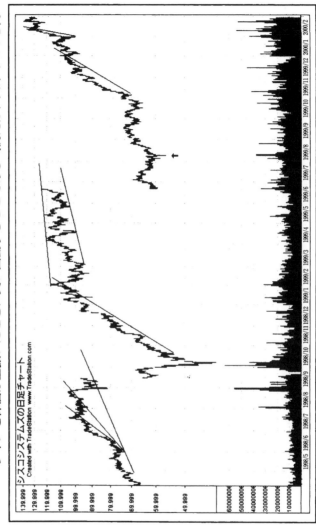

シスコシステムズの日足チャート
Created with TradeStation www.TradeStation.com

図205.8.1　シスコ株のパターンははっきりしているが、このような株を売買できるのはその長期パターンをよく知っているトレーダーに限られる。うまくいけば利益も大きいが、失敗すれば損失も大きくなるので、この株を売買できるのは最も勇敢で機敏なトレーダーだけである。このチャートによるトレード手法は、株価がきつめのトレンドラインをブレイクしたらすぐに手仕舞ってドテンする。この株は激しい騰落を繰り返すので、手仕舞いは迅速にすべきである。

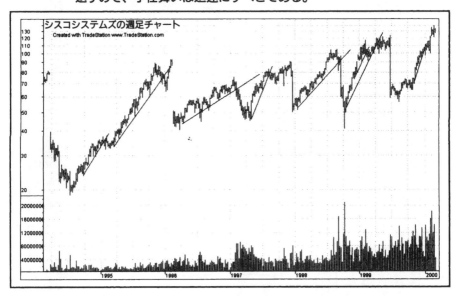

第24章

株式の予想される動き
The Probable Moves of Your Stocks

　すべての株式は一見すると、何の理由もなしにでたらめに動いているように見える。あるときは上がり、またあるときは下げるが、その動きは常に同じではない。これまで見てきたように、上昇と下落を繰り返すすべての株式はトレンドを描きながら変動し、またいろいろなパターンを形成しており、まったく無秩序に動いているのではない。

　それぞれの株式は特有の習性と特性を有しており、それは毎年ほとんど変わらない。ある株式は全体の強気トレンドに素直に反応して大きく上昇するが、ほぼ同じ株価水準の別の株式には穏やかな動きしかしないものもある。しかし、大きく上昇した株式は弱気相場では急落するが、あまり投機的に上昇しなかった株式が下げ相場で強い抵抗を示すこともある。個別株式の「総合レバレッジ」について検討する**付録A**の第B章でも言及するが、ほかの株式よりも何倍ものスピードで動く株式もある。例えば、今後１年間にグレン・マーチン（このほか、マイクロソフトやリードなども）は上下のどちらに行くのか分からないが、そのどちらに動こうともそのスピードがATTよりも速いことだけは確かである。もちろん、個別株式のこうした習性は発行済み株式数、浮動株数、事業内容、資本構成によるレバレッジなどによって異なる。

　しかし、われわれはこのような違いが存在する理由についてはそれ

図206と207

ほかの株式よりも大きく動く株。われわれはすでに低位株は値がさ株よりも大きく変動することを見てきた。しかし、同じ株価の2つの株式の習性が毎年ほとんど変化しないのである。左図はコーン・プロダクツの1945～46年の18カ月間の週足チャート、右図は同じ期間のシェンリーのチャートである。この2銘柄の高値と安値の平均値はともに約64 1/2ドルである。

しかし、コーン・プロダクツの安値は58 1/2ドル、高値は71ドルでその変動幅は12 1/2ドルであるのに対し、シェンリーの高値と安値はそれぞれ28 1/2ドルと100ドルでその変動幅は71 1/2ドルに達する。コーン・プロダクツの最安値に1000ドルを投資すると、高値を付けたときの投資資金は1210ドルになっている。一方、シェンリーの安値に1000ドルを投資したら高値のときは3510ドルに増えている。シェンリーの利益1000ドル対コーン・プロダクツの利益（210ドル）の10倍以上である。

もちろん、この2つの銘柄を最安値で買って最高値で売ることはできない。われわれが言いたいのは、それぞれの株式には極めて大きな習性の違いがあるということである。このことはすべての業種については当てはまる。特有の習性があり、このことはすべての個別の株式にも当てはまる。一般に食品株は安定してゆっくりと変動する（コーン・プロダクツのそのひとつである）のに対し、酒類株の変動率はかなり大きい。この期間中のコーン・プロダクツの感応度指数は0.58、シェンリーは2.05だった。

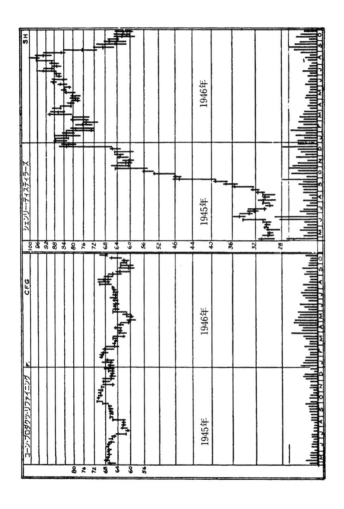

ほど関心はなく、われわれが知りたいのは主にどのような違いがあって、それをどのように見極めたらよいのかということである。大切なことは次の点である。すなわち、狭いレンジで動く株式は安全性と配当収入を主な狙いとする投資の目的にはかなうだろうが、トレーディング（短期売買）向きの株式としては不適当である。売買手数料を差し引いてもまだ純利益が出るくらいの投資とするには、かなり大きな感応度とボラティリティを持つ株式でなければならない。利益の出るポジションとするには、最低でも15％は動く株式に投資すべきである。

　それではどの株式の感応度が最も高く、そして最も大きく儲けられるのかをどのように判断すべきだろうか。ある株式の長期にわたる株価推移の記録を入手して、その変動率を市場全体の変動率と比較すれば、その株式のはっきりした習性を知ることができる。そうすれば、ある時点で「この株式は今後25％は上昇する」とは言えないまでも、「市場全体が10％上がれば、この株式はおそらく25％ぐらいは上昇するだろう」とかなりの自信を持って断言できるだろう。その反対に、「市場全体が10％下げれば、この株式は少なくとも25％は下落するだろう」と言えることはもちろんである。

　以上、株式の変動率の習性を推測するためのいろいろな方法について検討してきたが、それらの方法の違いは単に細部についてだけである。巻末の**付録A**にはわれわれが計算したNYSE（ニューヨーク証券取引所）に上場されている主要な数百銘柄の感応度指数を掲載した（**注**　現在のベータ値はこの指数に匹敵するもので、本書の総合レバレッジ指数を計算するときにベータ値を使ってもよい。また読者は以下の編者注のなかのベータ値をこの感応度指数に置き換えて読んでもかまわない。編者による細かい限定は避けるようにした）。感応度指数とは相対的なものである。感応度指数（ベータ値）が高い株式は低い株式よりも強気相場と弱気相場において大きく動くのはもちろん、その他の株式よりも変動率が大きいことを示している。

　編者注　経験の豊富な投資家の皆さんはよくご存じだと思うが、マギーの感応度指数は現在のベータ値にかなり先行するものである。ベータ値は個別株式のシステマティックリスク（平均株価に対するその株式の感応度）を表している。ベータ値が1.5（または0.5）の株式とは、平均株価が１ドル変動したときに1.5ドル（0.5ドル）変動する株式である。個別株式のベータ値を自分で計算したい読者のために、以下にその算式を示すが、これはマギーの計算法よりは複雑である。

　　［(N)×(XYの合計)　−　(Xの合計)×(Yの合計)］

　　N＝組み入れ銘柄数

　　X＝S&P500のリターン

　　Y＝個別銘柄のリターン

　個別銘柄のベータ値はバリューライン、メリルリンチまたは「http://risk.mit.edu:8080/web/beta.html」などから簡単に入手できるので、個人投資家はこの算式にそれほどこだわる必要はないだろう。大切なことは個別銘柄の特有のリスクであり、専門家はその株式のボラティリティからこのリスクを推測している。マギーの「株価変動率」に匹敵するボラティリティとは、その株式のリターン率（値動き率）である。専門家はこの問題について詳しく研究しているが、個人投資家にとってボラティリティの分析は極めて複雑である。その方法はいくつかあるが、それらはいずれもオプションのサヤ取りやプロのトレーディング向けのものである。個人投資家は個別株式のリスクを知っているだけで十分であるが、自分でボラティリティを計算したい人のために（実際にはそれほど必要ではないが）、以下にその算式を掲載する。

　ポートフォリオのボラティリティを計算するには、まず最初に平均株価とそのポートフォリオのトレード全体のリターンを計算する。そ

の差額を二乗して、それらの合計値を出す。その合計値をトレード数から1を引いた数で割り（これが平方偏差と呼ばれるものである）、その平方根を求める。こうした細かい計算にあまり関心のない読者は、「http://optionstrategist.com/」などから個別銘柄のボラティリティのデータを入手できる。

①トレード全体の平均リターンを求める。

②平均リターンを各トレードのリターンの差を出す。

③その数値を2乗する。

④それらを合計する。

⑤その合計値をトレードで割る。

⑥その平方根を求める。

$$\sigma = \sqrt{\frac{\sum_{i=1}^{n}\left(R_i - \mu\right)^2}{n-1}}$$

図208図と209 個別株式の変動率の違いを示すもうひとつの例。これらのチャートも、同じ期間の高値と安値の平均値が同じ値を付けている2つの銘柄である。2つの銘柄の値動きを1945～46年の18カ月間にわたって表したものである。この2つの銘柄の株価は安く、感応度指数もほぼ同じであるが、それぞれの値動きには大きな違いが見られる。食品株のひとつであるキューバン・アメリカン（左図）は16 1/2ドルの安値から29ドルの高値まで75%動いたが、造船株のエレクトリック・ボート（右図）は140%以上も変動している。

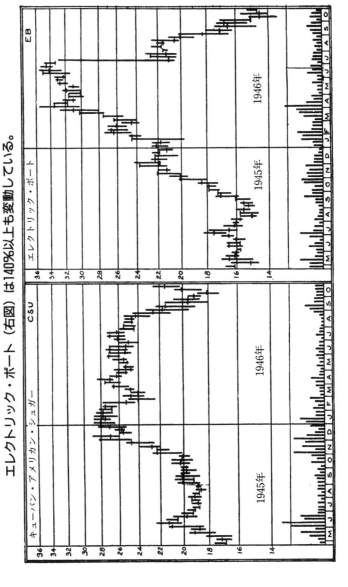

第25章
2つの厄介な問題
Two Touchy Questions

　この章は主に初めてトレーディング（短期売買）をしようとする人、本書に述べたものとは違うテクニカル分析手法に従ってきた人、そして初めて短期のテクニカルな株式売買を始めようとする人たちのために書かれている。まず最初に取り上げるのは信用取引の問題である。1929年の悲惨な追証の請求と株価の暴落に伴う信用取引口座の大損失を知っている多くの人々は、信用取引は本来的に悪いことであり、また危険で愚かで不健全なことだと考えている。これらの人たちは自分のお金ならば喜んでリスクにさらすだろうが、借りたお金ではけっして投機はしないだろう。そして現金で株式を買っておけば、マーケットのどのような暴落にあっても安全であると思っている。

　こうした考え方にも一理はあるが、だからといってそうしたことを口にする人々が実際に常にそうしたことをやっているのかといえば、必ずしもそうではない。こうした人たちがたとえ現金で株式を買っても、その株式の感応度やレバレッジが極めて大きければ、値動きの穏やかな株式を信用で買っている人と実はまったく同じことをやっているのである。現物取引は信用取引よりも安全であると思っている人でも、実際には投機家である人も少なくない。そのような人たちも実際には配当金と安定した投資だけに興味を持っているのではなく、やはり「大きく値上がりしそうな株」を求めているのである。しかし、こ

うした人たちはこのことがよく分かっていないので、最後には高くつく過ちを犯すことになる。言うこととやることに一貫性を持たせようとすれば、また信用取引に特有のリスクを避けようとすれば、レバレッジやボラティリティなどのリスクも回避しなければならないだろう。そうした人たちはすべてのリスクを避け、「大きく値上がりしそうな株」のことも忘れて、あまり動かず継続して配当金を支払う健全な株式だけに投資すべきである。

　こうした安全性を求めているのであれば、大きく変動することなく、そして安定性を備えた株式は多数存在する。しかし、われわれが求めているのは「変動力」のある株式、すなわち安全に扱える最高の変動力を持つ株式である。これは大幅に変動しやすい、つまり感応度指数（ベータ値）が高い株式を現金で買うことを意味する。もっとも、極めて穏やかな習性を持つ株式を取引しても同じ効果は得られるが、そのときは証拠金取引によって総合レバレッジ（または単純なレバレッジ）を高めなければならない（さまざまな状況下で総合レバレッジを計算・比較する方法については**付録A**で説明している）。

　例えば、UVWというやや投機的な株式100株を現金で買ったとしよう。この株式の感応度指数は1.50で、株価は20ドルである。それと同時にあまり投機的でないXYZというやはり20ドルの株式を買うが、平均株価の上昇がこの2つの株式に影響を及ぼしたとき、XYZ株よりはUVW株のほうがいくらか大きく変動するだろう。UVW株が30ドルを付けたとすれば、XYZ株はそれよりも幾分安い28ドルぐらいだろう。UVW株に現金で2000ドルを投資して10ドル値上がりすれば、投資額の50％に当たる1000ドルの利益が出たことになる。一方、XYZ株を購入金額の70％に当たる1400ドルを信用で買って28ドルに上昇したら、その利益は800ドル、つまり投資額の57％の利益である。換言すると、信用買いによってXYZ株のレバレッジを高めることで、UVW株よりもいくらか投機的な売買をしたことになる。

　信用取引の効果とは、その株式の感応度を高めることである。それはひとつの投資手法であり、それだけリスクは大きくなるが、当然のことにその分だけ大きく儲けるチャンスも増大する。もしも皆さんがこうしたリスクを喜んで取ろうとするならば（投機的なトレードとはこういうものである）、そのリスクはどのようなものか、そしてそうしたリスクを取るだけの余裕があるのかどうかを大まかに知っておくことが極めて重要である。信用取引の怖いところは自分の能力を過大評価して、いわば自己防衛力以上のリスクを取ってしまうことである。こうしたことを回避するには、自分の総合レバレッジ（いわゆるポートフォリオリスク）に一定の限度を設けることである。

　信用取引とは、その投資家の払い込み可能な金額以上に株式を買う（または空売りする）ことである。借入金で家を買うのも、また事業資金の一部を借入金で賄って企業を経営するのもやはり一種の信用取引である。ある品物を買うときに一部は自分のお金で支払い、残りの代金は買った品物を担保にした借入金で支払えば、これも信用で株式を売買することとまったく同じである。このようなときにその品物の価値が変動すると、証拠金の価値も大きく変わってくる。もしもある人が1万ドルの家を買ったとき5000ドルだけ現金で支払い、その後にその家を1万5000ドルで売却すれば（その資産価値が50％増加した）、その人は5000ドル、すなわち投下資本の100％を儲けたことになる。

　追証の問題、つまり信用取引で大きな損失を被るということは常にストップロスオーダーを入れたり、または株価が事前に決めた一定のリスク許容度を超えたときはその取引をやめるなどして、自分を適切に守ってさえいればめったに起きるものではない。言うまでもないが、買った株式の値段が下がって証拠金の最低維持率を割り込んだときは、追証の請求には応じず、その時点で損切りしてそれについてはすべて忘れることである。もう一度繰り返すが、前もって必要なことをしておけば、そうした事態はあまり起こらないものである。

　株式の感応度やレバレッジ、ストップロスを入れる方法などについ
てはあとで検討するが、それを超えると安全な取引ができないように
一定の限度を設けるべきだ。以前のように10％の証拠金で株式が売買
できるのであれば、強気相場では1000ドルを100万ドルにすることも
夢ではない。しかし、そうした夢が現実になる可能性はあまりにも低
く、10％の証拠金で株式取引を始めるのはかなり危険である。自分と
しては安全に論理的に買ったつもりでも、株価が当初の期待どおりに
上昇する前に、あなたを破滅させるような動きをすることは珍しくな
いからである（特に商品先物などの売買ではこうしたリスクはかなり
大きい）。法律で決められた信用取引の限度内でどのくらいレバレッ
ジをかけられるのかを判断するとき、自分の売買手法、予想される逆
行の値幅、その株式の性質（その感応度や投資した時点での通常の変
動率、いわゆるベータ値とボラティリティ）などを十分に考慮すべき
である。

空売り

　もうひとつの厄介な問題は空売りである。空売りをするトレーダー
はそれほど多くはなく、また株式を売買する7人のうち6人はどんな
状況下でもけっして空売りはしないという。事実、空売りするのは熟
練したプロに限られている（空売りを利用するプロはこの点でも、空
売りに恐怖心と偏見を持つ個人投資家よりも有利な立場にある）。こ
の問題はマギー著『ウイニング・ザ・メンタル・ゲーム・オン・ウォ
ールストリート（Winning the Mental Game on Wall Street）』に
詳述されているので、ぜひとも読まれることをお勧めする）。
　皆さんが長期チャート（週足と月足チャート）と日足チャートを研
究すれば、株価の動きについていくつかの事実が分かるだろう。多く
の株式は一貫して上昇基調をたどっており、最も活発に取引されてい

る株式はなおさらそうした傾向が顕著である。全般に多くの株式は3分の2の期間は上昇し、残りの3分の1の期間は下落している。さらに株式や企業に関するニュース、うわさ、新聞の解説などの多くも明るいものが多い。企業の経営者や広報担当者、新聞記者などが将来性のある開発、新しい製法、設備の拡張、増益などに目を向けるのは当然であり、そのような記事のほうがあまり楽観的でない報道よりも価値があるのはこれまた当然のことである。一般大衆が株式に対して常に強気であるというのはこうした理由による。大衆というのは常に株価が上昇していることを望み、そして期待している。株価が強気局面で上昇していれば、大衆はさらに上がることを期待する。株価が急落しても、大衆は今が絶好の買い時であり、株価はまもなく反発すると期待する。とにかく、大衆というのは株価は常に上がるものだと考えている。しかし、平均株価の長期にわたるチャートを調べると、長期間の平均株価の上げ幅と下げ幅はほぼ等しいことが分かる。

　（注　この原則はおそらくダウ平均が1954年の後半から上昇を続け、高値を更新している現在でも通用するだろう。このまま行けばダウ平均は21世紀には3万6000ドルを突破するかもしれないという見方もあるが、われわれとしてはかなり疑問である。平均株価の長期にわたる永続的なトレンドとこの数年［特に1950〜60年代］の輝かしい歴史にもかかわらず、これまでと同様に将来も長期の下落局面があると考えるほうが安全であろう。実際に20世紀半ばの強気相場の数年間にも、例えばセラニーズ、クレスギー、ロリラード、シェンリー、スチュードベーカー・パッカードなどの主力株は長期の下降トレンドをたどっていた。1990年代の歴史的な強気相場をリードしたコダック、エイボン、ゼロックス、GM、IBMなどの当時の株価を2000年の株価と比較してみよう）

　こうした理由から、株価は上昇した分だけ下落し、そして全期間の3分の2で上昇していることから、当然のことながら株価が下落する

ときは上昇局面よりもかなり速いスピードで下げることになる。これは事実である。平均株価や個別株式でも、弱気相場の下落の角度は上昇の角度よりも極めて急勾配である。このため、上昇局面よりは下落局面のほうが早く利益を上げられる。

下落局面の利益は空売りによって得られる。もし皆さんがトレーダー（短期売買の投資家）であれば、空売りの意味をよく理解する必要がある。ある株式を空売りするときはその株式の所有者から借りてきてそれを売ることになるが、そのときに将来のある時期にその株式を返すことを約束する。もちろん、この取引の細かい問題はブローカーが処理するだろう。発行株数の多いほとんどの大型株はいつでもブローカーを通じて借りることができるし、ブローカーもそのような株式は簡単に調達できる。このように株を借りてきて売るというメカニズムは面白いもので、皆さんはこの取引がどのようにして実行されるのかについてブローカーから話を聞きたいと思うだろう。しかし、実際に空売りするときは売りたいと思う株式をブローカーに連絡して、あとはブローカーに任せておくことである。空売りしたい株式が調達できないときは、ブローカーがその旨を知らせてくるだろう。またそれほど重要なことではないが、もうひとつの実際上の問題は、空売りに対してわずかながら追加の税金がかかることである（空売りの利益には長期保有のキャピタルゲイン税率が適用されない）。

皆さんがトレーダーであれば、値上がりを見越して株式を買うときと同様に、空売りのチャンスが来たときは素早く行動すべきである。しかし、残念なことに空売りには心理的なバリアがある。例えば、「アメリカを空売りする」といった愚かでまったく見当違いのスローガンもある。空売りに関する知識が乏しい人には、空売りは相場師などが行う非道徳的な株価操作ではないのかと思われるだろう。また空売りというのは災害や恐慌などが起きたときに、他人の不幸を犠牲にして儲けることだというような印象を抱く人もいる。本書の目的は読

者の皆さんに空売りなどはすべきではないとか、買いの投機などはしないようになどと忠告することでもない。しかし、レベルの高い投資家からは空売りの実際のやり方に加えて、倫理面についても多く質問が寄せられているので、空売りを弁護する意味でももう少し話を続けよう。

前述した空売りに対する一般の考え方はすべてナンセンスである。空売りには買いと同様に非難されるものは何もなく、そのどちらも相対的な価値に対する投機行為である。それが意味するものは、お金も株式と同じように商品だということである。お金に換算した株式の価値が上がりそうだと思ってその株式を買うためにお金を借りることと、株式で換算したお金の価値が上がりそうだと思ってお金を「買う」ために株式を借りることには、道徳上も、実際上も何ら違いはない。どちらの場合も（それがお金または株式であろうとも）、借りたものは返す義務がある。そのどちらのケースでも、あなたは将来の相対的な価値のトレンドに関する自分の予想に基づいてリスクを取っているのである。

実際に多くの商習慣には株式の空売りと類似するものが少なくない。例えば、雑誌の出版業者が購読料を前金で受け取るのも株式の空売りと同じようなものである。その最終的な損益は、まもなく発刊されるその雑誌のコストが購読料のどれくらいに上るのかによって決まる。株式を空売りするとき、あなた（というよりはあなたのブローカー）はすぐに売却代金を受け取るが、株券を貸してくれた人に対して将来のある時点で同数の株式を返すことを義務づけられる（**注　個人投資家よりもプロが有利な点のひとつは、取引口座の空売り用の証拠金に対して利子が支払われることである。個人投資家についてはそのブローカーとよほど緊密な関係がないかぎり、そのようなことはない。例えば、50％の証拠金率で10万ドルの空売りを行うとき、口座に15万ドルの残金があっても利子はつかない。これに対し、売り方が支払う配

当金はかなりの金額に上る）。売った株式はいずれは買い戻さなければならない。株式を買い戻すと、あなた（というよりはブローカー）はその株式を貸し主に返して義務を果たす。その買い戻しのコストが空売り金額よりも少ないと、その差額があなたの利益になる。その株式を買い戻す金額が空売り額よりも多いときは、その差額が損失となる。もちろん、あなたは株価が下落して利益が得られると思わなければ空売りなどはしないだろう。

　大量の空売りが株価に及ぼす影響についてはあまり知られていないが、そのひとつは相場付きを強くすることである。すべての空売りは将来の買いとなる。ほとんどの空売りは株価が少し下げても買い戻して利益を確定する。つまり、ある株式に多くの空売りが入っていれば、その株価が下がって買い戻すのを待っている人が多数いることを意味する。この状態が株価の暴落を軽減する緩衝役になっている。抜け目のないトレーダーであれば、極めて多くの空売り残（まだ買い戻されていない株式）があるような株を買っていくだろう。というのは、そうした株は少し下げると空売りしている人々が競って買い戻そうとするので、大きな利益になる買い戻しの上昇が期待できるからである。このように、その株式に多くの空売り残があれば、その株式の動きはテクニカル的には強いものとなる。

　空売りにはもうひとつの問題がある。株式を買うときは最悪の場合でも、その損失は購入金額を超えることはない。しかし、空売りの場合は株価が当初の期待に反して、50ドル、100ドル、1000ドル、1万ドルと青天井まで上がっていくことも理論的には考えられる。しかし、実際にはこうしたことはほとんど起こらず、株価が突然に青天井まで上がることはない。空売りでも買いのときと同様にストップロスオーダーを入れておくとよい。1901年の有名なノーザン・パシフィック株の買い占めといった事態が今日の規制の下で再現することは考えられない（注　有名な空売りの踏み上げである。しかし、流動性の高い大

型株でこうしたことが起こることはほとんどない。1980年代の銀市場でも有名な売り方の踏み上げがあったが、銀買い占めの仕掛人であったハント兄弟は最後には破産した。ワナを仕掛けられた先物取引所側が証拠金維持率を従来の５倍に引き上げる報復措置を取ったからである）。われわれは、プロでない多くの投資家が空売りするときに抱く恐怖心を完全に取り去ることはできないことをよく知っている。空売りに伴う心理的な抵抗は買いのときよりもはるかに大きい。しかし、実際的な観点からすると、空売りは値上がりを期待して買うときとまったく同じである（方向は逆であるが）。買いよりもリスクが大きいというわけではなく、実際には買いよりも早く儲けるチャンスが多いが、ただ執行の仕方が異なるだけである。

　商品先物取引の売りは株式の空売りと似ているが、その理論はまったく異なる。取引のときに実際の売買は行わず、お金や商品の授受もない。先物取引とはある商品をある時期に、ある値段で受け渡しを受けるか、または受け渡すことを約束した単なる法的な契約である。ここが株式の空売りと異なる点である。つまり、その約定は納会日か、その前に決済しなければならない。一方、商品先物の売りが株式の空売りと似ているのは、①いずれも証拠金取引である、②いずれは清算しなければならない未決済玉を生み出す――という点である。

　株式の空売りも証拠金取引である。例えば、あなたが20ドルの株式を現金で100株買って、それが15ドルに値下がりしても追加証拠金を要求されることはない。たとえ500ドルの損失が出ても、それらの株式は依然としてあなたのものである。そこで売却すれば、手数料を考えなければ1500ドルは戻ってくる。一方、もしも100％の信用を利用して20ドルのときに空売りしたとき、その株式が25ドルに上昇するとやはり500ドルの損失となる。数年前までブローカーは100％の証拠金維持率を義務づけていたので、その場合にはブローカーは500ドルの追加証拠金の差し入れをあなたに要求するだろう。またはその時点で

その取引を手仕舞いするならば、買いのときと同じ手数料を1500ドルから差し引いた残額を返してもらうことになる。その空売りで株価が15ドルに値下がりしたら、あなたの儲けは500ドルである。

　短期の変動という点では、空売りの効果は方向は逆だが株式を買うときとまったく同じである。弱気相場では強気相場で用いた同じ方法を単に逆に応用すればよい。これまで見てきたように、強気局面では上昇を示唆するさまざまなテクニカルシグナルが出現するように、弱気局面でも下落のシグナルが現れる。空売りはいつでも望む価格で行うことはできず、株価の高いときに限られている。NYSE（ニューヨーク証券取引所）では、通常の売買価格がその直前の価格よりも安いときは空売りを許可していない。しかし、こうしたことはあまり気にする必要はないだろう。というのは、普通は株価が上昇して目標水準まで上げたときに空売りするからであり、これは株価の高いところを空売りするという取引所の条件を満たしている。空売りに関する規則や規制については、取引するブローカーから詳しく教えてもらえばよい。それらを知っていれば、空売りのチャンスが来たときに正しく注文を出すことができるだろう。

第26章

単位株と端株の取引（各トレードの規模）

Round Lots or Odd Lots? (or Put Another Way, Size?)

　それほど重要なことではないが、それでも皆さんが直面するトレード戦術上の問題のひとつは100株の単位株を売買すべきか、それとも端株で取引するのがよいのか（活発に取引されている株式は100株以内でもよい）ということである。

　編者注　インターネット時代の今日、こうした問題はほとんど意味を持たなくなった。マギーの時代には端株取引は明らかに不利であり、資金が少ない投資家は端株しか取引できなかった。現在では例えばSPDRsやDIAMONDSの端株を買うことで少ない資金でも分散投資できるので、こうした問題を議論すること自体が意味を持たなくなった。もちろん、ブローカーに支払う売買手数料の問題は依然として重要である。ブローカーが取引規模にかかわらず一律の固定料金制をとっていれば、小口投資家は不利な立場を余儀なくされる。すなわち、富める者はますます富むということになる。しかし、最近では格安の売買手数料のブローカーも現れてきた。私は最初、こうしたブローカーは取扱額を増やすことで利益を上げているのだろうと思っていたが、実際には受けた売買注文の執行を「付け合わせ」を必要としている業者に回すことで利益を確保していたのである。

　インターネット時代の取引規模の問題は、昔の投資家が直面してい

た状況とはまったく異なる。問題なのは端株取引は売買コストの面で不利であるということよりももっと深い問題、すなわちリスクとポートフォリオのマネジメントに関することである。私は長年の旧友でありまたトレーダー仲間でもあるウィリアム・スコット氏に、常識的な範囲のトレード規模とリスク許容度について質問した。彼によれば、まず最初にわれわれが各トレードでリスクにさらす資金の規模を決めなければならない。私の知人である多くのプロのトレーダーは、その規模を資金総額の2〜3％に設定している。具体的な数字で説明すると、例えば10万ドルの投資資金があれば、各トレードでリスクにさらす金額は3000ドルである。そして20ドルの株式を買って、この買値から5ドル安いところにストップロスオーダーを入れるとすれば、そのときのポジションサイズは「3000÷5＝600株」となる。また10ドルまでのリスクを許容するならば、各トレードの規模は「3000÷10＝300株」となる。このように、自分のリスク許容度に応じてポジションサイズを決めることが重要である。これは個人投資家のレベルでも簡単にできる実践的なリスクコントロールの手法である。

第27章

ストップオーダー
Stop Orders

　これから２種類のストップオーダーについて述べよう。いやむしろストップオーダーそのものというよりは、ストップオーダーというメカニズムのまったく異なる利用法について説明しよう。まず最初はプロテクティブストップオーダーについて説明するが、これはあまり楽しいテーマではない。この種のストップは消火器のようなもので、これが使われるのは良いときではないからだ。一般にストップオーダーは状況が悪化してどうしようもなくなったとき、緊急の救済手段として使われる。

　このプロテクティブストップは、最悪の事態になりそうだと思われたときに発動する。ストップオーダーは一定の安値より適当な安い水準に入れる。株価が下落してそのストップにヒットしたところで次の上昇に向けた新しい底を形成するかもしれないし、そこで直ちに上昇して新高値を付けるかもしれない。それはどうでもよい。ストップオーダーを入れるのは、①株価が予期した方向に進まなかった、②状況が予想どおりに展開しなかった、③あれこれと心配するよりは、たとえ損失になってもそこで手仕舞ったほうがよい――などのときである。株価が逆行したとしても、その動きがどこまで進むのかはだれにも分からない。ストップオーダーを入れておかないと株価が値下がりしたときに、まったく起こりそうもない上昇をただ待ち続けているうちに、

最初は小さな逆行とわずかな損失に頭を悩ますだけだったのが、最後には全滅という結果になる。しかし、ストップオーダーは常に入れられるわけではなく、取引所によっては活発に取引されている銘柄のストップオーダーを規制しているところもある。

　ストップオーダーについては完全で満足できるルールは存在せず、重要なことはどこにストップを入れるのかということである。もしも現在の株価のかなり近いところにストップを入れると、株価が少し動いただけでストップが執行されて損失が確定してしまう。そしてその株式を手放した直後に、株価が上昇し始めて儲け損なうことも珍しくない。一方、ストップの位置が現在の株価水準からあまりにも離れすぎていると、今度はその株式が保ち合い圏などから大きく下放れたときは、必要以上に大きな損失を被ることになる。ストップの位置は現在の株価とその株式の習性に照らして、よく考えて決定すべきである。

　株価が80ドル近辺の緩やかな動きをする値がさ株にストップオーダーを入れるときは、8ドルの投機的な株式と同じ率だけ離れたところに入れてはならない。既述したように、値がさ株の変動率は小さいが、低位株の値動きはかなり大きい。低位株は値がさ株よりもかなり大きく変動する可能性がある。このような株についてはあまり大きく動かないブルーチップよりも、大きく値幅をとってストップオーダーを入れる必要がある。このほか、各株式に特有な習性を表す感応度指数も参考になるだろう（注　市場平均の変動率と比較したベータ値、ほかの株式と比較したその株式の絶対的な変動率であるボラティリティなど）。例えば、2つの株式がほぼ同じ株価水準であれば、ベータ値やボラティリティが小さい株よりは大きい株のほうを選ぶだろう。ボラティリティの大きい株式については、より大きな値幅をとってストップを入れたほうがよい。

　以上の要素を考慮したうえで、単純な経験則に従うことも効果的である。例えば、ここに25ドルの平均的な習性を持つ株式があるとする。

その場合は直近の目先の安値から５％下のところにストップオーダー
を入れるとよい。一方、この株式と感応度は同じだが株価が５ドルの
低位株のときは、さらに（変動率で）50％の余裕を持たせておく必要
がある。つまり、ストップの位置は直近の安値から7.5％下のところ
となる。その目安は次のようにして決定する。すなわち、株価が25ド
ルという平均的な株式の標準的な予想株価変動指数の15.5を、５ドル
の株式の同指数である24と比較するのである。それらは単なる相対的
な数値であり、それが意味するものは一般に25ドルの株式が約15.5％
変動すれば、５ドルの株式は約24％動くということである。ストップ
の基本的な距離率である５％に（24÷15.5＝）1.55を掛けると約7.5
％という数値になる。

　これとまったく同様に、個別株式の相対的な感応度を求めるために
感応度指数を使ってもよい。もしもその株式の感応度指数が1.33であ
れば、この数値にストップの距離率の7.5％を掛けると10％という数
値が得られる。感応度指数が2.00で株価が同じであれば、ストップの
位置は現在の株価よりも15％離れたところ、同指数がわずか0.66であ
れば５％離れたところである。百分率で表されるストップの位置は、
標準変動率（ボラティリティ）を15.5で割った数に感応度指数を掛け、
その数値にさらに５％を掛けることで求められる（この計算は計算器
やパソコンを使えば簡単にできる）。

　読者の皆さんにとって、以上の述べてきたことはかなり複雑なよう
に思われるかもしれない。多くの投資家は取引するたびにわざわざ時
間と手間をかけて、正確なストップオーダーの位置を計算するような
ことはしないだろう。しかし、体系的に正確なストップの位置を決定
する方法を詳述してきたのは、その原則が極めてはっきりしており、
そして経験を通じていつでもそれらの条件を変更・改良することがで
きるからである。通常の目的のためにストップオーダーの位置が分か
る簡単な表があれば便利であろう。次の**表**はこれまで説明してきた方

法に基づくストップの大ざっぱな位置を示したもので、株価と感応度
に応じて分類されている。

　（編者注　ハイレベルな投資家であれば、本書で述べたマギーの感
応度指数の代わりに、ダイナミックな調整が可能なインプライド・ボ
ラティリティをベースとした方法を用いてもよい。インプライド・ボ
ラティリティとはブラック・ショールズ・モデルを価格でなく、ボラ
ティリティについて解くことで得られる）

　ストップの位置は、実際の、または理論上の取引を始めるときに水
平な線でチャート上にマークしておく。そしてその取引が終了するま
で、またはプログレッシブストップ（これについてはあとで説明す
る）でそのトレードを手仕舞うまで残しておく。株式を買うときのス
トップの位置は直近の目先の安値から一定率だけ下方に離れたところ、
空売りのときは直近の高値から一定率だけ上のところである。例えば、
30ドルの株式を売買するときのストップを入れる距離率が10％である

ストップオーダーを入れる幅

株価	穏健な株式 （感応度 0.75以下、 ボラティリティ 0.40以下）	標準的な株式 （感応度 0.75〜1.25、 ボラティリティ 0.41〜0.79）	投機的な株式 （感応度 1.25以上、 ボラティリティ 0.79以上）
100ドル以上	5%	5%	5%
40〜100ドル	5%	5%	6%
20〜40ドル	5%	5%	8%
10〜20ドル	5%	6%	10%
5〜10ドル	5%[a]	7%	12%
5ドル以下	5%[a]	10%	15%

a＝通常、この株価の穏健な株式は存在しない

とすれば、直近の安値から3ドル下のところにストップオーダーを入れることになる。

これをさらに簡単にするには、1枚のテクニプラット・チャート用紙を上下に大きく分けている2つのスペースをさらに5つに区分する。用紙の中央部を10ドルと決めると、上のスペースは10～12ドル、12～14ドル、14～16ドル、16～18ドル、18～20ドルの5つの部分に分けられる。それらの各部分をさらに16の最小区分に分ける。5つの部分の一番下のスペースでは、最小区分の4つを合わせると株価の5％になる。下から二番目の部分では最小区分の5つで5％、三番目では6つ、四番目では7つ、最上の部分では8つで株価の5％の値幅となる。こうしておけば株価がどの水準にあっても、ストップを入れる位置をすぐに現在の株価から15％、8％、または12％などと一目で分かるだろう。しかし、どのような場合でも（たとえ最も緩やかに動く値がさ株でも）、けっして5％以下の位置にプロテクティブストップを入れてはならない。

ところで、まだ次のような問題が残っている。すなわち、「目先の底と天井とは何か。そしてストップの位置を決める基点をどこにとるべきか」という問題である。底や天井については次章で検討するとして、ここでは正しい基点とストップの位置を決める方法について説明する。もちろん、買い持ち株のプロテクティブストップはけっして下方には移動しないし、空売り株の同ストップは上方には移動しない。株価が当初の基点を移動できるほど十分に予期した方向に動いたら、新しいストップの位置は当初と同じ基準に従って（買いのときは）上方に、または（空売りのときは）下方に移動する。

プログレッシブストップ

ストップにはこれまで説明してきたものとは別の使い方があり、以

下ではそれについて検討しよう。これは「プログレッシブストップ（Progressive Stop）」と呼ばれるもので、評価益の出ている株式の利益を確定・実現したり、または株価が直近の安値を下抜く前に危険信号を出したときに手仕舞うために使われる。多くの株式の値動きを見ると、株価が数日間にメジャートレンドの方向に進み、出来高が異常に増加することがある。これは株式が重要なトレンドラインやパターンの上限線・下限線や抵抗圏に達したときによく見られるもので、この大商いは次の2つのいずれかを意味している。つまり、一般にはその短期の動きが終了し、そこが目先の天井になるときである。しかし、ときには株価がそこからほぼ垂直に数ドル（またはそれ以上）ぐらい急上昇し、上放れのシグナルになることもある（もちろん、その反対は下放れのシグナルとなる）。株価がかなり上昇したあとに大商いができたので、その日が上昇局面の終了であると解釈して持ち株を手仕舞ったところ、翌日からギャップを伴って上放れ、それから3〜5ドル、ときに20ドルも急騰したらがっかりするだろう。しかし、多くの経験を積むとそうしたことはそれほど頻繁に起こるものではないことが分かってくる。10回のうち9回はやはりその株式を売却したほうが正解である。

　このように異常な大商いができた日のあとは（それまでの直近の目先天井を上抜いて新高値圏に入った最初の日ではない）、プロテクティブストップを取り消して終値よりも1/8ドル安いところにその日限りのストップオーダーを入れる。例えば、21ドルで買った株が大商いを伴って以前の目先天井を上抜いて23ドルを付けた。翌日は通常の出来高で23 3/4ドル、3日目も普通の出来高で24 1/4ドルまで上昇したあと、4日目には23ドルを突破した日と同じくらいの大商いを伴って25ドルを付けたとする。翌朝には出来高のシグナルに注意しながら、18ドルに出されていたプロテクティブストップを取り消して、24 7/8ドルにその日限りのストップオーダーを入れる。おそらくその日の最

初の売買でこのストップオーダーが執行され、その取引は手仕舞いとなるだろう。その値段は成行注文を直接出したときよりも幾分安いかもしれない。しかし、こうしておけば、大商いができた日から株価が下げ始めて閑散商状になっても売りそびれることはないだろう。ストップを入れた天井近辺には、その売り注文を吸収するに十分な買いが入っているからである。

　もしも株価が予想どおりの方向に続伸したら、持ち株を手放すというリスクは避けられる。24 7/8ドルのストップオーダーを入れた日の翌朝にギャップを伴って25 1/4ドルで寄り付いたあとも、さらに上昇して26ドルで引けたとする（このようなランナウエーギャップが現れたときはその日の高値で引けることが多い）。そのときは再び25 7/8ドルにその日限りのストップオーダーを入れる。もしも翌日に26 3/8ドルで寄り付いたあと28ドルまで上昇したら、今度は27 7/8ドルにストップを入れる。このオーダーがその翌日の寄り付きに27 5/8ドルで執行されたとしよう。この例では最初の日に1/8ドルを捨てるつもりでストップを入れたが、結局は2 5/8ドルの利益を得ることができた。どこで売っても手数料はほとんど同じなので、この2 5/8ドルはほぼ正味の利益である。この点には注目すべきである。

　こうしたプログレッシブストップを入れるところはチャート上に自分の好きなマーク、例えば短い斜線などを記入しておけばよい。その株式が数日にわたって続伸したときは、日々の終値よりも1/8ドル安いところにストップオーダーの印を、それが執行されるまで毎日記入していく。空売りのときは買いの場合とまったく同じ方法で、逆の方向にストップを入れていく。

　（注　評価益が出ていて、出来高パターンからも目先の天井を付けたことが分かる株式については、最初の日に前日の終値よりも1/8ドル下のところにストップか、「ヘアトリガーストップ（Hair-Trigger Stop）」を入れる。翌日も普通の出来高を伴いながら株価が

上昇すれば、噴き上げや天井を示唆するシグナルが現れるまで同じように
ストップを入れ続ける。すなわち、大商い、ギャップや1日の反
転が出現する日が来るまで、ストップの水準を前日の終値から1/8ド
ル安のところに入れ続ける。この方法は連続してプログレッシブスト
ップを入れる手法よりも有効なことが多い）

　こうしたストップオーダーを使用するのは、①株価が大商いを伴っ
て目標値に達したとき、②目標値を上抜いてトレンドチャネルの上方
で揉み合っているとき、③株価が目標値に達しなかったとき——など
である。例えば、株価がトレンドチャネルのなかを上昇してほぼ真ん
中に来たとき、突然に出来高が急増したら、その後の株価の反転に備
えて終値近くにプログレッシブストップを入れておく。株価が直近の
目先高値を上抜いて新高値に進む前に、そのような大商いができたこ
とは明らかに何らかの警告であり、悪いことが起こる前兆となる。も
しもそこでギャップや1日の反転が出現すれば、その確率はますます
高くなる。大商いができてもストップオーダーを入れてはならないの
は、株価が以前の目先天井を完全に上抜いて新高値を付けた日である。
これはその動きがまだ終了していないことを意味する。しかし、さら
に上昇したあとで再び大商いができたら、たとえそれが翌日であった
としても、直ちにプログレッシブストップを入れて利益を確定すべき
である。
　この章で使われている「大商い」という表現は、本書全体で使われ
ている意味と同じように、その日の出来高が最近の出来高と比較して
かなり多いといった程度のニュアンスである。発行済み株式数が少な
い株式は1000株の出来高でも大商いということになるが、活発に取引
されている株式は1万株の売買高でも通常の出来高となる。出来高が
かなり多かった日は、出来高チャートがピークを示すのですぐに分か
るだろう。

　これまで説明してきたプログレッシブストップは短期間に利益を確定したり、または中期的な天井に向けた急激なランナウエーの動きから利食いして取引を手仕舞うときに使うものである。こうしたストップが使われるケースは極めてまれというわけではないが、かといってそれほど頻繁に現れるものでもない。今が目先の天井であることがトレンドチャネルからはっきりと読み取れたり、出来高がピークを付けたり、またはその他のシグナルから目先天井であることが明らかなときでも、多くのトレーダーや投資家はメジャートレンドの途上でポジションを手仕舞うよりは、状況がさらに有利な方向に向かうことを期待してただ静観するだけであろう。

　要するにプログレッシブストップというものはかなり有効な手法になることもあるが、基本的には特別で、幾分異常な事態に対処するために考案されたものである。これに対し、プロテクティブストップは平均的な投資家、つまりすべての時間を株式の研究に当てられない人、またはそれほど豊富な経験を持たない人が大きな損失を出さないようにするためのものである。換言すれば、評価損が出ている持ち株を強制的に手仕舞ったり、または破滅的な状況に陥るのを防ぐ防衛的な手段なのである。最終的な損益などは無視して自動的にポジションを手仕舞えば、あとで現れる有望株の購入資金を確保しておけるだろうし、保有株が当初の期待に反して大きく下がったとしても、それがいつ戻るのかといった心配をする必要もなくなる。

　しかし、明らかな反転のシグナルがチャート上に現れたとき、直ちにポジションを手仕舞うだけの十分な決断力と知識を持っている人にとっては、このようなストップオーダーはそれほど必要ではない（注こうしたストップをまったく使わないで株式を売買できる人は、かなりハイレベルなトレーダーや投資家である。もしもあなたがストップを使わないで損切りをできたり、かなりの利益を上げられるならば、そうしたレベルの投資家のひとりである）。このような人はストップ

オーダーを使わなくても上手に株式を売買できるし、それなりのメリットもある。というのは、ストップはダマシやちょっとした逆行の動きでも執行されるからである。長期のキャピタルゲインを狙ったり、中期的な押し目の局面をトレードする経験豊富なテクニカルアナリストは、ストップオーダーなどは使わないほうがむしろ有利である。しかし、自分の投資手法にそれほど自信がない人は、例えば60ドルで買った株が29ドルやたった5ドルに下がるまでずるずると保有し続けるよりは、ストップオーダーを使って早めに損切りするほうが有利である。

第28章

底とは何か──天井とは何か
What is a Bottom─What is a Top?

　この章では大天井や大底、さらには中期的な天井や中期的な底を作るものは何かについて説明しようとするのではない。以下で検討するのは、株式のテクニカルな売買をするときにひとつの重要なカギとなる目先天井と目先底についてである。ストップの水準、トレンドライン、目標株価、支持圏・抵抗圏などは目先天井と目先底によって決まる。これはトレーダー（短期売買の投資家）にとって最も重要なことである。通常では目先天井や目先底についてはチャート上ではっきりと分かるが、ときには分からないこともある。つまり、ここが天井や底である、あそこは天井や底ではない──などとはっきりと判断できないこともある。しかし、それらの場所をわれわれに教えてくれる何らかの基準、つまり実際に利用できる実用的なルールを設けることは可能であり、またそうしたルールがあればかなり便利であろう。

　ストップオーダーの位置を決めるひとつの有効なルールは、株価が予想される底値圏の最安値を付けた日から3日間にわたり、そのレンジよりも高い水準で推移すればその安値が底値と考えられる。このルールに従えば、もしも株価が数日にわたり下げ続けたあとに、その日の高値25ドルを付けたが結局は24ドルの安値で引けたときは、その後に25 1/8ドル以上の日が3日間続かないと底が形成されたことにはならない。つまり、この丸3日間は最安値を付けた日の高値よりも上で

図210　買い持ちで引き上げていったプロテクティブストップの位置。この株の1945年夏の日足チャートを見ると、1944年7月に終了した上昇相場のあとに、長期の保ち合いをパターンの一環として円形底を形成している。9月12日に大商いを伴って底値圏から上放れたあとはどの押し目局面でも買いを入れることができた。

最初のプロテクティブストップは第27章の表を参考に8月21日の目先底よりも6％下のところ（9 7/8ドル）に入れる。9月19～20日の株価は9月17日の目先底から完全に離れており、それから3日目は9月28日である。そこでストップポイントを9月17日の底よりも6％下のところ（10 5/8ドル）まで引き上げる。次の移動日は10月1日の目先天井を3％ほど上回る新高値（終値）を付けた10月11日以降となり、その水準は11 7/8ドルである。11月2日には10月15日の目先天井を約3％上回る新高値で引けたので、今度はストップポイントを12 3/4ドルに引き上げた。さらに11月15日には11月7日の目先天井よりも約3％高く引けたので、ストップの水準を13 1/2ドルに移動した。株価は11月26日の目先底のレンジから3日間離れたので、11月29日にはストップポイントを13 3/4ドルに引き上げた。12月5日の終値は11月17日の高値を3％上回ったことから、ストップの水準を14 7/8ドルに移動した。チャートに示されているように、結局1946年1月3日にこのストップオーダーは執行された。弱気相場では空売りポジションの利益を守るため、プロテクティブストップの位置は強気相場のときとまったく同じように今度は下に移動していく。

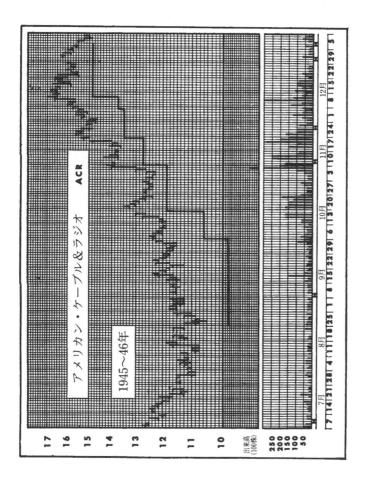

株価が推移しなければならない。これが「3日間のルール」であり、天井圏ではこれを逆に適用すればよい。つまり、最高値を付けた日から3日間は株価がそれよりも安い水準で推移しなければならない。

　これが最初のストップを入れたり、またはストップオーダーの水準を変更する基準となるものである。具体的に説明すると、株価が新底値を付けたと思われる日のレンジよりも高い水準で3日間推移したら、直ちにその底値の下のところにストップを移動する（ストップオーダーの水準と底値との距離の測定法については第27章で説明した）。買いのときのプロテクティブストップの水準は、株価の上昇に伴って単純に上方に移動させていけばよい。いったん決めたストップの水準は配当・権利落ちを除いてけっして下方に移動してはならない。そうした権利落ちがあったときは、ストップの位置をその分だけ引き下げる。同じように空売りのときのプロテクティブストップの水準も引き上げることはなく、下方にだけ移動していく（やはり配当・権利落ちのときは、空売りのストップの位置をその分だけ引き下げる）。底と天井を判断することが難しいこともあるが、それは株価が中期トレンドの方向に進まず、保ち合いや調整局面に入ったと思われるときである。このような場合（株価が一連の動きとその反動で上下するようなはっきりした状況は別として）、目先の基点をどこにとるのかを決めるには判断力と経験が必要となる。

基点

　ストップオーダーを入れる水準のベースとなる位置を「基点（Basing Point）」という。既述したように、強気相場では株価が目先底から上昇したあと、3日間にわたってそのレンジよりも高い水準で推移すれば、その一連の値動きの底値をストップオーダーの水準を決める基点とする。上げ相場のときは目先天井を基点とし、下げ相場

では戻りの高値と目先底をその基点とする。株価がメジャートレンドの方向に例えば15％以上上昇したあと、その上げ幅の少なくとも40％押したが、その後に再び元の方向に向かうときはすぐに基点が分かる。しかし、もしも株価が40％に達しない程度に押したあと、１週間以上にわたってその近辺で保ち合ったとしても、その後に株価が再びメジャートレンドの方向に向かえば、やはりその水準を基点と考えてもよい（ただし、出来高の推移と照らして判断すべきである）。

　何回も見てきたように、日々の出来高とは熟練した看護婦が用いる体温計のようなものである。つまり、その株式に何が起こっているのかについては株価が多くのことを語ってくれるが、出来高は、①株価が保ち合い圏から上放れた日、②株価がメジャートレンドや中期トレンドの方向に向かって新値をとった日（上げ相場では直近の目先天井を上抜き、下げ相場では目先底を下抜いた日）、③目先の動きが完成か、ほぼ完成しつつある日（上げ相場では目先の新高値、下げ相場では目先の新安値を付ける日）──を教えてくれる。さらに株価がメジャートレンドの方向に推移するなかで、ある日が再び大商いになれば、それは当初予想された上昇や下落が起こらず、その動きが終了したことを示唆している。

　ところで、目先天井が形成されて（株価が新高値を付けて）そこが大商いになると、そのあとは調整局面を迎えることが多い。その期間は数日から１週間、ときにはさらに長期にわたることもある。既述したように、その調整パターンは必ずしも下向きのはっきりした形になるわけではなく、１週間以上にわたって水平圏で揉み合うこともある。下向きの調整となるときは、おそらく直近の目先天井（支持圏）近辺まで下げるだろう。または以前の２つ以上の安値を結んだ基本的なトレンドラインまで、もしくは以前の２つ以上の高値を結んだトレンドラインと平行なリターンライン（アウトライン）まで下げることもある。もしも調整が水平の動きとなれば、おそらく株価がこれらのいず

れのラインに接するまでその調整の動きは続くだろう。

　そのいずれにしても、そこで注意しなければならないのは、出来高が減少することである。新たな天井を形成してから数日間に不規則ながら全体として出来高が着実に減少し、その間に株価が下落、または少なくともメジャートレンドの方向に進んでいなければ、そこは目先の調整局面と見て間違いない。一方、株価がメジャートレンドの方向に進みながら、目先底と思われる日のレンジよりも高い水準で3日間にわたって推移したら、この底値（トレンドラインはこの位置に沿って引かれる。水平な動きのときは必ずしも直近の安値を結ばなくてもよい）が新しい基点と考えられる。

　株価が気迷いの動きの期間を脱して新しい動きを始めたと思われるとき、どの位置を目先底と考えたらよいのか分からないときがある。真のブレイクアウトの前などは出来高が少なく、株価がどっちつかずの小さな動きを見せることもあるが、そのようなときは出来高の増加をブレイクアウトのシグナルと考えて、その直前の安値を基点とする。通常ではブレイクアウトが起こる3～4日前の出来高の少ない日が基点となる。

　上げ相場の基点について述べてきたことは、逆の形で下げ相場にもすべて当てはまるが、下放れに大商いが必ず伴うとは限らない。ところで、長期にわたる上昇局面のあと、はっきりしたフラッグを形成し始めた株式を出来高が減少して40％ほど押したところを買ったが、その後も続落して反発の動きやそれを示唆する出来高のシグナルも現れないような厳しい局面に直面することがある。こうした状況はそれほど頻繁には起きないが、上昇や下降のいずれの局面でもときどき見られる。このようなケースでは以前の下落トレンドの途中に（保ち合い圏や何回も高値を付けたところに）支持圏があると考えられ、その水準は買いを入れたところよりも下方にあったのである。ほぼ垂直に急騰したときの出発点である大底の下にストップオーダーを入れるより

は、この支持圏を基点としたストップの位置を考えたほうがよい。

　しかし、このようなケースについては適当な基点を見つけることは実際にはかなり難しい。したがって、①株価が明らかに基点と考えられる支持圏を上抜くまで上昇した、②株価が数年来の高値圏にあって下がる気配がほとんどない──などの場合を除いて、長期にわたる続伸のあとの調整局面でそうした株式を買うのはあまり賢明ではない（その逆の下げ相場で空売りするときは、株価が強力な抵抗圏の下方にある、または過去数カ月来の新安値圏にあることが条件となる）。株価が長期にわたって急勾配で上昇したあと保ち合い圏に入った株式を売買するときは、フラッグやペナントなどの調整パターンの形成途上では出来高が著しく減少しなければならない。

　中期トレンドで売買するときの注意点がもうひとつある。あるトレンドの一連の動きが極めて規則正しい形で現れることがあるが、そのときははっきりしたトレンドラインが存在するし、既述したルールどおりに40〜50％の押しを入れたあとに再び直近の目先天井まで上昇するものである。出来高は調整局面では減少し、新しい天井を付けるときは急増する。株価がいつまでもこうした規則的な動きを続けると予想して、株価がこうした階段のように動くところで出動するのは簡単である。しかし、こうした動きがずっと続くことはなく、いずれ最後の目先天井に達する。基点を見つけることの重要さは、たとえ株価が基点のひとつを終値で割り込むことがあっても、プロテクティブストップを使ってその取引を手仕舞いできることである。

　そのトレンドの株式取引をいつ終了するのかを決めるとき、出来高が大きな手掛かりとなる。一般に株価が天井を付けるときは大商いになるが、以前の天井形成のときよりも出来高がかなり急増したら、それには大きな疑問を抱くだろう。あるトレンドのなかで最後の（またはその次の）噴き上げのときの出来高は、それ以前の目先の噴き上げのときよりも高水準であるのが普通であり、中期トレンドを形成して

きた一連の動きはこれから調整局面に入ると予想すべきである。それから数週間か、数カ月後に株価は中期トレンドの上昇幅の40%か、それ以上の調整となり、株価はほとんど小動きに終始するようになるだろう。そのときはメジャートレンドの方向に向けてやがて新しい動きが形成され、新たなチャンスが来るのを待つときである。

第29章
トレンドラインの実践
Trendlines in Action

　株価の動きの特徴である直線的なトレンドや頻繁に現れる多くの例外や変形については第１部で詳しく検討したので、皆さんはそれについてはすでにご存じであろう。株価はときに数カ月、まれには数年間も平行なレンジで動くこともある。また株価は何の予告もなしにそれまでのトレンドから放れたり、またはトレンドの方向を変えることもある。これまで検討してきた多くのパターンはトレンドに沿った動き、つまりそれまでのトレンドの継続や反転である。

　例えば、対称三角形は単に２つのトレンドが１点に向かって近づいていくものである。三角形の形成過程では株価はメジャートレンドが現れるまで、狭まっていくパターンの２つのトレンドに従う。上昇三角形は上向きのトレンドに従うが、その頂点で抵抗線にぶつかる。ヘッド・アンド・ショルダーズ・トップは上向きのトレンドの終了と下向きのトレンドの開始を表している。長方形は水平に走る平行なトレンドのチャネルである。平行なトレンドを考えてみると、そのなかで動き続ける株価が上限線・下限線と接したところを売買することができる。しかし残念なことに、こうした直線的なトレンドが長期にわたって完全な形で継続することはほとんどない。ここでは実際の取引の目的上、最新のデータに基づいてやや詳しくトレンドについて考えてみよう。

　まずは株式売買の戦術的な観点から、トレンドは一連の高値と安値
によって構成されるとしよう。このことを分かりやすく説明するため、
以下では単純化した典型的な状況を考えてみる。見やすくするために、
主要な高値を結ぶ上方のトレンドラインは青、主要な安値を結ぶ下方
のトレンドラインは赤で引く。日々のチャートに色鉛筆を使えば簡単
に書ける。上方のトレンドラインを「青のトレンドライン」、下方の
トレンドラインを「赤のトレンドライン」と呼ぶことにする。ときに
青のトレンドラインと平行にそのトレンドの安値に沿ったラインを引
きたくなるが、これは2つの目先天井を結んだトレンドチャネルをこ
の2本の平行線で表すためである。このラインを「青の平行線」と呼
び、青い点線で書く。一方、2つの安値を結ぶトレンドチャネルを平
行線で表すために、赤のトレンドラインと平行な点線を引きたくなる
が、この赤い点線を「赤の平行線」と呼ぶ。
　一般に高値は安値のあとに、安値は高値のあとに形成されるので、
新たな高値・安値ができるとそれらを結ぶ青のトレンドライン、次に
赤のトレンドラインというように交互にラインが引かれる（主要な高
値・安値でまだ確認できないうちは、それがはっきりと分かるまでは
鉛筆で薄く線を引いておく）。こうした目先天井と目先底を見極める
ことは重要であるが、それほど簡単なことではない。そうした目先の
高値と目先の安値ははっきりと分かることが多いが、ときには確認で
きないこともあり、そのような場合はさまざまなパターンの動きを経
験しないと自信を持ってラインを引くことはできない。マイナートレ
ンドの見極めが最も難しいのは株価が反転するときであり、特に不規
則な円形の反転パターンのときがそうである。
　こうした反転パターンにおいて売買ポイントを決めるとき、トレン
ドラインはあまり当てにはならない。株価が平行なレンジのなかで推
移するかぎり、その目先底で買い、天井付近で売るのは当然である。
その形状から見て上昇トレンドで空売りしたり、下降トレンドで買い

グラフ3（左図）　2つの主要な安値を結ぶ基本となる上昇トレンドライン（赤
　　　　　　　　　のトレンドラインと呼ぶ）。その間の高値に沿って平行なライ
　　　　　　　　　ン（点線）が引かれている。このトレンドが継続するならば、
　　　　　　　　　この平行線（点線）はおおよそ次の高値目標値を示唆する。

グラフ4（右図）　これも同じ上昇トレンドであるが、ここには2つの高値を結
　　　　　　　　　ぶリターンライン（青のトレンドラインと呼ぶ）がある。こ
　　　　　　　　　れと平行に安値に沿った点線が引いてあるが、これは買い場
　　　　　　　　　を決めるのに有効である。特に株価が基本トレンドラインま
　　　　　　　　　で下落せずに、急速にトレンドの形が変化しそうなときに役
　　　　　　　　　立つ。

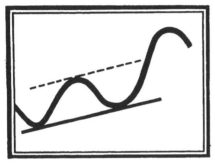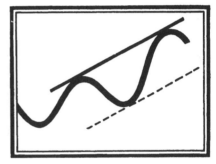

を入れてもそれほど利益にならないことは明らかである（上昇トレン
ドで空売りしても、その押し幅は上昇幅よりも小さい）。したがって、
買いが正当化できるのはトレンドが上向きと推定されるとき、空売り
はトレンドが下向きのときだけである。

　ここに示した単純化した例から、パターンの形成がトレンドにつな
がることが分かる。株価が長方形から上放れると青のトレンドライン
は上向きとなる。株価が上昇三角形から上放れると、赤のトレンドラ
インの上向きが確認され、青のトレンドラインも上向きになる。一方、
株価がヘッド・アンド・ショルダーズ・トップのネックラインを下抜
くと青のトレンドラインの下向きが確認され、赤のトレンドラインも
下向きになる。これらのパターンとさまざまなトレンドの動きを研究

グラフ5（左図）　2つの主要な高値を結ぶ基本となる下降トレンドライン（青のトレンドラインと呼ぶ）。その間の安値に沿って平行なライン（点線）が引かれている。このトレンドが継続するならば、この平行線（点線）はおおよそ次の安値目標値を示唆する。

グラフ6（右図）　これも同じ下降トレンドであるが、ここには2つの安値を結ぶリターンライン（赤のトレンドラインと呼ぶ）がある。これと平行に高値に沿った点線が引いてあるが、これは売り場を決めるのに有効である。特に株価が基本トレンドラインまで上昇せずに、急速にトレンドの形が変化しそうなときに役立つ。

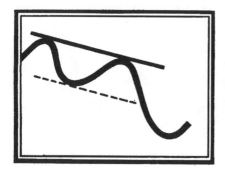
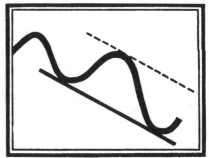

することで、赤と青のトレンドラインに基づく一連の大まかな売買ルールが得られる。以下はその概要を示したものである。

買い

買い準備のシグナル（買いのチャンスが近づいている）

●多くの場合、終値で青のトレンドラインを上抜いて新高値を付けた（ほかのパターンやシグナルが確認されず、株価が単に下向きの青のトレンドラインを上抜いただけでは、買いを正当化するほどの決定的な証拠とはならない）。

●赤のトレンドラインが上昇しているとき、株価がやはり上向きの青

のトレンドラインと接した。ただし、そのトレンドが収斂してはならない（平行または拡大型のトレンドチャネル）。

●赤のトレンドラインが水平か、上昇しているとき、株価が水平な青のトレンドラインと接した（長方形または上昇三角形）。

●赤のトレンドラインが上昇しているとき、株価が出来高を伴って下向きの青のトレンドラインを上抜いた（対称三角形）。

買い準備のシグナルが出たあとの買い出動

●青のトレンドラインが上昇しているとき、それと平行な線を引いたところ、またはその近辺。

●（株価が長方形、三角形やさまざまな反転パターンから放れて）青のトレンドラインが水平か、下降しているとき、直近の目先底から目先天井までの上げ幅の40〜50％押した。

売り（手仕舞い）

●買いを入れたらすぐにストップオーダーの水準を決めて、プロテクティブストップを入れる（これについては第27章を参照）。株価がこの水準を下抜けば、その買いポジションは自動的に手仕舞いされる。ストップの水準は「3日間のルール」に従って上方に移動することはあっても、けっして引き下げることはない（配当・権利落ちなどの場合は除く）。株価が下落して直近の目先底より安く引けたら、（赤の下降トレンドライン近辺の）プログレッシブストップ（またはヘアトリガーストップ）で手仕舞う。

●株価が通常の出来高を伴って上昇し、終値で青のトレンドラインを上抜く前に、または直近の目先天井を上抜いた新高値で引ける前に、この上昇局面で異常な大商いができたときはプログレッシブストップで手仕舞う。

グラフ7　トレンドの動きを単純化した株式チャート。基本トレンドラインは太線、リターンラインは細い線で示されている。

最初は平行なトレンドチャネルのなかで下降している。ここでは青のトレンドラインが基本となる。株価が赤の平行線まで戻ったAで空売りすると、その利食い目標値は青の平行線上のBとなる。次に赤の平行線上のCで空売りしてもほとんど利益は出なかったが、ダブルボトムができたときにここに出来高が増加し、空売りを止めるという警告が得られた。Eで青の基本トレンドラインが上抜かれているが、それだけでドテン買い越しに転換する理由とはならない。長方形を形成しているトレンドラインは、ここではそのパターンを強調するために点線で示した。長方形との六番目の接点であるFで入れた空売りのポジションは、株価が長方形から上抜けたときにストップオーダーで手仕舞う。

赤の基本トレンドラインはまだ引けないが、今やトレンドは明らかに上昇基調となったところ。最初の買い場は長方形を上放れたあとの上昇幅が40〜50%押ししたところ、または長方形の上限水準（支持線）であるHまで下げたときである。三角形の最初の底のところに1本のトレンドラインを引くことができる。これは最終的には三角形が形成されたときに引かれたトレンドラインを点線で示されていない。この三角形から上放れたときに引かれたトレンドラインを点線で示した。

この三角形から上放れたときの目標値は、基本となる上昇トレンドラインに平行に引かれた赤の平行線上のGである。1本のリターンラインが三角形の最初の天井であるGから、上放れたあとの直近の天井であるJに向かって引くことができる。Iを通るこれと平行な線が次の買い場となるが、実際に株価はそこまで下げなかった。したがって次の買い場はそこから40〜50%押ししたところ、つまりKか、支持線であるGの水準まで下げたときである。

次の上昇では赤の平行線まで株価は達しなかった。しかし、おそらく大商いの1日、1日の反転か、ギャップなどのパターンによる警告が出るだろう。今やトレンドは明らかに一点に収斂しつつあるため、これ以上買っていくのは危険である。その後株価はあまりの上方には行かず、結局Yと印した赤の平行線上の目標値に達しないで小反落したあと、ウエッジから下放れた。

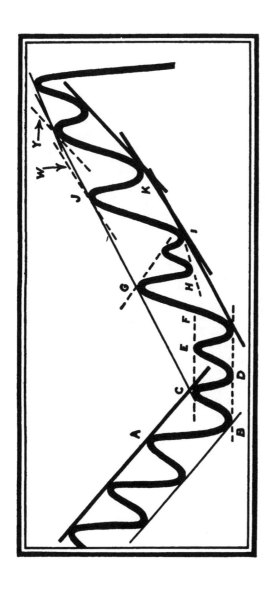

グラフ8　トレンドが示唆する買い準備のシグナル。

(A) 株価が青の上昇トレンドラインを上抜く。

(B) 株価が水平な青のトレンドラインを上抜く。

(C) 株価が青の下降トレンドラインを上抜いても、ほかのテクニカルシグナルが確認されないとトレンド転換の決定的な証拠とはならず、したがって買いシグナルとはならない。

(D) 株価が青の上昇トレンドラインと接した。

(E) 株価が拡大しているチャネルの青の上昇トレンドラインと接した。

(F) 株価が青のトレンドラインと接しても次の押し目は買わない。というのは、トレンドは収斂しつつあり、予想される上昇ウエッジは弱気のパターンであるからだ。

(G) 長方形の形成途上で株価が5回反転して青のトレンドラインと接した。

(H) 上昇三角形で株価が青のトレンドラインと接した。

(I) 赤のトレンドラインが上昇していることき、株価の下降トレンドラインを大商いを伴って上抜いた（対称三角形）。

上昇トレンドでは青のトレンドラインがリターンライン（アウトライン）となり、それと平行に主要な安値を結んで引いた基本トレンドラインまで株価が下げたところが買い場となる。株価が長方形や三角形などのパターンから決定的に上放れたときは、直近の天井から40～50%押したところ、または支持線まで下げたところが買い場となる。

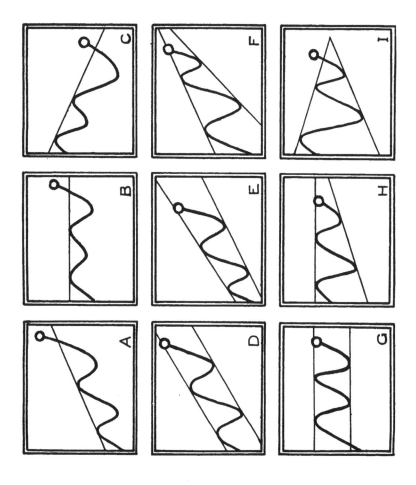

●株価が青の上昇トレンドラインを上抜いて引けた日、または直近の目先天井を上抜いて新高値で引けた日に大商いができたら、持ち株はそのまま保有する。その翌日か、それ以降に再び大商いができたら、プログレッシブストップで手仕舞う。

●大商いのシグナルは、株価が赤の平行線やその近辺に近づいたときによく出る（ときに1日の反転やエグゾースチョンギャップなどが出現する）。こうした大商いは利食いのシグナルであると解釈する。こうした大商いのシグナルが出ないときは赤の平行線が売り目標値となり、そこに指値注文を出すか、またはプログレッシブストップを入れる。天井圏でこのような大商いができず、さらに株価が青のトレンドラインに届かず、または新高値もとらなければ、おそらく三角形が形成されるだろう。そうしたときはその後に株価がどちらに向かおうとも、三角形から放れるのを待つしかない。三角形の下にはプロテクティブストップを入れておく。

空売り

空売り準備のシグナル（空売りのチャンスが近づいている）

●多くの場合、終値で赤のトレンドラインを下抜いて新安値を付けた（ほかのパターンやシグナルが確認されず、株価が単に上向きの赤のトレンドラインを下抜いただけでは、空売りを正当化するほどの決定的な証拠とはならない）。

●青のトレンドラインが下降しているとき、株価がやはり下向きの赤のトレンドラインと接した。ただし、そのトレンドが収斂してはならない（平行または拡大型のトレンドチャネル）。

●青のトレンドラインが水平か、下降しているとき、株価が水平な赤のトレンドラインと接した（長方形または上昇三角形）。

●青のトレンドラインが下降しているとき、株価が上向きの赤のトレ

ンドラインを下抜いた（出来高は増加しなくてもよい。対称三角形）。

空売り準備のシグナルが出たあとの売り出動

●赤のトレンドラインが下降しているとき、それと平行な線を引いたところ、またはその近辺。

●（株価が長方形、三角形やさまざまな反転パターンから放れて）赤のトレンドラインが水平か、上昇しているとき、直近の目先天井から目先底までの下げ幅の40〜50％戻した。

空売りの買い戻し

●空売りしたらすぐにストップオーダーの水準を決めて、プロテクティブストップを入れる（これについては第27章を参照）。株価がこの水準を上抜けば、その空売りポジションは自動的に手仕舞いされる。ストップの水準は「３日間のルール」に従って下方に移動することはあっても、けっして引き上げることはない。株価が上昇して直近の目先天井より高く引けたら、（青の上昇トレンドライン近辺の）プログレッシブストップ（またはヘアトリガーストップ）で手仕舞う。

●株価が通常の出来高を伴って下落し、終値で赤のトレンドラインを下抜く前に、または直近の目先底を下抜いた新安値で引ける前に、この下落局面で異常な大商いができたときはプログレッシブストップで手仕舞う。

●株価が赤の下降トレンドラインを下抜いて引けた日、または直近の目先底を下抜いて新安値で引けた日に大商いができたら、空売りポジションはそのまま保有する。その翌日か、それ以降に再び大商いができたら、プログレッシブストップで手仕舞う。

グラフ9　トレンドが示唆する空売り準備のシグナル。
(J)　株価が赤の下降トレンドラインを下抜く。
(K)　株価が水平な赤のトレンドラインを下抜く。
(L)　株価が赤の上昇トレンドラインを下抜いても、ほかのテクニカルシグナルが確認されないとトレンド転換の決定的な証拠とはならず、したがって売りシグナルとはならない。
(M)　株価が赤の下降トレンドラインと接した。
(N)　株価が拡大しているチャネルの赤の下降トレンドラインと接した。
(O)　株価が赤のトレンドラインと接しても次の戻りは売らない。というのは、トレンドは収斂しつつあり、予想される下降ウエッジは強気のパターンであるからだ。
(P)　長方形の形成途上で株価が5回反転して赤のトレンドラインと接した。
(Q)　下降三角形で株価が赤のトレンドラインと接した。
(R)　青のトレンドラインが下降しているとき、株価が赤の上昇トレンドラインを下抜いた（出来高の水準は問わない。対称三角形）。下降トレンドでは赤のトレンドラインがリターンライン（アウトライン）となり、それと平行に主要な高値を結んで引いた基本トレンドラインまで株価が上昇したところが売り場となる。株価が長方形や三角形などのパターンから決定的に下放れたときは、直近の底から40〜50%戻したところ、または抵抗線まで上げたところが売り場となる。

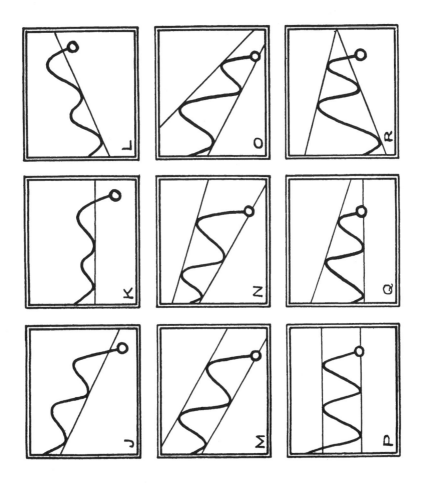

●大商いのシグナルは、株価が青の平行線やその近辺に近づいたとき
によく出る（ときに1日の反転やエグゾースチョンギャップなどが
出現する）。こうした大商いは利食いのシグナルであると解釈する。
こうした大商いのシグナルが出ないときは青の平行線が買い戻しの
目標値となり、そこに指値注文を出すか、またはプログレッシブス
トップを入れる。底値圏でこのような大商いができず、さらに株価
が赤のトレンドラインまで下げず、または新安値も付けなければ、
おそらく三角形が形成されるだろう。そうしたときはその後に株価
がどちらに向かおうとも、三角形から放れるのを待つしかない。三
角形の上にはプロテクティブストップを入れておく。

付記

　株価が下落して目先底、または上昇して目先天井と思われる水準に
達したあと、次の株価や出来高の動きに関する何のシグナルも出ない
で、その水準の極めて狭いレンジで株価が3週間以上にわたって揉み
合ったとき、そこは明らかに重要な領域であり、目先底か、目先天井
であると考えられる。したがって、株価がこの領域から不利な方向に
放れる場合に備えたプロテクティブストップの水準を決めるときは、
この領域を以前の主要な高値や主要な安値に代わる基点と考えるべき
だ。

　あるトレンドに沿った株価の一連の動きのあと（株価がメジャート
レンドの方向に進むときの出来高は、逆行するときよりも常に高水準
である）、異常なほどの大商いを伴ってメジャートレンドの方向に進
むことがある。このようなときはいったん利食いしたあと、次の調整
局面で再びメジャートレンドに向けた出動プランを立てるべきである。
しかし、そうした場合でも異常なほどの大商いができたら、その投資
プランは直ちに取り下げたほうがよい。というのは、そのようなクラ

イマックス的な大商いはその後の反転や停滞の動き、保ち合いパターンの形成、中期的な調整局面などのどれかを伴った中期トレンドからの最後の噴き上げを示唆しているからである。このようなときは、その後の株価がどちらの方向に向かうのかがはっきりと確認されるまで、これまでのトレンドの方向に沿った売買は差し控えるべきである。

　長期にわたり重要なトレンドを示しているさまざまな株式の日足チャートを研究すると、修正トレンドを形成する一連の短期的な動きは、かなりの大商いができたときにピークを付けて終了しているのが分かる。弱気相場のクライマックスにおいても、異常なほどの大商いがよく現れるが、そのような大商いは底よりも天井を付けたときに顕著である。天井近辺のクライマックス的な大商いは、力の弱いトレーダーに対して圧倒的に多くの投資家が大量に売っていることを示している。一方、底値圏での大商いは力の弱いトレーダーの手仕舞い売りが、次のメジャートレンドに向けた力の強い投資家によって吸収されていることを意味する。

　最もありふれた、そして最も犯しやすい誤りのひとつは、株価のクライマックストップやクライマックスボトムをそれまでのトレンドラインに沿った新規の出動のための確認とか、シグナルと見誤ることである。これは株式投資の初心者が株価の急上昇と大商いに惑わされて、目先天井を買う誤りによく似ている。このような最後の噴き上げのときは、出来高が増加しても株価は下げることが多い。

メジャートレンドにおける主な売買ルール

A. 取引は常にそのときのダウ平均のメジャートレンドや長期トレンドの方向に沿って行う（第３章の編者の解説を参照）。

B. ダウ理論を構成する２つ主要な平均株価（工業株と鉄道株）のトレンドが一致しないときは、この２つの平均株価のトレンドが一致し

た直近のメジャートレンドの方向に沿って取引する。投資銘柄はこの
2つの平均株価のグループのうち、直近のメジャートレンドと同じ方
向に進んでいるグループから選ぶ。

C. 似たような業種の株式チャートを付けているときは、その株式グ
ループのトレンドがダウ平均のトレンドと一致したときに、そのメジ
ャートレンドの方向に沿って取引する。

D. ある株式のトレンドがダウ平均のメジャートレンドと同じ方向を
向いていたり、または株価が同じ方向に進むことを示すテクニカルシ
グナルが確認できたら、その株式を取引してもよい。

　新規に買っていくときはメジャートレンドを示唆するシグナルが現
れたあと、株価が押したところか、上昇したときに出動する。ただし、
その後に一転して上昇から下降トレンドへの転換が起きて、空売りが
増加するようなときはこの限りではない。例外的なケースとして、そ
の株式が長期にわたりメジャートレンドの方向に一連の動きを続けた
あと、そのチャート上にエグゾースチョンギャップやその他の反転パ
ターンが現れたときは、メジャートレンドの途中の調整局面である修
正トンドに入ったと判断されるので、そのようなときに限ってそれま
でと反対の売買をしてもよい。

第30章
支持圏・抵抗圏の使い方
Use of Support and Resistance

　株価が非常にはっきりした反転パターンや保ち合いパターンから放れたあと再び元の方向に戻るが、ある地点まで来るとそこで株価の動きがピタリと止まるものである。これが抵抗圏とか支持圏と言われるものである。株価は一連のジグザグした足取りで動くものだが、上昇したあとに下落しても以前の高値の水準で下げ止まる傾向がある。下落のあとの上昇でも株価は以前の安値水準で押し戻されるが、これらが支持圏・抵抗圏であり、この水準は株価が下落したときの買いと上昇したときの売りの領域である。

　中期的な調整局面では株価が以前の中期的な天井や中期的な底またはその近辺で止まる。このような支持圏・抵抗圏の重要性をよく理解し、これを株式投資の重要な売買ルールとして使いこなすことが必要となる。ただ残念なことに、この支持圏・抵抗圏というものを明確な方式やルールとしてまとめることは難しいので、これらを見極めることは経験と判断力に頼ることになる。支持圏・抵抗圏と思われる水準に目星をつけて、そのときの株価に影響を及ぼしているさまざまな要因を考慮しながら判断する必要がある。

　例えば、ある株式が長期にわたってはっきりした長方形を形成したあと、そこから上放れたとする。株価が大商いを伴ったそのようなブレイクアウトのあとに下落したら、長方形の上限の少し上のところで

買いのチャンスを待つ。おそらくこの水準を下抜いて大きく下がることはないだろう。実際に株価がこの支持圏のところまで下げないこともよくある。その後、株価が再上昇して新高値を付けたあと出来高が細って下落したら、最初に長方形から上放れたときの高値の水準が次の買い場となる。次の上昇のあとは二番目の主要な高値のところまで下落するだろう。株価が下落するごとにその前の高値水準まで下げるというプロセスが何度も繰り返される。

　しかし、こうしたことがずっと続くことはない。例えば、株価が保ち合い圏から上放れて15ドルから19ドルまで上昇したあと17ドルまで下落しても、そこが支持圏であればかなり安心して買ってもよい。この下落のときに買えなかったときは、次に上昇したあと株価が次の支持圏まで下げたところを買うことになる。この上昇局面で株価が21ドルまで上がると、買い場はその前の高値水準である19ドルとなる。しかし、株価が25ドル、30ドル、40ドルと上昇していけば、天井に近づいていくのは明らかである。天井がどこにあるのかがはっきりと分からなくても、この株式をずっと保有していた人は株価が上昇するにつれて、ますますこの株式を売却して利益を確定したくなるだろう。株価の一連のプロセスには必ず終わりがある。その株式の上昇メジャートレンドは数カ月か、数年間にわたるかもしれないが、一連の急上昇のあとには必ず下落し、次の再上昇が始まるまでに中期的な調整局面があるだろう。したがって、上昇トレンドの一連のプロセスには次第に警戒心が強まるとともに、メジャートレンドに沿ってそうした動きが3回現れたあとは、中期的な調整や保ち合い期間が続くと予想すべきである。

　以上の点を踏まえて、支持圏・抵抗圏を利用した次のような大まかな売買ルールをまとめてみた。まず株価が保ち合い圏から最初に上放れたあとに下落したら、支持圏まで押したところを買う。次の再上昇のあとに下落したら、最初の上放れのときの目先天井の水準まで押し

たところを買うことになるが、2回目の目先天井の水準では買わない。仮に株価が支持圏まで下落したところを買い、新高値を付けたところで売るということを2回繰り返して、2つのマイナートレンドをとることに成功したとしよう。その場合でも3回目にはこのような売買はしないことにする。次には何が起こるのだろうか。保ち合い局面に入ったり、中期的な調整が始まるかもしれないし、またはそのまま続伸するかもしれない。そのいずれの局面になろうとも、中期的な下落、すなわち株価がかなり大きく下落するのを待ったほうがよい。たとえその期間が何週間に及んだとしてもである。それ以降もメジャートレンドが反転しなかったら、再び中期的な支持圏（ここは前回の上昇局面の天井圏である）か、それよりも少し上のところで買いのチャンスを待つ。というのは、この水準から次の上昇メジャートレンドが始まる可能性が高いので、ここが絶好の買い場となるからである。

　もちろん、下げ相場でもこれと同じことが言える。株価が保ち合い圏から下放れたあとに、一段、二段、三段、またはそれ以上の下落のステップがその間に目先の抵抗圏までの戻りを伴いながら続いていく。そして遅かれ早かれマイナートレンドの反転や中期的な戻り局面入りとなる（通常では三段以上の下げはあまり見られない）。戻り売りの地点となるこの高値水準は実質的な抵抗圏と考えられ、株価が前回の中期的な底の水準に達したり、またはかなり接近してそこでいくつかの目先的な動きを繰り返しているところを再び売る。

　ここでいくつかの疑問点が提起されるだろう。そのなかの最も重要な疑問のひとつは、支持圏・抵抗圏が予想どおりに現れなかったときはどのように対処し、そしてどの水準でポジションを手仕舞ったらよいのかということである。これはかなり厄介な問題である。ある株式が25ドルまで上昇したので、以前の目先天井である23ドルを支持圏と考えて、23 1/2ドルに買い注文を出しておいたとしよう。この注文は株価がそこまで押したときに執行されるが、その翌日の株価はわずか

な出来高で22 1/2ドルまで下げた。その次の日も依然として細った売買高のなかで21 1/2ドルに続落、翌週も出来高は低水準のままであたかも新規の買いはまったく入らないかのように下げ続けた。こうした下げは最終的には中期的な調整局面につながる。トレンドが反転するまでに株価は15ドルまで下がるかもしれず、これは明らかに予想外のことであり、こうした状況では持ち株を手仕舞うのも当然であろう。

　もっとも、このように株価が徐々に下げ続ける局面では持ち株の値段が少しぐらい下げても（例えば、23 1/2ドル→22 3/4ドル）、すぐに手仕舞う人はあまりいないだろう。というのは、多くの投資家は自分の持ち株はそのうち急上昇して新高値を付けるに違いないと思っているからである。しかし、さすがにある水準を割り込むと「この株は支持圏を下抜いてしまった。これ以上リスクを取って大損するよりは、ここで損切りしよう」と決心するに違いない。そしてよく見られるのは、損切りした直後にその株式が活気づいて、売らなければ大きな利益になったのにという後悔をあざ笑うかのように株価が急上昇するケースである。このような予想を裏切られるケースはよくあることなので、そのための心の準備をしておいたほうがよい。しかし、あとで後悔ばかりすることのないように、最初にその株式を買う（または空売りする）ときはどのくらいの逆行まで許容できるのかを前もって決めておくことである。そうすれば、たとえ株価が予期した方向に進まなくても、毎日思い悩むようなことはないだろう。

　目先の高値・安値で買いや空売りを行うときは、次のようなルールを決めておくとよい。第27章で説明した方法に従って、（支持圏である）以前の目先天井や（抵抗圏である）目先底を基点とした水準にストップオーダーを入れておく。このときの高値・安値は必ずしも終値である必要はなく、ザラバの値段であってもよい。株価がその水準を突破したとすれば、自分が予想した水準には支持圏・抵抗圏が存在しなかったと考えられる。主要な、または中期的な支持圏（抵抗圏）で

買う（空売りする）ときは、その水準を少し越えたところで売買して
もよいだろう。そのようなときは支持圏・抵抗圏を調べてその中心線
や軸線を目測する、つまり出来高なども考慮してその領域で取引され
た値段のほぼ平均値を計算する。大切なことは多くの株式が売買され
た大ざっぱな値段を知ることである。それが分かったら第27章で述べ
た方法に従って、その水準を越えたところにストップオーダーを入れ
ておく。

　これまでは株価が予想とは反対の方向に進んだときにポジションを
手仕舞う方法について述べてきた。正確に言うと、どこで仕掛け、ど
こで利食いするのかについてはまだ何も述べていない。まず最初にど
こで仕掛けたらよいのかという問題であるが、支持圏・抵抗圏、トレ
ンドに沿った動き、それ以前の変動幅の40〜50％逆行したところとい
う３つの条件が一致しないことも珍しくない。このような不一致はよ
く起こるが、この３つの仕掛けの条件をすべて満たすような厳密なル
ールを決めることは不可能である。しかし、幸いなことに株価が45％
ほど逆行したところがトレンドラインであったり、支持圏・抵抗圏で
あるケースはかなり多い。株価が新高値を付けたあとは、①その上げ
幅の40〜50％押す、②基本的なトレンドラインまで下落する、③支持
圏がある以前の目先天井の水準まで下落する――のいずれかになるだ
ろう。

　買い場はこの３つの可能性をすべて考慮したうえで決定される。も
しもこのうちのひとつの可能性だけを基準に早く買いすぎたときは、
この３つの条件は依然として有効ではあるが、株価はストップオーダ
ーを入れておいた水準まで下げるかもしれない。買い場はこの３つの
可能性のなかで最も小さく下げたところの基準に基づいて決定し、ス
トップオーダーはこの３つの基準のなかで最も安い水準の下に入れる。
ただし、通常ではこれら３つの可能性の水準がそれほど大きく異なる
ことはないだろう。空売りのときはこれまで述べてきたことと逆のこ

とをする。

　中期的な下落のあとで買う、または中期的な上昇のあとで売るとき
は、40〜50％の逆行の動きやトレンドラインなどよりも、支持圏・抵
抗圏のほうを重視する。株価のメジャートレンドを知り、重要な支持
圏・抵抗圏を見つけ、そして調整幅を推測してその終了時期を判断す
るには、その株式のヒストリカルな動きを調べるのがベストである
（週足か、月足チャートを見る）。そこで得られたデータをさらに詳し
い日足チャートと比較する。中期的な調整局面で株価が支持圏・抵抗
圏の４〜５％ほど近くに接近すると、大商いができてその日が１日の
反転日になるかもしれない。そうした状況が確認されたら直ちに出動
する。もちろん、ストップオーダーを入れておくのは言うまでもない。
それ以外のとき、すなわち株価が支持圏・抵抗圏の３％以内に接近し
たが、ほかに何のシグナルも確認されず、株価が保ち合いまたは横ば
いし始めたときはいつでも出動してもよい。

　一方、こうしたケースの利食いの問題は短期的な動きの場合よりも
少し難しい。株価が中期的な調整局面から反転し、メジャートレンド
に沿って新しい修正トレンドが再開されると予想されるが、株価はは
たしてどちらの方向に進むのかは分からない。株価は支持圏（または
抵抗圏）で止まって直線か、長方形の保ち合い圏を形成したあと、最
終的にはその水準を突破してメジャートレンドが反転する可能性もあ
る。または支持圏・抵抗圏のところでいったん反転するが、そこから
少し離れただけですぐに再反転してその水準に戻り、最終的にはそこ
から決定的にブレイクアウトするかもしれない。もしくは（これは皆
さんが望んでいることであると思われるが）、出来高を増やしながら
株価がメジャートレンドの方向に力強く進んだあと、目先の調整を挟
みながらも再びメジャートレンドに戻るなど、一連の値動きを繰り返
しながら株価が新高値圏に入るケースである。

　このようなケースについてやや詳しく検討してみよう。もしも株価

が数日間か、数週間も支持圏・抵抗圏にとどまったあと、終値でその水準を逆の方向に決定的に放れたときは、直ちにその取引を終了させる。または株価が予想した方向に小さく動いたあと反転して支持圏・抵抗圏まで戻り、その水準から逆の方向に向かったときも取引終了の準備をする。しかし、株価が予想した方向に進んだら出来高の水準に注目し、大商いができたら（ただし、保ち合い圏から放れた日を除く）、その近辺に直ちに利益を確定するストップオーダーを入れる。このようなシグナルが出たら、メジャートレンドに沿った次のマイナートレンド調整局面で新規に出動してもよい。

　ここでもうひとつのケースについて考えてみよう。これまではすべてメジャートレンドの方向に沿った売買のケースを見てきた。しかし、株価が一連の目先の動きで新高値圏まで上昇したあとに反転パターンを形成し、そこから下放れるケースもある。このようなときは中期的な調整の動きが始まると考えるべきだ。株価が目先の抵抗圏まで上昇したときは空売りしてもよいし、そのまま続落したら一連の目先底を利食い目標として2〜3回ぐらい慎重に空売りしてもよい。しかし、この調整の動きも支持圏となっている直近の中期的な天井の近辺で下げ止まると考えなければならない。

　同じように下げ相場においても、保ち合い圏からかなりの出来高を伴って上放れたあとは、強力な抵抗圏と考えられる以前の中期的な底までの上昇は期待できる。熟練したトレーダーであればメジャートレンドに沿った取引ができないときでも、このような中期的な調整局面を利用して利益を上げることができる。しかし、明らかにメジャートレンドが続いているときは、このような中期的な調整はあまり出現しないものである。この章を終えるに当たり、マイナートレンドにおける支持圏・抵抗圏の動きは日足チャートにはっきりと現れるし、中期や主要な支持圏・抵抗圏も週足や月足チャートから簡単に読み取れることを再確認しておく。

第31章

ひとつの籠にすべての卵を盛るな

Not All in One Basket

(注　現在では小口投資家の分散投資もかなり容易になった。章末注を参照)

　株価は必ずしもテクニカルなパターンの本来のシグナルどおりに動くわけではないので、投資銘柄を分散しておくことが大切である。もしも全資金をひとつの銘柄や同じグループや業種の数銘柄だけに集中投資すると、ほかの株式が堅調に推移し、メジャートレンドに沿って上昇しても、自分の持ち株だけが逆の方向に進んで大きな損失になるかもしれない。投資銘柄を分散しておくことによって、平均の法則が働いてすべての保有株が不利な方向に進むことを防ぐことができるだろう。もちろん、市場全体や多くの株式に影響を及ぼすような株価の大きな転換があったときはどうしようもない。

　投資銘柄を分散するには（特に少数銘柄にしか分散投資できないときは）、取引コストについてよく考える必要がある。皆さんはポジションをダウ平均の採用銘柄、または主要なすべての業種から少なくとも１銘柄を選んで構成したいと思うだろう。しかし、資金が限られているときに分散投資しようとすると、たとえ最低の売買手数料率だったとしても、特に短期売買を実践するときはかなり割高なコストになる。短期売買のトレーダーは常にこの取引コストのことを念頭に置かなければならない。こうしたトレーダーにとって、取引コストは同じ株式を数カ月や数年間も保有する長期投資家よりもかなり重要である。短期トレーダーの場合、1/4ドルか、1/2ドル程度の取引コストでも、

何回も売買を重ねていけば相当な金額に膨れ上がってしまう。売買手数料と税金の一覧表はブローカーから入手できるので、特にそれらの料率に大きな変更があったときなどは、株価水準に違いに応じてそのコストがどのように違ってくるのかを知っておくことが大切である（注　株式の取引コストについては「http://www.gomez.com/」「http://www.johnmageeta.com/」などを参照）。

　往復の取引コストは値がさ株よりも低位株のほうが高率である。その料率は単位株よりも少ない株数の取引のほうが高く、売買株数や投資金額が少ないほど高率になる。例えば、投資資金が1000〜2000ドルのときは、それを500ドルずつに分けて40ドル以上の端株を取引するほうがよいかもしれない。一方、多額の資金があれば大きな単位で取引できるし、投資対象を少し低位の銘柄にも広げることができる。ただどのような場合でも、投資対象はいろいろな銘柄に分散しておくことが重要である。投資資金を分散化し、これまで述べたような方法で取引コストを抑えていけば、ひとつの銘柄に重大な影響を及ぼす予想外の事態が起こっても大きな損失は回避できるだろう。多くの銘柄に分散投資できるほど十分な資金があるときは（それでも8〜10銘柄が最大限度であろう）、取引単位を大きくしてもよい。そのときに問題となるのは、1回の取引でどのくらいの金額を投資すべきかということである。投資金額が2〜3倍になれば、取引コストの割合は低下していくからである。

編者注　分散投資と取引コスト

　マギーは旧版のこの章で、分散投資と取引コストの節約について強調していた。しかし、現在ではSPDRs、DIAMONDS、その他の類似する投資商品に投資すれば、分散投資と取引コストの節約が可能となる。インデックスファンドやミューチュアルファンドなどを利用し

てもよいが、ミューチュアルファンドはインデックス株の購入ほど経費の節約にはならない。ミューチュアルファンドの投資には手数料や管理費、スリッページ、売買回数、利益に対する税金など、インデックス株に比べてコスト面でかなり割高である。注意深い投資家であれば、こうした経費はかなり節約できるだろう。

　ある世界的に著名なトレーダーはよく私に、もしも彼が普通の個人投資家だったら、今の莫大なトレード利益の多くがブローカーやスペシャリストに持っていかれただろうと語っていた。彼はシカゴ、ニューヨーク、サンフランシスコなどの各地取引所で売買したのがよかったと言う。この教訓は非常に貴重であり、個人投資家も取引コストを強く意識してできるかぎり節約するように努力すべきである。特に売買回数が多くなると、その利益の多くをブローカー、スペシャリスト、マーケットメーカー、税当局、証券取引所などに食われるほか、売買注文の電話代もばかにならない。証券会社の主な収入源が投資家の取引コストであることもよく知っておくべきだ。証券取引所と証券会社は長年にわたって売買手数料を規制してきたが、インターネットの普及に伴う新興のネット証券会社の台頭で、規制の撤廃と手数料引き下げ競争は一気に加速された。こうした流れはSEC（証券取引委員会）やCFTC（商品先物取引委員会）といえども阻止することはできない。

　現在のようなインターネット時代にはブローカーや証券各社の売買手数料が大きく変動しているので、本書でこの問題について詳しく論じることはできない。最新の売買手数料に関する情報を知りたい投資家は「http://www.johnmageeta.com/」にアクセスしてください。このサイトはSECにもリンクしているので、ミューチュアルファンドの取引コストを知ることもできる。ミューチュアルファンドは個人投資家に対してあまり詳しい経費を教えてくれないので、そうした情報はかなり役に立つだろう（**付録D**の参考資料も参照のこと）。

第32章

テクニカルなチャートパターンによる値幅の測定

Measuring Implications in Technical Chart Patterns

　もしも皆さんが１枚のチャートを友人に見せて、現在は上げ相場のようだねと言えば、「それなら株価はどこまで上昇するのか」といった質問がすぐに返ってくるだろう。これは当然の反応であり、皆さんもこうしたことは十分に分かっているだろう。これはもっともな質問であるが、株価がどのあたりまで行くのかについては、あなたを含めてだれも分からない。しかし、あなたはときにちょっと自信を持って、「この株は～まで上がったので～まで下げるかもしれない」などと答えることもあるだろう。10回のうち７～８回は基本的なトレンドライン、それと平行に引かれたリターンライン（アウトライン）、支持圏・抵抗圏などからかなり正確に予想できるかもしれない。

　これらのルールは上昇トレンドにおける押し目の値幅、下降トレンドの戻り幅を推測するときに利用できる。しかし、そのときのメジャートレンドの方向に沿って株価がどれくらい進むのかを予想することはできない。強気相場の株価はリターンラインを突破してトレンドチャネルのレンジの上方に進むかもしれないし、事実そうなることもよくある。一方、弱気相場の株価も下方のリターンラインを下抜いてどこまでも続落するかもしれない（プロテクティブストップを入れておくのは、トレンドが突然反転したときの損失を防ぐためである）。そして利益確定の方法としてプログレッシブストップを使うのは、トレ

ンドラインや支持圏・抵抗圏、またはその他の水準に指値注文を出す
方法を取らないためである。確かに株価はある一定水準まで上昇する
とそこで上げ止まることもあるが、その目標値を突破するケースのほ
うが普通であり、そうしたときにその株価がどこまで進むのかはだれ
にも分からない。

　これは株価の動き自体が非合理的なものであるからだ。それは大衆
が参加している相場であり、だれも抑えることができない投機のうね
りである（そしてそれはトレンドの最終局面のうねりであることが多
い）。これとまったく同じように（ときにはもっと激しく）、パニック
的な暴落の株価もだれにも抑えようがなく、その下落ペースもまった
く非合理的で何の原則も当てはまらず、底なしの沼に落ち込んだかの
ように見えるものである。

　しかし、メジャートレンドに沿った株価の動きにはある種の予測可
能なパターンと特徴が認められる（通常では最小限の予測ではある
が）。そのようなときはその局面がリスクを取るに値するものなのか
を判断する必要があるが、通常ではその手掛かりは見つかるものであ
る。例えば、出来高の推移を見ていれば、天井圏を示唆する少なくと
もひとつのヒントぐらいは得られるだろう。また株価が対称三角形か
ら決定的に上放れると少なくとも三角形の高さ、つまりこの対称三角
形の最初の上限と下限のレンジぐらいは上昇するだろう。これは最小
限の値動きの予測であり、株価はさらに上昇するかもしれない。この
ような三角形のトレンドは、この対称三角形を形成する前の動きと同
じ動きが継続されることを示唆している。というのは、もしもそれま
でのトレンドが有効に続いているならば、株価はそのチャネルの上限
までは上昇するはずである。

　反転型の三角形についても、最小限の下げ幅を測定するには三角形
の最初の高さのレンジがひとつの目安となる。直角三角形の場合も大
まかな下げ幅を測定するには、最初の最も大きな下落幅を基準とする。

長方形の場合も株価がそこから放れたあとの最小限の変動幅は、その
長方形の高さにほぼ等しい。ヘッド・アンド・ショルダーズにもひと
つの目安がある。ヘッドの頂点からネックラインまで垂直に下ろした
長さは、株価がネックラインを下抜いたあとの最小限の下げ幅に等し
い。これがトレンドチャネルであり、あくまでも予想される最小限の
変動幅である。事実、このヘッド・アンド・ショルダーズによる予想
下げ幅がわずか3〜4ドルであったのに、実際には数百ドルも暴落し
たケースもある。

　株価が保ち合い圏から放れたあとかなり上昇（または下落）してか
ら垂直な「マスト」を形成し、その後に再び何らかの保ち合いパター
ンを作ることもあるが、そうしたときはかなり正確な値幅測定が可能
であり、実際のその正確さには驚くばかりである。フラッグやペナン
トなどの保ち合いパターンはトレンド全体の中間地点に形成され、い
わゆる「旗はマストの真ん中で翻る」形になっている。株価は少なく
とも基点からフラッグまでの上げ幅と同じくらい、近い将来にそこか
ら再上昇する可能性が高い。その後は再び何らかの保ち合いパターン
を形成するのか、それともさらに上げ続けるのかは分からない。この
ような大きなうねりが2回も続いたときは、その株式の取引はやめて
ほかの株式に乗り換えたほうがよいだろう。

　長期にわたって記録された多くのチャートがあれば、このようなパ
ターンがはっきりと形成されている典型例を数多く見つけられるが、
なかには不完全な形成や形成に失敗したケースもあるだろう。株価の
こうした動きが始まると大きな利益が得られそうに見えるので、急上
昇したあとの保ち合いパターンが形成されるたびについ買いたくなる
ものだが、その後の動きがはっきりするまで待ったほうがよい。つま
り、ほぼ垂直に急上昇したあと、出来高が細って数日間にわたり株価
が揉み合う展開になるまで待つのが賢明である。こうした揉み合い期
間が3週間以上も続いたり、マイナートレンドが下向きになったら迷

わずに手仕舞う。言うまでもなく、下降トレンドではこれと同じパターンが逆の形で現れるので同じ方法に従って売買する。

　ギャップができたときの値幅測定については第12章で詳しく説明した。その後の株価の値幅について信頼できる目安が得られるのは、ランナウエーギャップやコンティニュエーションギャップだけである。株価が急伸しているときに出現するこのギャップの位置は、おそらくそのトレンド全体のほぼ中間地点である。逆に言えば、この種のギャップはトレンド全体のほぼ中間地点や最終的な目標値を予想するときの目安になるので、出来高なども含めて大局的な判断が可能となる。このような値幅測定法はほかのチャートパターンにも適用できるが、通常の値幅測定のベストの基準となるのはトレンドライン、支持圏・抵抗圏、大商いによる重要なシグナルなどである。

第33章

戦術的な観点からのチャートパターンの再検討
Tactical Review of Chart Action

ダウ理論

　第3〜5章で説明したダウ理論に従って、ダウ平均株価が算出され始めたときから強気のメジャートレンドのシグナルが出るたびに主力株を買い、メジャートレンド反転のシグナルが出たときにそれらを売却し続けてきたら、その投資家は一貫して好成績を上げてきただろう（第5〜5.1章の表を参照）。ここでは空売りを考慮していないので、相場に一貫性を持たせるために、弱気のメジャートレンドのシグナルが出るたびに主力株を空売りし、次の強気相場入りのシグナルでそれらを買い戻したとしよう。このようなダウ平均に基づく空売りの結果も加算したら、この理論上の買いと空売りの総利益は莫大なものになったはずである。

　この理論上の売買記録はすべてのトレーダーや投資家の株式取引に関していくつかの重要な意味を提起しており、以下ではこの問題について簡単に述べておこう。しかし、その前に指摘しておかなければならないのは、長期にわたるダウ平均のシグナルに従ってすべてのメジャートレンドに沿って100%売買した人がいたとしても、それはごく一部の人に限られるということである。こうしたことができるのは、まず第一に相場の長い経験が不可欠である。当初からダウ理論を完全

に受け入れて、けっして迷うことなく、売買の基準や手法も変更せずに、さらに全期間にわたってまったく資金を引き揚げないことが前提となる。

二番目には、①メジャートレンドがこの理想的な投資家の立場を危険にさらしそうなときでも、断固たる態度を堅持するだけの強い勇気を持っている、②トレンドがなくなった数十カ月間の時期にも、次の新しいトレンドを辛抱強く待つだけの並外れた強い忍耐力を持っている——ことが前提となる。

そして三番目には、実際に売買される株式グループは平均株価と同じような構成になっていて、したがって平均株価とほぼ同じ動きをすることが前提となる。実際にその投資銘柄がうまく分散されたら、平均株価とほとんど同じような動きをするだろう。その投資家がダウ理論を厳密に順守して売買するには、当然のことながらこれらすべての条件を長期にわたって完全に満たさなければならない。しかし実際には、だれもそのようなプランを文字どおり実行することはほとんど不可能であろう（**編者注**　過去においては確かにそうだった。しかし、インターネット時代を迎えた現在では、投資する商品とマーケットが多岐にわたるため、そうしたプランの実行も不可能ではない。マギーの時代にはその実行は取引コストなどの面からも非常に困難だったが、今のマーケットではそれほど難しいことではない）。

われわれが言わんとする重要なポイントは次のようなことである。もしも平均株価のメジャートレンドのシグナルに従えば、長期にわたってかなりの理論上の利益が得られることは平均株価の記録で証明されている。そして平均株価が個別株式で構成されているのであれば、そのメジャートレンドに沿っている多くの株式を売買することは極めて有利である。一般にメジャートレンドは何カ月か、何年間も続くことは過去の記録からも明らかである。したがって「最も利益が得られる可能性の高い株式」とは、平均株価のメジャートレンドと同じ方向

に向かっている株式である。このことから、次のような結論が引き出せる。すなわち、平均株価のメジャートレンドを示す重要なシグナルが現れたとき、最も大きな利益が見込まれる株式は平均株価のトレンドと逆行している株式よりも、同じトレンドに沿って動いている株式である。既述したように、われわれは強気相場の大天井で売ったり、弱気相場の大底で買おうとは思っていない。いつまで続くか分からないような長期のトレンドに敢えて逆らうようなことはしない。

ここで述べていることは旧版のときよりも少し力点の置き所が違っている。強気のメジャートレンドでの空売りや、弱気のメジャートレンドでの買いは絶対にやってはならないと言わなかったことに皆さんは気づいただろうか。ある株式が平均株価のメジャートレンドと逆行した動きをしているとき、その株式のテクニカルな動きを見ながら平均株価のトレンドに逆らって売買してもよいときもある。しかし、そうした売買ではかなりの注意が必要であり、多くの株式が反対方向に向かっているという事実を十分に念頭に置かなければならない。このような取引はポジション全体のリスクを軽減するために、部分的なつなぎ（ヘッジ）として行われることが多い。例えば、強気相場が数年間続いたあともさらに持続しそうだと思われるとき、独歩安をしている株式があれば、トレーダーは全資金の４分の３は有望な買い銘柄に振り向けておくが、残りの一部の資金をそうした弱い株式の空売りに充てることもある。しかし、その後も強気相場が続いたらその空売りポジションは損切りすべきである、それは保険つなぎの必要経費と割り切って考える。一方、相場の全体的な基調が弱くなって最終的にメジャートレンドが反転したら、それまでの買いポジションの値下がりによる損失は空売りポジションの利益でカバーされるだろう。

平均株価の代わりに、または平均株価と並行して「評価指数（Evaluative Index）」（これについては第38章を参照）を使用すると、単に強気相場か、弱気相場などと言う代わりに、「この相場は約60%

の強気相場であるようだ」「55%の強気である」と言うことができる。この指数はあるマーケットがほかのマーケットよりも強い・弱いといった事実を考慮している。この指数を使うと投資家は二者択一だけの判断に限定されることなく、いわば「相手のパンチをかわしながら、うまく振る舞う」ことができるだろう。しかし、資金の一部を平均株価のメジャートレンドに逆行している株式に振り向けても、多くの資金は平均株価のメジャートレンドに沿った株式に投入すべきである。資金の多くをメジャートレンドに逆らって危険にさらしてはならない。メジャートレンドに逆行している株式は結果的には少しの損切りとなるかもしれないが、それは保険の性質を帯びたものであり、このような取引はこの目的だけのために行っていることをはっきりと認識すべきである。

　ダウ理論に基づく売買のポイントを要約すると次のようになるだろう。資金の多くをメジャートレンドと反対の方向に投じてはならない。株価の反転が予想されるときは買いポジションを次第に減らし、一定の金額を弱い基調の株式の空売りに振り向ける。しかし、平均株価の大天井や大底を予想して、多くの資金をそのメジャートレンドと逆行する方向に投じるようなことはしない。各チャートパターンにおける投資戦術は次のとおりである。

ヘッド・アンド・ショルダーズ・トップ

A．買いポジションがあり、株価がネックラインから下放れて少なくとも３％以上安く引けたときは、その翌朝に前日の終値よりも1/8ドル安いところにストップオーダーを入れる。その日の株価がこの水準まで下げず、ストップオーダーが執行されなかったときは、それ以降も執行されるまで前日の終値よりも1/8ドル安いところにストップオーダーを入れていく。

B. 空売りは、ネックラインを割り込んだ株価が、①右肩の天井とネックラインを下抜いたあとに付けた目先底までの値幅の40％を戻したとき、②ヘッドと右肩の天井を結ぶ下向きのラインまで戻したとき、③ネックラインまで戻したとき——のうち最も早く達した地点で行う。ネックラインを割り込んだ株価がさらに数日間も続落するようなとき、40％の戻りとは右肩の天井とその後の最安値までの値幅の40％を戻したところをいう。

ヘッド・アンド・ショルダーズ・ボトム

（注　既述したように、編者としてはこの名称よりも「キルロイボトム」のほうが適当であると思う。**図23.1**を参照）

A. 空売りポジションがあり、株価が出来高の増加を伴ってネックラインを上抜いて少なくとも３％以上高く引けたときは、その翌朝に前日の終値よりも1/8ドル高いところに買い戻しのストップオーダーを入れる。その日の株価がこの水準まで上げず、ストップオーダーが執行されなかったときは、それ以降も執行されるまで前日の終値よりも1/8ドル高いところにストップオーダーを入れていく。

B. 新規の買いは、ネックラインを突破した株価が、①右肩の底とネックラインを上抜いたあとに付けた目先天井までの値幅の40％を押したとき、②ヘッドと右肩の底を結ぶ上向きのラインまで押したとき、③ネックラインまで押したとき——のうち最も早く達した地点で行う。天井圏のときと同じように、ネックラインを突破した株価がさらに数日間も続伸するようなとき、40％の押しとは右肩の底とその後の最高値までの値幅の40％を押したところをいう。

図211

ヘッド・アンド・ショルダーズ・トップ。株価が8ドルから70ドルまで上昇した1941〜46年の強気相場は、1946年6月にこのパターンを形成してピークに達した。出来高は左肩では増加、ヘッドではそれよりも少なく、右肩では減少している。7月15日に決定的となった下放れのシグナルは、長期投資家に対して61ドルの水準に出されていたプロテクティブストップの執行を待たずに、株価がネックラインから下放れた日の翌日に成り行きで（約63ドルで）持ち株を売却すべきであると警告している。出来高は株価がネックラインから下放れたあとの目先底である約58 1/2ドルの水準で増加した。この下げ幅はこのヘッド・アンド・ショルダーズの値幅測定方式に基づく最小限の下げ幅の下値目標値と一致している。

しかし、この地点から出来高の少ない弱い戻りが始まり、この上昇は4週間続いた。先行きの弱さを示唆しているこの局面は、右肩からこの目先底までの下げ幅の40〜50%を戻したところで、またはネックラインまで戻ったところでの空売りを正当化している。事実、この上昇局面で株価は64ドルのネックラインに達したあと、出来高を伴いながらギャップを形成して下放れ、次の3カ月間も続落して40ドル以下となり、その後もさらに下落した。

ヘッド・アンド・ショルダーズの大きな特徴はこのチャートでも見られるように、その形が比較的小さくても、株価がそこから反転してそれ以降何カ月間や何年間も続くメジャートレンドの転換パターンになることが多いということである。このチャートのように、すべてがその後に大きなトレンドにつながるわけではないが、けっしてヘッド・アンド・ショルダーズを軽視してはならない。

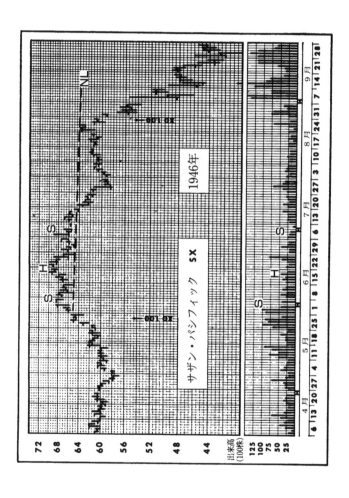

図212

ブラニフ航空が1945年に形成したヘッド・アンド・ショルダーズ・ボトム。厳密に言えば、強気相場の中期的な調整局面のあとのトレンド継続型のヘッド・アンド・ショルダーズである。一般に長期の弱気相場を反転させる大底を形成するにはかなりの時間がかかる。

この図を見ると、出来高は左肩のところが最も多く、ヘッドではやや減少し、右肩では極めて少なく、9月21日の上放れのときは当然のことに急増している。株価は上放れたあとに出来高を減少させながらネックラインまで押したが、そこは23ドルで買える絶好のチャンスであった。その後に再上昇したが、再びネックラインの支持線まで下落した。このよ

うな二度にわたる反落はけっして珍しいことではない。10月19日に大商いを伴って直近の安値水準を割り込む22 3/4ドルで引けたときは、幾分冷や冷やする局面であった。しかし、このチャートパターンとそこから上放れた相場の強さからすればそこは売られすぎであったろう。21 7/8ドルに出していたブロテクティブストップは執行される恐れもなかった。10月25日にはブレイクアウェーギャップを伴って再び急上昇して29 1/2ドルまで上げたが、そこで1日の反転とランギャップを形成してこの上昇局面を終えた。

その後株価が37 1/2ドルまで再上昇する前に、この29 1/2ドルの水準で3週間にわたって保ち合いパターンの三角形を形成したが、その上昇三角形はこの上昇トレンドのほぼ中間点にできている。こうした中間点の保ち合いパターンを形成するときの株価は、かなり急ピッチで動く傾向があることはすでに指摘した。

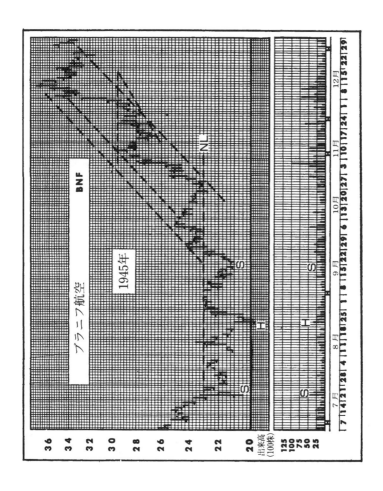

複雑な、または複合型のヘッド・アンド・ショルダーズ

このパターンにも単純なヘッド・アンド・ショルダーズと同じ投資戦術が適用される。このパターンの定義と特徴については第7章で説明した。

円形天井と円形底

トレンドが徐々に変化しているときの厳密な売買ルールを決めるのは難しい。円形天井のパターン（これは数週間にわたって形成され、上昇したあとは横ばいとなりそれから下落に転じるが、そのときの出来高は天井近くで次第に減少し、下落に転じると再び増加する）が現れたら、持ち株は直ちに成り行きで手仕舞う。円形天井での空売りはうまくいけばかなりの利益になるが、その方法をひとつのルールとして正確に規定することはできない。はっきりした基点が分からないときは、そのパターンが間違いなく円形天井であると確認できてから空売りする。すなわち、円形天井は長期にわたる上昇局面のあと数週間にわたって形成される。円形天井のストップオーダーは天井の高値のところに入れておく。

皆さんは円形底の空売りはしないだろう。売買高が細るなかで時間をかけて徐々に円形が現れたあと、株価は大商いを伴って急騰する。こうした円形底のパターンが現れ始めたら直ちに空売りポジションを手仕舞う。空売りポジションを抱えて不利な立場に追い込まれないように、円形底やソーサーを形成した株価が、長い閑散の時期を終えて最初に突発的な動きを見せたあとはその株式を買ってもよい。また、株価が底値圏から上放れたときではなく、そのあとにほぼ間違いなく見られる押し目のときに押しでの買いのルールに従って買っていく。

対称三角形

A. すでに買い持ち・空売りしているとき——対称三角形が形成され
ている間は、ポジションを変更しない。例えば、上昇したあとに下落
したところを買ったとしよう。次の上昇では新高値を付けなかったが、
出来高も売りシグナルが出るほどは増加していない。その後の下落で
も株価が前回の水準を下回らないとすれば、このような一連の動きは
三角形のなかに含まれてしまう。それ以降に株価が三角形からそれま
での方向に上放れるかもしれないので、持ち株は売却する必要はない
（実際にそうなる可能性が高い）。この保ち合いパターンから上放れた
ときは（大商いを伴うことが条件となる）、既述した売買ルールに従
って利益を確定したあとも、次の押し目買いのチャンスを狙う。一方、
株価がこの保ち合いパターンから下放れて（出来高の増加は必要な
い）三角形の外で引けたら、その翌日に前日の終値よりも1/8ドル安
いところにストップオーダーを入れる。それが執行されるまで連日に
わたり前日の終値の下にこうしたプログレッシブストップを入れる。
空売りのときは同じルールを逆の形で適用する。ただし、予期した方
向に下放れるときは出来高を確認する必要はないが、上放れのときは
大商いを確認する。

B. ポジションがないとき——対称三角形が形成されたとき、その後
の株価が上下のどちらかに決定的に放れるまでは出動しない。上昇メ
ジャートレンドであれば上放れたあとの押し目を買い、下降メジャー
トレンドであれば下放れたあとの戻りを空売りする。こうした売買ル
ールについてはすでに述べた。一方、対称三角形が次第に収斂して頂
点近くまで株価が進んでからブレイクアウトしたときも出動しない。
三角形から放れる動きで最も信頼できるのは、対称三角形をほぼ3分
の2くらい進んだところでブレイクアウトしたときである。

図213　この株はその上昇トレンドを円形天井を形成して終了している。これは1946年前半の6カ月間の日足チャートである。一方、このドライ・グッズの月足チャートを見ると、4ドルから72ドルにいたる3年半の上昇の足取りは、1938〜42年の5年間に及ぶ長期の底値圏から脱してなだらかで加速的なカーブを描いている。

大天井にいたる最後の6カ月の動きを見るときは、まず最初に1〜2月の値動きに注目すべきである。株価は1945年10月以降に急上昇したあとの保ち合い、または中期的な調整局面となっていた。48ドルまで上げて45ドルに押し、それから50 1/2ドル、51ドルと上昇して52ドルに達したあと、2月末には再び44ドルまで下落した。もしも1月22日の終値が1月3日の安値を下回り、つまり明確に安く引けたならば、この1〜2月に形成されたパターンは拡大型の天井、つまり明確な反転のシグナルと考えられる。しかし、このパターンは完全なものではなく、したがって有効ではなかったが、このような乱れた形はその後の動きが弱いことを示唆している。

大衆が競って参入する相場の最終局面では、クライマックスに向けて上昇ピッチが極めて急速になるのは何ら不思議ではない。この図がその好例である。3月25日に5ドルのブレイクアウェーギャップができ、株価は63 1/2ドルまで上昇したあと小反落し、その後に68ドル以上まで再上昇した。ここからはトレンドの収斂、または一連の「ヘッド」や「肩」などのシグナルを出しながら株価はゆっくりと上昇し、天井に近づくにつれて出来高は減少している。6月4日には出来高を増加させながら5月7日の直近の安値を割り込んだことで、円形天井が完成したと考えられる。このときまでにまだこの株式を保有していれば、直ちに手仕舞うべきである。その後は天井に近づくにつれて株価がネックラインを下抜いたことによって、この円形天井からのブレイクは決定的なものとなった。

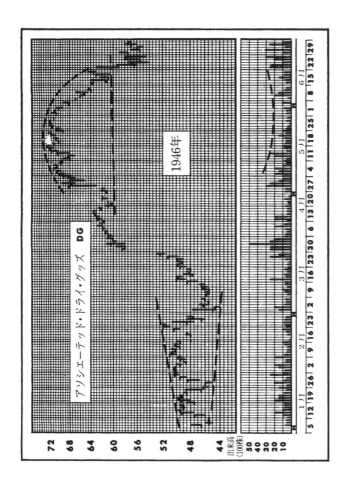

図214　グレイハウンドの1945年の円形底。株価は5月に29ドル以上に上昇したあと、1944年の天井である24ドルの支持線まで下落した。7月の下げ局面では出来高が極めて増加したが、8月になると減少した。株価が上昇した8月10日の出来高は再び急増したが、その後はかなり細った。8〜9月の変化に富んだ小さな動きでは、何の売買シグナルも出ていない。

8月31日にこの局面の新高値を付けたことはその後の上昇トレンドを示唆しており、9月19〜20日には26ドルの水準まで進んだが、まだ決定的な動きではなかった。

10月13日までの1週間の動きははっきりしている。かなりの出来高を伴ったこの動きでは、株価は「ボウル」から垂直に急上昇している。値動きはそれほど大きくはないが、その後のトレンドを暗示している。この株の買い場い場は底からの上昇幅を40〜50%押したところ、または支持線である約26ドルの水準まで下落したところである。おそらく26 1/2ドルくらいで買うことになるだろう。下落したときの出来高の減少に注目。ここから30ドルまで上昇して新たな強気相場の新高値を付けたが、その動きは急速だった。11月3日は土曜日だったが、大商いを伴って30ドルで引けた。しかし、このような動きさでも決定的な上抜けではなく、月曜日には29 7/8ドルに出されていたストップオーダーで持ち株を手仕舞っただろう（それ以上の上昇を期待しなければ）。株価は2週間後に支持線まで下落したので、約29ドルで再び買いを入れる（押し目買いではさに最安値を買うわけではない）。次の上昇では2日間にわたり34 1/4ドルまで上昇し、またはさらに長期にわたって保有してもよかった。そこで利食いしても、またはその後も続伸して54ドルまで上げた。結局、株価はその後も続伸して54ドルまで上げた。

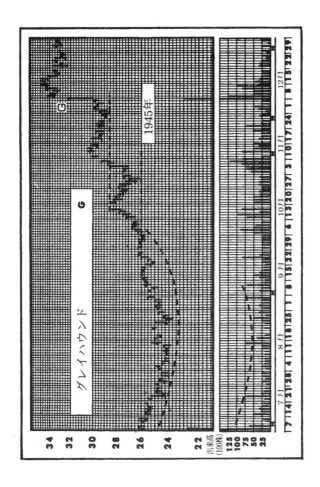

図215　アライド・ストアーズの1946年の下降局面で形成された対称三角形。9
月10日の三角形の最初の反転ポイントでは大商いだったが、対称三角形
の形成中には出来高が徐々に減少している。ポイント・アンド・フィギ
ュア・チャートでは、このようなパターンはあたかも振りが止まって
いるように見えるので「振りのチ＝スイング（Pendulum Swing）」と
呼ばれる。三角形の各反転ポイントの出来高は幾分増加することもある
が、有効な三角形の出来高は全体として低水準である。

この株を買ったときは、その三角形の底値36ドルから8％下の33 1/8ド
ルのところにプロテクティブストップを入れる。しかし、10月4～5日
に対称三角形を下抜くとき、出来高は少なかったが決定的な下放れで
あった（下放れのとき、出来高の増減はあまり重要ではない）。その翌
日に成り行きの売り注文を出せば約38 1/2ドルで売れただろう。しかし
空売りをするには、対称三角形から少なくとも3％以上下で引けなけれ
ばならない。株価が三角形の頂点水準の40ドルまで戻していること、10
月9～10日の下げのときに出来高が増加していることに注目。この下放
れの有効性は明らかである。株価が三角形の頂点水準まで上昇したとき、
または下放れたあとの下落幅の40～50％を戻したとき、つまり38 1/2～
39ドルでの空売りは正解である。株価は三角形の頂点水準まで上昇した
あと、10月30日には33ドルまで急落した。その日にはセリングクライマ
ックスと1日の反転が出現したが、それは利益確定のシグナルだった。
ところで8月に小さなヘッド・アンド・ショルダーズが形成されている
が、これは9～11月の急落局面に先立つ天井圏での保ち合いパターンで
ある。

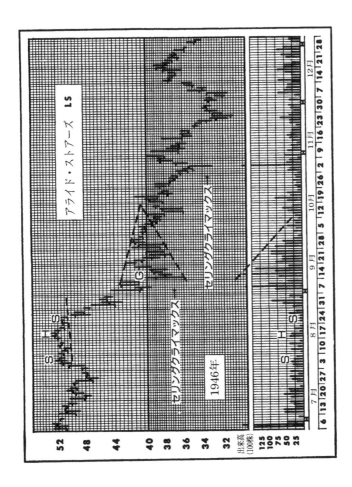

直角三角形

　直角三角形にも対称三角形と同じ売買ルールが適用される（三角形に関する第8章を参照）。対称三角形のときと同様に、株価が直角三角形から放れる動きも株価がその頂点に押し込まれないうちに、できるだけ早く放れたほうが信頼度が高い。出来高の確認は株価が上昇三角形から上放れるときは重要であるが、下降三角形から下放れるときは必ずしも必要ではない。すでに買いか、空売りしているのであれば、株価が三角形からブレイクアウトするまでそのポジションを保有し、評価益の出ているポジションを手仕舞いするときと同じようにその取引を終了する。

　対称三角形とは違って、直角三角形には株価の将来の方向を示唆する性質があるので、上昇三角形のなかの下落や下降三角形のなかの上昇のときに仕掛けることができる。しかし、この三角形の水平線は計り知れない供給と需要の程度を表しており、それゆえに株価は水平線を決定的に抜くことができずに反転する可能性もある（実際によく起こる）。したがって、このパターンが形成されているときは、株価がはっきりと三角形からブレイクアウトするまでは新規に出動しないほうがよい。

拡大型の天井

　皆さんは拡大型の天井は買わないだろう。先に説明したトレンドラインを基本とする売買ルールに従うならば、拡大型の天井が完成するずっと前にこの天井圏で最初の反転が起こったときに持ち株を手仕舞うだろう。このパターンは明らかに買いとは反対の動きを示唆している。この拡大型の天井パターンが完成したときは、絶好の空売りチャンスである。株価が四番目の反転ポイントまで下げたあと上昇して天

井を付け、そこから急反落して最安値まで下げた値幅の約40％を戻したらそこを空売りする。ストップオーダーは天井である第五番目の反転ポイントから適当な値幅だけ高いところに入れる。

長方形

A. すでに買い持ちか、空売りしているとき——長方形の当初の動きではポジションの手仕舞いを示唆する出来高のシグナルは出されず、また長方形の形成中にも利益を確定するようなブレイクアウトも現れない。しかし、長方形であることが確認されたら（上限と下限を形成する少なくとも４つの反転ポイントができたら）、その上限近辺では売り、下限では買ってもよい。対称三角形と同じように長方形の場合も、株価は反転することなくそれまでと同じ方向に進む可能性が高いので、おそらく最初の手仕舞い点（第五番目の反転ポイント）ではクローズしないで、株価が予想した方向に向かうことを期待してそのまま持ち株を保有するだろう。実際に株価がその方向に進んだときは、既述した売買ルールに従ってポジションを処理する。もしも株価が予想とは逆の方向に放れたら、三角形のときと同様に前日の終値よりも1/8ドル安いところにプログレッシブストップを入れる。

B. ポジションがないとき——長方形が形成されているときは、第五番目とその次の反転ポイントで出動する。株価は上下しながら長方形を形成し、その後は再び同じ方向に進む可能性が高いので、新規の仕掛けは第六番目の反転ポイントまで待ったほうがよい。空売りは株価が長方形から下放れて引けたあと、新規の買いは株価が出来高の増加を伴って長方形から上放れて引けたあとで入れる。その次の出動は株価が長方形からブレイクアウトしたあとの調整直面である。

図216　コンチネンタル・モーターズの上昇三角形。株価は1943年の停滞期を脱したあと、1945年初めには徐々には上昇して約12ドルまで上げた。月足チャートではこの年の最初の8カ月間に、12 1/4ドルを天井とする上昇三角形を形成しているが、日足チャートでは株価の動きがさらに詳しく読み取れる。例えば、8月に形成された対称三角形となり、そこから上放れた株価は予想された最小限の値幅だけ動いて12 1/4ドルの目先天井を付けたあと下落し、三角形の頂点水準である11ドルで下げ止まった。この約11 1/2ドルで買ったポジションは、9月28日の14ドルから入れ始めたプログレッシブストップにより10月2日の14 7/8ドルで手仕舞らが、ここは簡単に取れる局面だった。

ここで利益を確定したのは、これから株価は上げ止まって何らかの保ち合いパターンを形成すると予想されるためである。事実、それ以降に16 1/4ドルの天井を持つ上昇三角形が8週間にわたって形成された。その後、株価は16 1/4ドルの水準を一時的に上抜いたが、11月7日の終値ではその日の上限を抜けなかった（この日の大商いに注目）。株価は11月30日に大商いを伴って上限を決定的に上抜いて17ドルを付けたあと、20ドルまで上昇した。その後の買い場は株価が18ドル以下まで下落したところである。翌年1月には大天井の24ドルを付けた。対数目盛りのチャートで見ると、10〜12月の上昇三角形は9月の底と大天井の24ドルのちょうど真ん中に位置している。上昇トレンド全体の中間地点で保ち合うパターンとしてはフラッグやペナントがあるが、この三角形はそれらとよく似ている。

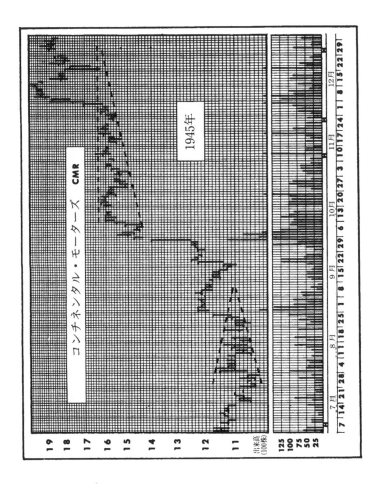

図217　1946年の強気相場のピークで形成された拡大型の天井。この種のパターンはかなり珍しいものだが、さいていて極めて信頼性が高い。この日足チャートの出来高は上昇の最終段階では高水準であるが、天井パターンの形成中には少なく、株価がそこから下放れたあとは再び増加している。

第10章で検討したように、拡大型の天井には5つの反転ポイントがあるが、それらはヘッド・アンド・ショルダーズ、三角形や長方形などの反転ポイントとは異なり、そのパターンのなかで新高値・新安値を付ける。その形は左右に頂点があり、次第に値動きの幅が拡大する逆三角形のひとつと考えてもよい。

株価は5月第2週に新高値の25 1/4ドルを付けた（最初の反転ポイント1）あと、以前の目先天井の支持水準まで下落（2）。翌週には直近の高値を1/8ドル上回る新高値（3）まで進んだ。株価は翌週に（4）まで下落し、（2）より3/4ドル安い22 1/2ドルで引けたが、これだけでは空売りするような理由とはならない。それから3週間後には先の高値を更新する25 5/8ドルを付けた（5）あと、7月23日には21 1/2ドル（B）まで急落したここでこのパターンは完成した。各反転ポイントでは出来高が増加している。

長期投資家は株価が下放れた翌日に、成行注文で持ち株を手仕舞うだろう。しかし、空売りするには（5）から（B）までの下げ幅の40〜50％を戻すまで待たなければならない。23ドルで空売りしたあと、株価が一時的に上昇してもそれほど心配する必要はない。この株もかなり戻したが新高値を付けることもなく、その後に急反落して15 1/2ドルまで下げ、それから1年以内にさらに11 1/2ドルまで下落した。

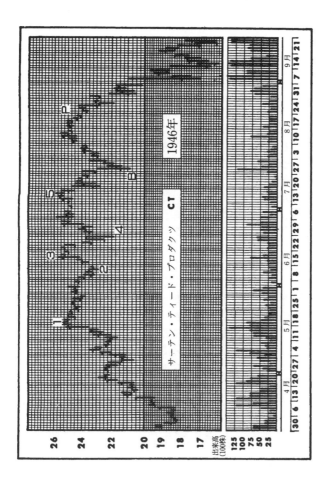

図218　レミントン・ランドの長方形。これは1942〜46年に10ドルから50ドルまで上昇した長期の強気トレンドの一部である。この上昇局面の最後の3年間を月足チャートで見ると、大きな下落もなくほぼ一本調子で上げている。もっとも、この上昇トレンドの中間地点に当たる1944年末〜1945年初めの期間は実際には続伸パターンではなく、上向きの階段状のアキュミュレーション（買い集め）局面である。出来高を増加させながら急上昇したあとは、出来高の薄い閑散期間が続く。このパターンは長期的に大化けしそうな株を大口買いで急騰させないようにしながら、大量に買い集めようとする組織的な動きがあることを示唆している。株価が急上昇したときは一時的に売り抜けて株価の頭を押さえ、下落したところで再び買い集める。

　10〜11月には20 3/4〜22ドルではっきりと長方形が形成されている。買い場は11月14日の五番目の反転のとき、つまり安値を結んだライン近辺の21ドルのところである。12月2日までの週の上放れでは上限から3％も上方に進まなかったが、それから約2週間後には大商いを伴いながら有効な上放れの動きを始めた。株価が目先天井に近づいた12月20日には、大商いと1日の反転ができている。買い場は株価が調整したところの約22 1/2ドル、支持線は22ドルと考えられる。株価はこの支持線を下抜かなかったが、23 3/4ドル以上にも進まず、2週間に3回同じ水準まで上げたあと、再び22 1/4ドルまで戻った。

　1月25日の上放れについては、その大きな動きや出来高についても疑問の余地はまったくない。その翌日、つまりそれまでの保ち合いパターンが終了した日にはギャップと1日の反転が出現した。その後株価は3月半ばに27ドルの高値から急落したが、強い支持線である1月の長方形の上限水準で下げ止まった。株価はその後もこの水準まで下げることなく、4月には再上昇に転じ、1946年の大天井に向けて続伸していった。

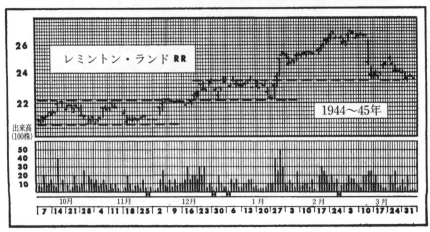

ダブルボトムとダブルトップ

ダブルやそれ以上のトップやボトムは、このパターンの形成の必要条件を満たしていなければ有効性はない。したがって、これらのパターンについて詳述した第9章を再読すべきである。

A. 買い持ちしているとき——株価が複数の谷の水準を下抜いて安値引けしたときは、前日の終値よりも1/8ドル安いところに入れたプログレッシブストップで手仕舞う。

B. 空売りしているとき——複数の山の水準を上抜いて高値引けしたときは、やはり前日の終値よりも1/8ドル高いところに入れたストップで手仕舞う。

C. ポジションがないとき——山と谷の揉み合いレンジを突破して引ければ反転シグナルと考えられるので、その後の上昇や下落したところで新規に出動する。

拡大型の直角三角形

株価が直角三角形の水平線から放れたときの対処法は、複数のトップとボトムのパターンや通常の直角三角形のときと同じである。

ダイヤモンド

明らかにダイヤモンドであると確認されたときの売買ルールは、対称三角形の売買ルールと同じである。対称三角形のときと同様に、新規の出動は株価がダイヤモンドから決定的に放れるまで待つ。すでに買い持ちか、空売りしているときも、株価がダイヤモンドから上下のどちらかに放れることによって、それまでのトレンドの反転や継続が確認されるまでポジションを保有する。

図219

パラマウントのダブルボトム。ダブルトップとダブルボトムは多くの投資家が考えているほど一般的なものではない。これらのパターンを形成するにはかなりの時間が必要であり、変動幅と所要期間のほか、（ダブルボトムから上放れるときは）出来高の条件も満たさなければならない。それらの形は日足チャートよりも週足チャートのほうが見つけやすい。

ここに示したのはパラマウントの1941年9月～1943年3月の週足チャートである。最初の底は真珠湾パニックのときで、株価はクライマックス的な出来高を伴って11 3/4ドルまで暴落した。その後8週間にわたって上昇して15 5/8ドルまで戻したが、あまり出来高が増加しなかったので、再び暴落する可能性を示唆していた。しかし、この上昇幅が12月の安値の35％にも達したことは注目される。しかし、4月半ばまで続いた下げ局面の出来高は少なく、ちょうど12月の安値の11 3/4ドルで終わった（ダブルボトムのパターンが崩れないかぎり、二番底は一番底よりも高くても低くてもよい）。

その後出来高を増加させながら、7月第2週には反転を示唆するシグナルが出たが、15 5/8ドル以上で引けなかったのでこれは上放れではなかった。それから2週間後に大商いを伴って16 1/2ドルまで上昇し、その週は16ドルで引けた。これが真の上放れであり、ここから押したところが買い場となる。その後の上昇局面は最終的に85ドルまで上げた。

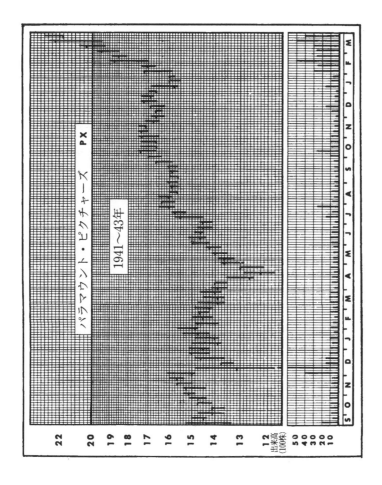

図220　拡大型の逆直角三角形。複数の高値を付けたあと、上限から上放れたら好例である。しかし、このパターンはそれに従って売買しようとするよりは、あとから観察したほうが面白い。1938年、1940年、そして1942年に付けた約4ドルという大底から上昇してきたこの株は、1945年には加速的な上昇をたどり、1946年に70ドルを超す水準に円形天井を形成して長い上昇トレンドを終了した（図213を参照）。

株価が12ドルから20ドルまで上昇したとき、その後にかなりの調整があることは十分に予測できた。株価は2月末から3月初めにかけて高値圏に進んだあと約19～19 1/2ドルの支持線まで下落、その後は再び反発したが新高値は付けなかった。それから10日後には急反落して直近の安値を割り込む18 1/2ドルまで引けた。経験の浅い投資家であれば、これをダブルトップと解釈してここを空売りするだろう。しかし、この形をダブルトップと呼ぶには形成期間が短すぎるし、反転確認の条件も満たしていない。出来高も重要な高値で予想されるほど多くはなかった。4月初めからの上昇では3%以上の決定的な上放れとなり、株価は4月18日に22 7/8ドルに達した。この水準は逆三角形の上限を大きく超えており、上昇トレンド入りを確認するものであった。この時点で買い持ちポジションがあればそのまま保有、次の買い場は押し目のところであある。しかし、上限の支持線である21 1/2ドルに注文を出しておけば、買おうとしても買えなかった。やや高めのところ（22ドル）に買っておけば、株価が25 7/8ドルに上昇したところで入れた25 3/4ドルのストップオーダーで利益を確定できただろう。

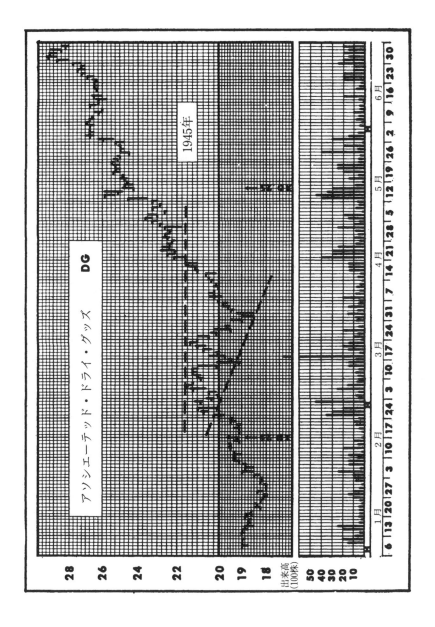

図221

アメリカン・カンが形成したダイヤモンド。1946年12月〜1947年5月までの日足チャートである。この株は1945年10月にそれまでの強気相場のピークである112ドルを付けている。優良値がこの株はすぐに天井を付けて上昇トレンドを終了させる傾向があることはすでに述べた。この株も最初の反落で90ドル近くに下げたが、その後106ドルまで上昇し、それから再び80ドル以下に下げたあと、この図のような動きとなった。

この値動きは徐々に丸くなっているのが分かるが、この株価水準にある穏健な株式の変動率はあまり大きくないという事実に照らし合わせば、このような動きも何ら不思議ではない。もしも縦の目盛りがもっと大きいグラフにこの期間の動きは投機的な株式の値動きとはまったく同じように見えるだろう。

このフォーメーションの最初のところは拡大型の天井に似ている。最初に96ドルの天井を付けたあと98ドルまで下落、次の天井はさらに高い98ドルである。その後の下落で91 1/4ドルまで下げた。三番目の上昇では99ドルまで上昇した。そこにいたるまで拡大型天井の5つの反転ポイントを付けたが、弱気シグナルの確認となるには91 1/4ドルよりも下で引けなければならない。しかし、次の下げでもこのパターンから下放れ、数週間にわたり対称三角形と同じように次第に形が狭まってきた。最終的にはほっそりと下放れてしまうまで下がったが、これは次の戻り局面で持ち株を売却し、空売りを考えるというシグナルであった。事実、ダイヤモンドの2本

週間続いた上昇でも94ドルの抵抗線をけっして上抜けなかった。つまり、ダイヤモンドの2本の収斂するラインが交わる先端の水準を超えることはなかった。アメリカン・カンはここから投機的に急落することはなかったが、この株式の習性とその全体的な相場へなど考慮すれば特に意外なことでもない。しかし、株価はこの図に示されている水準までこ二度と上昇することなく、その後に80ドルの水準まで下げた。

ダイヤモンドの特徴をもう一度まとめると、このパターンはあまり一般的なものではない。曲がったネックラインを持つ複雑なヘッド・アンド・ショルダーズに幾分似ている。また最初は拡大型の天井にも似ているが、あとには対称三角形のように次第に値幅が狭くなっている。

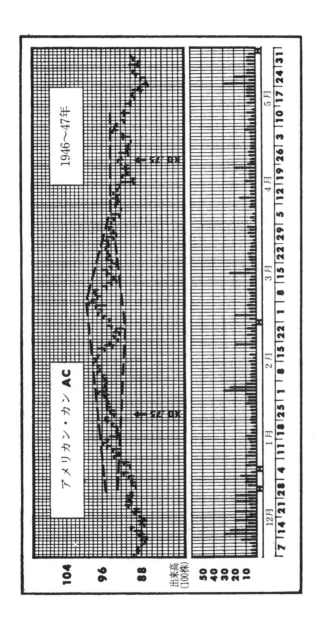

図222　1945年前半のこの日足チャートに示されているように、ガルフ・モービルはきれいなウエッジを形成した。この大きなウエッジは大天井に至る投機的な上昇トレンドを終了させるものとなった。このウエッジから下放れた株価は18 3/4ドルまで急落したあと、8月半ばには再び上昇して23 3/4～26 3/4ドルのところに長方形を形成したが、それ以降に再び暴落して1947年5月にはわずか6 1/8ドルとなった。

この種のパターンについてトレンドが一点に収斂するところを正確に予想するのは難しい。4月末の上放れのあとの押し目では買いが入り、5月に23 1/2ドルに達しても平行なトレンドチャネルはできなかった。つまり、株価が下落するたびにトレンドが一点に収斂し、その後の3回にわたる上昇でウエッジの形成が確認された。株価は天井圏で収斂し、その水準を上抜くことはなかった。6月4〜5日の大天井の小動きで出来高が増加したことは、目ざとい投資家にとって利益確定のチャンスだった。そこから株価が下放れたときはいつでもポジションを手仕舞いできるように、プロテクティブストップが入れられていたことは間違いない。

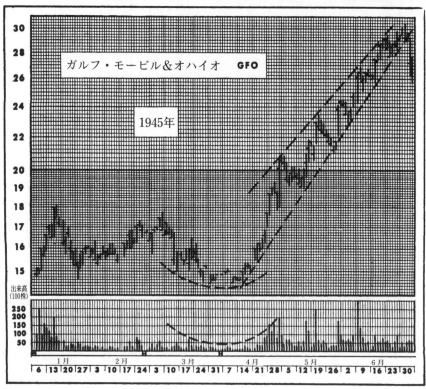

ウエッジ

ウエッジを形成しているときは、それほど詳しい売買ルールを述べる必要はない。というのは、トレンドラインや支持圏・抵抗圏についてこれまで述べてきた一般的な原則に基づいて、このパターンが次第に収斂していくことがはっきりすれば、直ちにポジションを手仕舞いするからである。最悪のときでも大きな損失が出る前に、ストップオーダーによってポジションを手仕舞う（いかなる状況でもこの原則を忠実に順守すべきである）。新規の買い（株価が下降ウエッジから上放れたとき）や空売り（株価が上昇ウエッジから下放れたとき）するときは出来高を確認する必要がある。つまり、株価が下降ウエッジから上放れるときは大商いを伴うが、上昇ウエッジからの下放れでは出来高はあまり増加してはならない。ブレイクアウトを確認した新規の仕掛けは、株価がウエッジの上限線・下限線から決定的に放れたあとの押し目や戻りのところである。

１日の反転

１日の反転はこれまで検討してきた重要な反転や保ち合いパターンとは異なり、同じような売買ルールを適用することはできない。このパターンは主に目先天井や目先底を正確に見極めるときの有効な目安である。株価が短期トレンドに沿って数日間動いたあと、１日の反転、エグゾースチョンギャップ、かなりの大商いの日などが現れたら、それはこれまでの短期の動きが終了したことを示唆しているので、この３つのシグナルには注目しなければならない。これらがひとつだけ現れるよりは同時の２つ出現するほうが有効なシグナルであり、３つがほぼ同時に現れたらそれはマイナー（ときにメジャー）トレンドの天井や底を強く示唆している。

　１日の反転のシグナルを利用して売買するというのは一種のギャンブルであり、そうでなくても目先の動きをとらえてわずかな利益を狙うというのは投機行為である。このような行為は本書で検討している売買手法とはまったく異なる。１日の反転のシグナルや示唆については第10章で説明した。

フラッグとペナント

　上昇トレンドの途上では通常のトレード戦術に従って買える水準まで、株価がフラッグを形成しながら下げる局面がよく見られる。すなわち、基本となる赤のトレンドラインやそれと平行な青のトレンドラインまで下げたり、またはフラッグを形成する前の上向きのマストの40〜50％の調整もある。こうしたフラッグを形成する動きが上昇メジャートレンドの途上で出現すれば、株価が青のトレンドラインまで下がったところが最初の押し目買いのチャンスとなる。株価はこの水準を少し割り込むかもしれないが、それでも早めに出動することが大切である。というのは、この押しの期間は極めて短く、その他の調整の条件を満たさないことも珍しくないからである。フラッグを形成しているときの出来高は大きく減少し、その後も低水準で推移する。もしもフラッグの形成過程で出来高が増加すれば、そのパターンの有効性は疑わしい。しかし、株価がフラッグから放れるときの出来高は急増する。一般に株価がフラッグなどの保ち合いパターンから上放れるときは極めて力強い動きを示すので、フラッグやペナントを形成しているときに出来高が急増したら、その日の終値よりも1/8ドル安いところにストップオーダーを入れて安全を図るべきである。そして出来高から判断してそれがフラッグやペナントではないことがはっきりしたら、直ちにその取引を終了する。もっとも、これらのパターンから株価が放れ始めるときは、押しを入れることもなくブレイクアウエーギ

図223　マーチン・パリーが形成したペナント。このパターンは株価が
急速に動いているときによく現れる。フラッグやペナント（さ
らに株価が急激に動いているときに現れるその他の保ち合いパ
ターン）の大きな特徴は、急速なトレンドの底と天井のほぼ真
ん中に形成されることが多いということである。この株はこの
図の前に10〜12ドルのところで7カ月にわたって長方形を形成
し、それ以前の1944年にも約4ドルから12ドルまでの上昇局面
があった。

株価は5月に大商いを伴ってペナントから上放れ、深い押しも
なく天井まで一本調子に上昇した。この天井では出来高が増加
している。その後株価は出来高を減らしながら3週間にわたっ
てジリジリと下げた。しかし、ここでは最初の上昇幅すべての
押しとはならず、支持線がある前の天井の14 1/2ドルで下げ止
まった。そのあと大商いを伴って再上昇を始め、24 3/4ドルま
でほぼ一直線に急騰した。株価が大商いを伴って19 7/8ドルま
で達した6月6日以降は、最初から買い持ちしていたり、また
は15ドル近辺で買った投資家はいつ売却しても大きな利益とな
った。

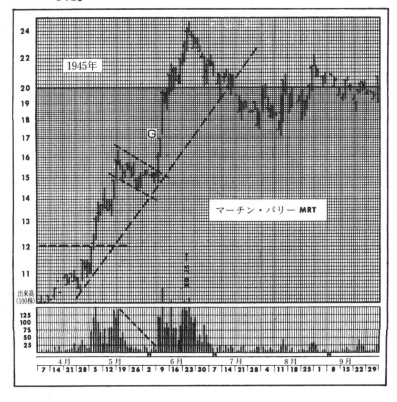

ャップを伴って一気に急騰するのが普通なので、おそらくわれわれは
持ち株を手仕舞うことなく保有しているだろう。

　下落局面、つまり下降メジャートレンドのときもある点を除けば、
上昇トレンドのときと同じように対処する。ある点とはフラッグ形成
中の最後に高値を付ける日は出来高が増加し、エグゾースチョンギャ
ップや１日の反転パターンが出現することもある。そうしたときにフ
ラッグの上限水準にストップオーダーを入れておけば、空売りしたあ
とにまったく予想外の局面が展開しても大きな損失を被らずに済むだ
ろう。

　このパターンは上昇型や下降型を問わず、水平な上限と下限から成
る長方形に類似している。株価の急騰・急落のあとに出来高が減少し
てフラッグが形成されたら、第六番目の反転ポイントで買いや空売り
をするが、実際にはどの反転ポイントで出動してもよい（というのは、
このパターンはそれほど長期間は続かないからである）。フラッグや
ペナントが長期間（３週間以上）続くと、これらのパターンであるこ
とはかなり疑わしい。そうしたときはそれらの上限・下限から一定値
幅だけ離れたところにストップオーダーを入れる。最初はフラッグで
あると思われたが実際にはそうでなかったケースもよくあり、フラッ
グが形成されるという期待を捨てることは意外に難しいものである。
したがって、そうした状況に対処するひとつの方法は、これらのパタ
ーンの形成期間を３週間以内と考えることである。

　普通に完成したフラッグやペナントから株価が放れるときの動きは、
あらゆるパターンのなかでは最も速いので、最も大きくとれるところ
でもある。すでに買い持ちや空売りしているときにフラッグやペナン
トが形成され始めたら、それ以前のメジャートレンドが上向きであれ
ば持ち株はそのまま保有し、そのトレンドが下向きのときは空売りポ
ジションはそのまま残しておく。ほとんどの場合、前日の終値よりも
1/8ドル上下の水準にプログレッシブストップを入れるシグナルはマ

ストの形成途上で出ることが多いので、マストの途中のどこかでポジションを手仕舞っているだろう。しかし、何のシグナルも現れず、フラッグ形成が始まったときも買いや空売りポジションを持っていたら、それはそのままにしておくのがよい。フラッグが形成される前の動きはその後も継続する可能性が高いからである。

　一方、強気相場で買い持ちしていた株式が上放れて新高値圏に進んだとき（例えば、20ドル→32ドル）、30ドルのストップオーダーで手仕舞ったとする。その直後に上げ止まり、それから数日間にそれまで高水準にあった出来高が急減して株価が下落したが、その後に再上昇して持ち株を売却した水準を上抜けば再び買ってもよい。

ギャップ

　買い持ちしている株式がはっきりしたパターンを形成したり、または極めて狭いレンジで保ち合ったあと、突然の大商いでギャップを見せて上放れたら、それは強気のシグナルである。その後に続く急騰局面のあとでエグゾースチョンギャップ、著しい大商い、１日の反転などが出現するまでその株式は保有する。これらのパターンの２つか、３つが相次いで出現したら、そこで直ちにプログレッシブストップを入れて利益を確保する。また２回目に現れたギャップがコンティニュエーションギャップか、それともエグゾースチョンギャップであるのかを、出来高と株価の上昇ピッチなどから判断する必要がある。

　一般にブレイクアウエーギャップが出現すればそれは強気のシグナルなので、次の押し目では買いを入れる準備をする。また買い持ち株が数日間にわたって急騰したあとにギャップができたら、それがコンティニュエーション（ランナウエー）ギャップであるのかどうかを判断しなければならない。それが同ギャップであると判断したら、これまでとほぼ同じ値幅のさらなる上昇を期待してそのまま保有する。そ

図224　リーハイ・バレー鉄道の1945末～1946年初めにかけての日足チャートにはいろいろなギャップが見られる。株価は1945年の天井である17ドルをもう一度突破しようとしたが（これが最後のギャップ）、その前に小さな調整の動きが見られる。この一連の形はダブルトップと見ることもできる。といのは、その後株価は1946年夏にこの1945～46年の安値水準を大きく下回る5ドル以下まで下げ続けたからである。

すべてのギャップに意味があるわけではない。例えば、株価がわずかな出来高を伴って小さく変動していた10月3日の最初のギャップに何の意味もない。しかし、11月3日の大商いを伴ったギャップは重要な意味を持つ（この日は土曜日だったので通常の日の2倍の出来高に相当する）。このギャップの日の動きは3％以上急上昇して新高値をとるという真の押し目は買ったが、出来高のシグナルであり、その後の押し目は買ってもよい。その押しのときにわずかな出来高のギャップができても、それには特別な重要性はない。

真のブレイクアウェーギャップと思われるギャップは、1月第3週までは見られない。株価は1月14日に大商いを伴って急伸し、1月16日には15 7/8ドルの高値を付けたあと15 1/2ドルで引けた。この二度目の大商いはプログレッシブストップを入れるシグナルであり、買いポジションは15 3/8ドルで手仕舞うべきである。

次の買い場は株価が押した14 1/2ドルのところである。二度目の上昇はブレイクアウェーギャップを伴って1月23日に始まった。この二つめのギャップ（1月24日）をランナウエー（メジャリング）ギャップと考えれば、この天井は約17 3/4ドルと推定される。しかし、1月28日に1日の反転とクライマックス的な出来高を伴ってこ三つめのギャップが現れたとき、この上昇局面はほぼ終了したことが明らかになり、16 3/4ドルのところでプログレッシブストップが執行されるだろう。株価は急落したあと上昇しようとしたが、15ドルの水準を維持することができず、その後の2つのギャップによってワンデイアイランド（1日の島）を形成した。

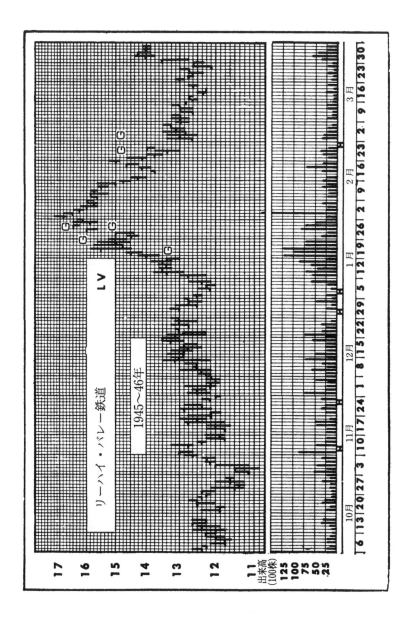

図225　ノーザン・パシフィックのこの6カ月の日足チャートでは、
支持線や抵抗線がいくつか見られる。この株は1945〜46年に
38ドルまで上昇したが、この図にはその前の1943〜44年に形
成された一連の保ち合い圏だけが示されている。もちろん支
持線・抵抗線は多くの株のチャートに出現するし、本書に掲
載したほとんどのチャートにも見られる。この株の支持と抵
抗の動きには特別なものも、特に変わったものもない。

株価は4月に出来高を伴いながら14 1/4ドルまで下げたあと、
15 5/8ドルまで戻したが、その動きは2週間前の抵抗圏で止
まっている。ここで対称三角形を形成したあと、株価はギャ
ップを伴ってそこから上放れて17ドルまでまっすぐに上昇し、
そこで3週間にわたって小さな長方形を形成した。その後株
価はかなりの出来高を伴って長方形から下放れた。この下落
局面の出来高と長方形のシグナルによって、この動きは前の
対称三角形から上放れたあとに起こる通常の下落と考えられ
るので、ここでの出動は見合わせる。

株価は対称三角形の頂点水準である15ドルの支持線でピタリ
と止まり、その後は直線的に上昇した。株価は小さな長方形
の底の水準で3日間揉み合ったあと、長方形の天井水準まで
上昇した。7月の天井圏はヘッド・アンド・ショルダーズ・
トップまたはその複雑型、もしくは円形天井にも見えるし、
長方形と解釈できないこともない。その後株価は弱含んで5
月の長方形の上限水準で少し揉み合ったあと再び下げたが、
4月の支持線である約16ドルで保ち合い、結局15ドルをわず
かに割り込んだところで下げ止まった。ここは先の対称三角
形の頂点水準より3％下のところである。この9月の安値を
底に株価は再上昇を始め、1945年12月には38ドルまで上げた。

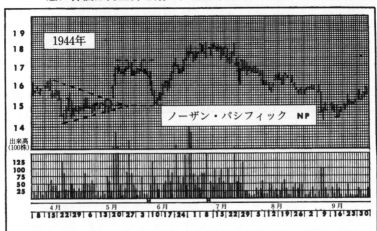

して反転のシグナルが現れたら、直ちにストップオーダーを入れて利益を確保しながら、株価が最終的な目標値に近づくまで注意深く推移を見守る。かなり上昇したあとにできたギャップがエグゾースチョンギャップであると確信したときも、直ちにストップオーダーを入れて利益を確定する。一方、弱気相場を空売りするときは、株価の下放れでは大商いの条件は不要であることを思い出しながら、これまで述べてきた売買ルールを逆に適用する。何らかのパターンを形成している株式を買い持ちや空売りしているとき、予想とは逆の方向に放れてギャップを形成したら、直ちに成行注文か、プログレッシブストップを入れてポジションを手仕舞う。

支持線と抵抗線

もしも皆さんが株式を買い持ちしていれば、その株式が以前の目先底を下抜いたり、または目先天井よりも安くなってほしくはないだろう。したがってストップオーダーに関する第27章でも説明したように、以前の目先底・目先天井を基点として計算した水準にストップオーダーを入れておく。一般には直近の目先底はそれ以前の目先天井とほぼ同水準になるので、その基点は一致することが多い。しかし、上昇トレンドでは直近の目先底を基点とし、その値段を付けた日のレンジよりも高い水準で３日間にわたって推移したときは、この新しい基点のところまでプロテクティブストップを移動する。同じように弱気相場でも、直近の目先天井とそれ以前の目先底によって決定された基点を確認するときもこの「３日間のルール」を適用するが、直近の目先天井を基点としてもそれほど問題はない。

中期的な天井と中期的な底は中期トレンドの目標値を決めるときの基点となる。つまり、以前の天井が中期的な下落の支持圏となり、以前の底が中期的な上昇の抵抗圏となる。またチャートパターンの複数

図226　アメリカン・スチールのトレンドライン。この日足チャートはトレンドの趨勢を表しており、株価はまっすぐなチャネルに沿って進んでいる。①このようなチャネルはそれが形成されているときよりも、完成したあとのほうが見分けやすい。②株価はチャネルのなかに収まって動く傾向がある。③チャネルはときに何の警告もなしに終わることがある――ことはすでに指摘した。この株は1946年には48ドルの支持線の30ドルまで下がったが、そこから3カ月にわたってトレンドチャネルのなかで上昇し、2月には37ドルの高値を付けた。次の下落によってそれまでのトレンドは破られ、この下げ局面の底で出来高は増加した。チャート全体を見ると、株価がトレンドチャネルに接して反転するところでは出来高が常に増加している。また下降トレンドにおける反発局面では直近の安値近辺では出来高が止まり、一方、上昇トレンドの押し目では直近の高値水準で下げ止まる傾向がある。

そのようなポイントで出動すれば利益が得られるだろう。株価は2月までの中期的な上昇によって1946年の安値である約40ドルの抵抗線まで接近した。そして48ドルから30ドルまで下げた1946年の調整局面では、約37ドルで空売りのシグナルが出た（この目標値は1947年2月に達成された）。このとき空売りしていたら最初の下げ（3月1日までの週）の約33 1/4ドルで買い戻せる。34 1/2ドルで再び空売りすれば、3月15日までの週に約31 1/2ドルで買い戻せただろう。さらに3月22日の戻りの局面を約33ドルで空売りすれば4月19日までの週に30ドルで、その週に31ドルで再度空売りしたら5月24日以降の大底圏で買い戻すことができた。ここでは大商いと1日の反転が同時に出現しており、その後の空売りは危険であることを示唆している。ところでそれが上昇チャネルであっても、そこが限られた範囲の調整にすぎないと思われるようなときは、ほかに信頼できる理由がなければ買ってはならない。

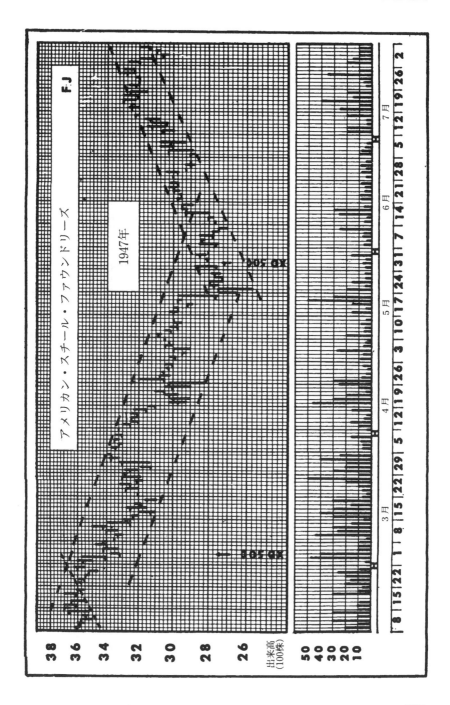

の天井水準は支持圏、天井水準は抵抗圏となることが多い。ヘッド・アンド・ショルダーズのネックラインは、そのときの状況に応じて支持圏・抵抗圏となる。対称三角形の頂点水準はその後の強力な支持線・抵抗線となる。ある水準や狭いレンジでの揉み合い水準は、株価が再びその領域に来たときに支持圏・抵抗圏として働く。

トレンドライン

　株価のトレンドに従う方法、つまり主要な高値と安値を結ぶトレンドライン（基本となるトレンドラインとリターンライン）を株価が強気・弱気に転じるポイントとして、または買いや空売りするときの仕掛け場として利用する方法についてはすでに検討した。残された問題は、すでに買い持ちや空売りしている株式がさえない動きをしながらも、形成されているパターンから放れるわけでもなく、かといって目先天井を上抜くわけではないようなときの対処法である。こうしたケースはそれほど頻繁に起こるわけではないが、実際に直面したときの判断はかなり難しい。例えば、上昇メジャートレンドで平行なトレンドチャネルのなかを不規則に上昇してきた株式を、長期にわたる上昇トレンドの確認という理由から次に押したところを買っていくとする。しかし、そうした押し目買いのあともその株価が続落したとしよう。つまり、はっきりしたストップオーダーの基点となるような上昇や保ち合い圏、または調整局面もなく、株価は数日間か、数週間も下げ続けたとする。その下落途上でもその前の上昇局面でも何のシグナルも現れなかったので、前回の上昇局面の天井圏から推測した値幅のところにストップオーダーを入れた。しかし、実際の株価がその水準まで下げたら大きな損失を被ることになる。

　このようなときは、トレンドチャネルのなかで長期にわたる上昇を支えてきたトレンドラインを調べる必要がある。基本となるトレンド

ラインと接するところは株価が下落したときの目先底となる。したがって、はっきりした基点が確認できないときのストップオーダーは、株価が決定的に上昇し始めた直近の出発点、つまり安値を結んだトレンドラインの水準から算出した一定値幅だけ下方のところに入れる。もしも株価がトレンドラインを下抜いて安値引けしても、ストップオーダーの水準までは下げなかったときは、その近辺にプログレッシブストップを入れる（**編者注**　こうしたケースはポジションの積み増しや増し玉といった特定の局面だけに限られる。重要なことは、それまでのメジャートレンドやブレイクアウトの方向につくことである。現在ではパソコンでほぼすべての株式の動きをフォローし、ブレイクアウトした株式のアラートを出すようにシステムに指示してそれらの銘柄に飛び乗る投資家もいるが、そうしたことはあまりお勧めできない）

　この売買ルールを逆にすれば、弱気相場の同じような状況にも適用できる。そうしたときの空売りのストップオーダーは、株価が主要な高値を結んだトレンドラインに接したあとに下落した水準から一定幅だけ上方のところに入れる。一方、中期トレンドラインが不規則になったり、または方向を変えたときは、メジャートレンドが徐々に転換していることを示唆している。

第34章

トレード戦術の要約
A Quick Summation of Tactical Methods

　株式売買の戦術は、①新規の仕掛け、②予想どおりに展開して評価
益が出たポジションを手仕舞って利益を確定する、③予想どおりに進
まなかったポジションを損切りする――の３つの大別される。トレン
ド、支持圏・抵抗圏、各種チャートパターンによる値幅測定、出来高
の推移などのテクニカル指標によって利益を確定する方法については
すでに述べた。チャート上に現れたパターンが一般的な売買ルールど
おりに、そして予想した方向に進んでいるかぎり、利益を確定する方
法に特に難しい問題は生じない。評価益の出ているポジションの手仕
舞いポイントを決定するのは簡単である。難しいのは新規の仕掛けを
正しく行うこと、評価損の出ているポジションをできるだけ少ない損
失にとどめて手仕舞う防御的な手法である。

　強気の動きをやめたとして売却した株式がその後に上昇したからと
いって、必ず空売りしなければならない理由はない。株価がそれまで
のトレンドから幾分外れたり、またはまったく別の方向に向かうよう
なシグナルが現れても、それが直ちにそれまでとは反対のトレンドを
前提とした取引に転換せよというシグナルになるわけではない。例え
ば、対称三角形や長方形からそれまでのトレンドとは反対の方向に株
価が向かうようなときは、これまでの取引から新しい方向に向けた取
引に転換せよというひとつのシグナルであろう。しかし、ヘッド・ア

ンド・ショルダーズやその他の反転パターンが未完成に終わり、株価が以前の目先底の水準を下抜いてトレンドラインから外れたとしても、それは評価損の出ているポジションを手仕舞う理由にはなっても、新しい方向に向けた新規の仕掛けを正当化するものではない。以下は株価のシグナルに応じた対処法をまとめたものである。

次のようなときはポジションを手仕舞う

1. 株価がヘッド・アンド・ショルダーズからそれまでとは反対方向に放れた。
2. 株価が対称三角形からそれまでとは反対方向に放れた。
3. 株価が長方形からそれまでとは反対方向に放れた。
4. それまでとは反対方向に新しい目先底や天井が形成された。
5. 株価がダイヤモンドからそれまでとは反対方向に放れた。
6. 株価がウエッジからそれまでとは反対方向に放れた。
7. 大商いやギャップを伴って1日の反転パターンが出現した。
8. 株価がフラッグやペナントからそれまでとは反対方向に放れた。
9. 株価が支持圏・抵抗圏からそれまでとは反対方向に放れた。
10. それまでとは反対方向にブレイクアウエーギャップが形成された。
11. 株価がそれまでと同じ方向に動いたあとアイランドが形成された。
12. 特定のパターンやその他の有効なシグナルは現れないが、株価が基本となるトレンドラインを突破した。

　（注　終値でそのパターンを突破しなければ、真のブレイクアウトとはならない。支持圏、トレンドライン、各種チャートパターンからそれまでとは反対方向に終値で3％以上放れることが有効なシグナルである。ポジションを手仕舞うときは、前日の終値よりも上下1/8ドルのところに入れたプログレッシブストップを使う）

新規に仕掛けるとき

1. 株価がダウ平均のメジャートレンドと一致している。株価がダウ平均のメジャートレンドと一致していないときは、全体のリスクを小さくするため投資額を制限する。

2. 株価がヘッド・アンド・ショルダーズから放れた。

3. 株価が対称三角形のスタート地点から頂点までの距離の3分の2以内のところで放れた。

4. 株価が直角三角形から放れた。

5. 株価が長方形から放れた、または（できれば）そこが第六番目の反転ポイントだった。

6. 株価が拡大型の天井から放れた。

7. 株価がダブルトップ（またはダブルボトム）やトリプルトップ（またはトリプルボトム）から放れた（株価が同トップの谷の水準を下抜いた、または同ボトムの山の水準を上抜いた）。

8. 株価がウエッジから放れた（できれば、スタート地点から頂点までの距離の最後の3分の1以内で放れた）。

9. （できれば）そのパターンで十分な調整を経たあとにフラッグやペナントが形成された（ただし、出来高やその他のシグナルがそれをはっきりと確認していることが条件となる）。

10. 株価がはっきりした支持圏・抵抗圏から決定的に放れた。

11. （できれば）ブレイクアウエーギャップが形成された。

12. かなり大きく動いたあと、はっきりしたアイランドが形成された。

13. トレンドラインとリターンライン（アウトライン）が同じ方向を向いているとき、株価がトレンドラインと接したか、それを突破した（この場合のトレンドラインとは、強気相場では上方の青のトレンドライン、弱気相場では下方の赤のトレンドラインを指す）。

（注　株価がそのパターンから放れた、またはある水準を突破した

というのは終値による３％以上のブレイクで、それと同時に出来高の条件も満たさなければならない。「できれば」と書いた新規の仕掛けは長方形、ウエッジ、フラッグ、ペナントなどのパターンのときに適用されるが、そうしたときは特に注意が必要である。またブレイクアウエーギャップであると判断するのは極めて難しく、このギャップを取引条件に含めるのはあまりお勧めできない。しかし、最近では通信技術、コンピューター、インターネットなどの発展によって、こうしたこともマギーの時代のときほど難しくなくなった。すべての仕掛けではそれと同時にストップオーダーを入れるが、それを移す条件が整ったときは常に有利な方向に移動していく）

第35章

テクニカルな売買が株価の動きに及ぼす影響
Effect of Technical Trading on Market Action

　トレーダー（短期投資家）がさまざまな売買手法やシステムを研究していることが、株価のパターンやトレンドを作り出す一因になっているのではないか。換言すると、テクニカルな売買手法が人為的なマーケットを形成し、株価の動きとは単にそのようなマーケットの動きがそのまま反映されたものではないのかといったことがよく問題になる。しかし、これは真実ではないだろう。今日われわれがチャート上に見つけるパターンは昔からあるものと同じである。つまり、株式市場の動きをチャート化するテクニックがまだ存在しなかったずっと以前から、マーケットは同じようなパターンを描いて変動していたのである。信用取引の条件の変更、株価操作の規制などによる昔と今のマーケットの動きの違いについては第1部でも言及したが、もしもマーケットの習性に何らかの変化があったとしてもその程度は極めて限定的なもので、基本的な性質にまで及ぶものではない。

　マーケットは大きく、個人や企業にとっても、または企業の連合にとっても投機の場としてコントロールするにはあまりにも大きすぎる。株式市場における取引はまったく自由であり、そこでは多くの買い手と売り手の願望や恐怖が集約されているという意味では非常に民主的である。すべての投資家が短期取引を行っているわけではなく、長期の投資家もいれば、実業家や会社の従業員もいる。株式を所有するた

めに買う人もいれば、数年後に売却するために株式を買う人もあり、マーケットにはあらゆる階層と種類の買い手と売り手が存在する。

　短期取引をするすべてのトレーダーが、必ずしもテクニカルアナリストというわけではない。短期的なファンダメンタルズに基づいて取引する人もいれば、自分の相場観、予想、星占い、その企業に対する個人的な知識に基づいて売買する人もいる。これらの人々はすべて競争市場のプレーヤーであり、あなたの手法とは異なる売買手法を使っており、彼らのほうが正しくてあなたが間違っていることも珍しくない。

　テクニカルな分析のためのさまざまなツール、すなわちダウ理論、ポイント・アンド・フィギュア、オシレーター、スケールオーダー・システム（事前に決めたプランに従って買い下がったり、売り上がったりする手法）、月足・週足・日足チャートなどを使用しているテクニカルアナリストは少数派である。株式市場の記録だけに基づいて冷静な状況分析を試みることは、多くの投資家にとってそれほど人気があるわけではない。テクニカル分析は立会場の興奮や各個人の好み、特別配当などのうわさ、新特許の情報、四半期決算報告の好材料などはすべて無視する。しかし、このようなうわさや事実、統計値などが人々に影響を及ぼして株式を買わせたり、売らせたりする。チャートによく見られるパターンを作り上げるのも投資家の行動である。しかし、皆さんが興味を示すのは投資家の行動による結果だけであろう。

　投資家の習慣や評価法は心に深く根ざし、同じような出来事は同じような感情の反応を生み、したがって同じようなマーケットの動きを引き起こす。このような人間の心理に基づく反応は常に不変である。「人間の性質を変えることはできない」とまでは言えなくても、これまでの人生に基づく知覚的な習慣を変えることはかなり困難である。オーソドックスな投資家のほうがテクニカルアナリストよりも圧倒的に多数に上るので、テクニカルな売買は自由なマーケットの動きには

ほとんど、もしくはまったく影響を及ぼしていないとわれわれは確信
を持って断言できる。

　編者注　マギーのこの考えは現在でも真実である。現在の株式市場
でプロの投資家は、ほかの投資家や売買手法が成功しているものを研
究し、自分の利益にとって不利になるそうした手法を阻止しようとし
ている。例えば、ローカルズやプロと呼ばれる人々はダマシの動きを
作り出すために、揉み合い圏の少し上方に出されているストップオー
ダーの裏をかこうとしている。トレンドや強気の落とし穴などを作り
出そうという試みである。一方、先物市場などではシステムトレーダ
ーが急増した結果、これらのトレーダー全体にとって不利な状況が生
まれているという。以上の話からくみ取れる教訓は、一般のトレーダ
ーや投資家はマーケットのリズムの変調やダマシの動きには十分に注
意すべきであるということである。チャート分析を数量化することは
できず、またチャート上に現れた投資家の行動を隠すことはできない。
さらに自分の利益を守るために裏切りや悪意ある行動などによって人
間の性質を変えようとしても、それは不可能である。

第36章

自動化されたトレンドライン——移動平均

Automated Trendline:The Moving Average

　1941年当時のわれわれはまだ空想的な無知のなかにあり、株式チャートを一生懸命研究して賢明なトレーダーになれば、株式市場のすべての問題を解決できるほぼ完璧で無敵の売買手法やトレーディングシステムを作り出せると思っていた。そうなれば残りの人生でなすべきことは、ナッソーやスイスなどゆったりとした生活をエンジョイできるところから、ブローカーに定期的に売買注文を入れるだけというはずだった。それから今日まで、われわれは多くのことを学習した（と思う）。なかでも特に大きな収穫は、してはならないことを学んだことである。その結果、同じ間違いを何回も繰り返すことはなくなり、株式投資のパフォーマンスは著しく向上した。またわれわれは（21世紀の今でも）完璧で無敵の売買手法やトレーディングシステムは存在しないし、最も有効で信頼できる株価予測法も単に確率だけに関するもので、ダマシの動きなどを避けることはできないと分かった。

　多くの投資家が最初に使用し、また最も有効なツールのひとつはトレンドラインであろう。株価のトレンドが上昇・下降か、横ばいのいずれであっても、そのメジャートレンドはしばらく継続する傾向があるからだ。すべてのトレンドはいつかは破られるが、はっきりと形成されたトレンドはすぐに反転することはほとんどなく、かなりの期間にわたって継続する。しかし、いろいろなマーケットの研究によれば、

※移動平均については『投資苑』（パンローリング）を参照。

そうした単純なトレンドラインがあまり有効ではない局面と状況も少なくない。特にトレンドラインを引く基点となるポイントを決めるのが難しいため、それに取って代わる効果的でメカニカルなトレンドの判断法が何かないだろうかとわれわれは考えていた。1941年当時、われわれはそのひとつの方法を発見して大喜びしたものだ（もっとも、ほかの人々はすでにそれを知っていたかもしれない）。その方法とは一定の数日間、数週間や数カ月間の株価データを合計・平均化したいわば「自動化されたトレンドライン」ともいうべきもので、その期間は過去30日、200日や12カ月などどのように決めてもよい。これはほとんど完璧そうに見えた。この移動平均は確かに魅力的なツールであり、変動の大きい市場における不規則な株価の動きをひとつのトレンドにまとめたり、また季節的な株価変動など規則的なサイクルの動きを滑らかにして長期のトレンドに変えるという意味では極めて価値あるものである。

　移動平均の大きな問題は、そのデータが完全に過去のものであるという点である（われわれは長い試行錯誤の末にようやくこのことが分かった）。その長期サイクルのカーブが滑らかになればなるほど、直近の重要なトレンドの変化を反映しなくなる。つまり、移動平均の最も大きな欠点は、例えば6カ月や1年などの期間が長くなるほどその曲線の有効性が歪められ、現在の重要な株価の変化を隠してしまうといういわば「主客転倒」になることである。われわれは移動平均の有効性を否定するものではないが、こうした限界も十分に念頭に置いて賢明に利用すべきである。

　以上、移動平均の注意点について述べてきたが、ここでその特徴や作成法について少し説明しよう。移動平均は単純平均、加重平均、指数平滑平均などに大別されるが、われわれの長年の経験によれば、ほかの複雑な移動平均よりは単純移動平均が使いやすく、ほかの移動平均はコンピューターによる利用に適しているだろう。こうした理由か

ら、以下では単純移動平均について話を進める。最も一般的な移動平均は50日と200日の移動平均である。移動平均の感応度を高くするには、その期間を10〜20日などに短縮すればよい。例えば、5日（または10日、50日、200日など）の移動平均を算出するには、過去5日の株価を合計してそれを5で割る。次に新しい株価を加えたら最初の日の株価を差し引き、この作業を毎日繰り返していく（それ以外の期間についてもまったく同じ）。

移動平均の感応度

移動平均の期間が短くなればなるほど、その感応度は高くなる。例えば、5日移動平均は10日移動平均よりも敏感である。もっとも、短期移動平均の欠点はダマシのシグナルが多くなることである。このため、短期の移動平均は商品先物取引に適しており、そこでは30分、3日や6日移動平均なども使われている。短期と長期の2本の移動平均を使えば、それらに挟まれたチャネルの高値・安値を株式取引に利用できる。

移動平均のクロスオーバーとブレイク

2本の移動平均のクロスオーバー（交差）と株価によるそのブレイクの方向から、買いシグナルや売りシグナルを特定できる。以下はその一般的な売買ルールである。

1．上昇トレンドの買い持ち株は、株価が移動平均の上方にあるかぎり保有する。

　　a．株価が移動平均線を下から上へ突破すれば買いシグナルとなる。

　　b．200日移動平均の上方にある株価が急落して移動平均線に接近したが、それを下へ突破しなかったときは買いシグナルとなる。

　ｃ．株価は移動平均の下方にあるが、移動平均線が上向きであると
　　　きは買いシグナルとなる。

　ｄ．株価が急落して下向きの移動平均線を大きく下へ突破したとき
　　　は、移動平均線までの短期の急反発が予想されるが、その後の
　　　株価はちゃぶつく可能性がある。

2．下降トレンドで空売りポジションがあるとき、株価が移動平均の
下方にあるかぎりそのまま保有する。株価が底を付けて反転上昇し、
移動平均線を下から上へ突破したときは買いシグナルとなる。

　ａ．株価が移動平均の上方にあるが、移動平均線が下向きのときは
　　　売りシグナルとなる。

　ｂ．移動平均の下方にある株価が移動平均線まで上昇したが、それ
　　　を上へ突破せずに下落したときは売りシグナルとなる。

　ｃ．株価が上向きの移動平均線を急激に上へ突破したときは、短期
　　　的な急反落が予想され、それから株価はちゃぶつく可能性があ
　　　る。

　ｄ．ときに株価がトレンドラインと移動平均線の両方をブレイクす
　　　ることもあるが、そのときの方向によって買いシグナルか、売
　　　りシグナルとなる。

3．ほぽ水平か、横ばいを続ける株価の動きが２本の移動平均線に挟
まれたレンジと比較して大きいときは、移動平均が横ばいを続けるか
ぎり、株価はその近辺で変動するだろう。

4．特に中期トレンドの初期の段階で株価が２本の移動平均線のレン
ジから突き抜けるとき、また調整局面の初期などでもブレイクアウエ
ーギャップが現れることが多い。

　トレーディングレンジは移動平均の落とし穴である。そうしたとき
の移動平均線はその領域の中心を上下に変動し、買いシグナルと売り
シグナルが頻繁に出る。そうした保ち合い圏での移動平均は、株価が

　どちらの方向に放れてトレンドの継続か、反転になるのか予想がつか
ないので、トレーダーにとっては大きな悩みとなる。

　（対称・下降・上昇）三角形の保ち合いパターンにおける移動平均
線は、そのほぼ真ん中を突き抜けるように進むだろう。経験豊富なテ
クニカルアナリストであれば、その後の移動平均がどちらに向かうの
かをある程度予想できるかもしれない。株価が三角形の頂点まで押し
込まれたあとで上下いずれかの方向に放れて移動平均線をブレイクす
れば、それは三角形の保ち合いパターンにおける最も重要な動きとな
る。そのときは同時にトレンドラインもブレイクするだろう。

　株価の動きをベースとしたこのような移動平均とは、トレンドライ
ンに類似したトレンドフォロー指標である。しかし、テクニカル分析
全体から見ると補足的なツールであることを忘れてはならない。**図
227**は150日移動平均のチャートの一例である。

図227　破線は150日移動平均線。（レーガン元大統領が国家の債務を３倍に増やした）1980年代の時期には、この150日移動平均によるトレード（株価が移動平均線を下から上に抜いたときに買い、上から下に抜いたときに売る）はダウ理論に基づく売買と売買とほぼ同じようにかなり有効だった。しかしその後、この手法の有効性は失われた。

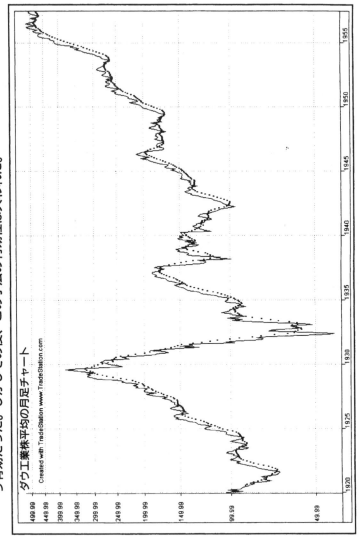

ダウ工業株平均の月足チャート

Created with TradeStation www.TradeStation.com

第37章
「よくあるパターン」
"The Same Old Patterns"

　初心者にとって株式市場というものは、おそらく最初の宇宙飛行士が火星に着陸して初めてその光景を見たときに感じるように、脅威と神秘に満ちたものに思えるだろう。そこには聞いたこともない騒音、何とも説明できないような大変動、不気味な動きなどが満ちている。無名の企業が突然に大きな借金と赤字の苦境から脱して、その株式が暴騰することもある。その反対に、安定した経済基盤の確立した馴染みの企業の株価が、無気力にジリジリと下げることもある。すべてが平穏で安全だと思われた株式が、突然に世間をびっくりさせるような暴落を演じることも珍しくない。

　株式投資の初心者はそうした異常で不安に見えるマーケットの動きも、実は単に何百万人という投資家の評価を映した通常の値動きと調整にすぎないということが分からないので、恐怖と不安を感じ、決断を鈍らせるのである。彼らは一人であちこちと歩き回ったり、電話をかけまくったり、企業の決算報告を詳しく調べたり、友人と連絡を取り合ったりして、互いに矛盾するような雑多な情報をかき集める。そして最後にはそのうち正しい答えが出るだろうといった希望的観測の下に、行き当たりばったりのことをしてしまう。何年間も株式市場と付き合っているにもかかわらず、平静で自信のあるアプローチが今でもできない人がいる。

　しかし、株価のトレンドの基本的な性質を学ぶことは可能である。ある状況ではどのようなことが起こるのかについても、ある程度までは予測できる。また予想外のことが起こったとしても、そのような状況にうまく対処することも可能である。もう一度繰り返すが、予想外の事態や正確に予測できなかった出来事に対しても、うまく対処することはできるのである。これを別の表現で言うと、ときに間違うことがあっても平均的な結果を良くすることは可能である。そのためには、そのような状況では一般に何が起こるのか、予想外の事態はどれくらいの頻度で発生するのか、そうした事態に対してどのように対処するのかを知るための十分な経験を積む必要がある。こうしたことは宇宙飛行士、化学者、医者、またはわれわれが日常的に直面していることとほとんど同じである。株式市場を長期にわたって注意深く観察してきた人々は、そうした予想外の事態は初心者が考えているほどそう頻繁には起こらないことを知っている。

　本書に掲載したチャートの多くは、1947年の第1版で使用したものと同じである。このうちの一部は1928〜29年のチャートであり、残りは1930〜40年代のものである（さらに1990〜2000年のチャートも掲載した）。時代がどのように変化しても、株式のトレンドや反転局面では同じような動きが繰り返されているのが分かるだろう。こうした類似のパターン、トレンド、支持圏・抵抗圏などが何度も現れることはすでに見たとおりである。こうしたパターンはどの株式のチャートにも見られる。その期間はいつでもよいし、普通の動きをしている株式であればどの銘柄でもよい。そして、どの証券取引所や市場で取引されていようとも、そんなことはまったくかまわない。こうしたことを具体的に例示するため、1947年から1966年までの典型的なチャートを多数掲載した（注　この第8版には20〜21世紀のチャートも載せた）。こうしたチャートはこの10倍でも掲載することができる。これまで検討してきたほぼすべてのチャートパターンは、現在でも繰り返し現れ

ているからである。

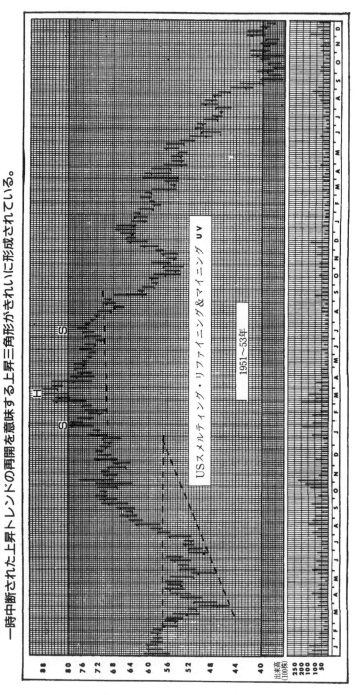

図228　1952年の大きなヘッド・アンド・ショルダーズ・トップのこの株は1950年に33ドルの大底を付けたあと、この図に示されているほぼ88ドルの大天井まで上昇したが、それ以降は37ドルまで下落した。左肩では典型的な大商いができており、ヘッドのところの出来高は理想的なパターンよりも幾分か多く、右肩の少ない出来高は明らかな薯告である。8月最後の週のネックラインまでの戻り、11～12月の調整的な戻り局面にも注目。この図の左側の1951年には、一時中断された上昇トレンドの再開を意味する上昇三角形がきれいに形成されている。

USスメルティング・リファイニング＆マイニング UV

1951～53年

出来高
(100株)

図229　下降トレンドでは上昇トレンドのように、整然としたきれいなトレンド
　　　　ラインを描くことはめったにない。しかし、でこぼこした不規則な戻り
　　　　とむらのある出来高を伴った動きにもかかわらず、基本的な原則は上昇
　　　　トレンドの場合と同じである。この株もこの6カ月間の戻りの局面で直
　　　　近の高値を抜くことはなかった。このようなはっきりした下降トレンド
　　　　は、株価と出来高のパターンに明確な変化が現れるまで継続すると考え
　　　　るべきである。株価が歴史的な節目である52ドルの水準を下抜いた日の
　　　　出来高とその後の動きに注目。

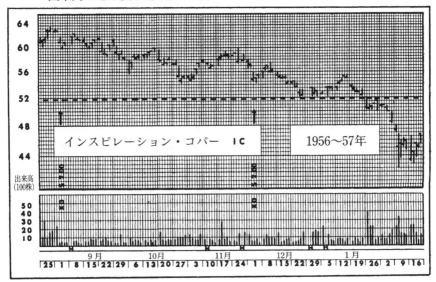

図230　グラニット・シティー・スチールの上昇メジャートレンドの一部。このような局面でよく見られる支持線・抵抗線が多数現れている。8～9月の6週間では47ドルを上限（3回接した）、44ドルを下限とする長方形が形成された。多くの長方形がこれに続むについて徐々に減少していった。この図の出来高も7月19日の出発点では大量に上り、パターンの形成が進むにつれて徐々に減少していった。8月29日の上放れのときは大商いになった。この上放れのあとで、出来高を急減させながら典型的な上昇フラッグに似た下落局面が見られた。この深い押しで株価は長方形の上限水準を一時下抜いたが、この動きは決定的なものでも、また特別に意味のあるものでもなく、実際に株価は長方形の下限を下抜くことはなかった。株価が以前の高値に達した10月15日の出来高、新高値は長方形の下で押した。このチャートでは52ドルの水準が5回にわたって支持線・抵抗線として動いている。11月14日の出来高に注目。その後株価は下落して出来高を減少させながら、9月の高値水準まで押した。上昇局面では2回の抵抗線、10月に新高値を付けたあとは3回の支持線として機能している。

次の上昇でもほぼ同じ足取りをたどり、約57ドルが支持線・抵抗線となっている。クリティカルな水準への接近、押し、新高値をとる動き（12月半ば）、そして57ドルの支持線までのドげないどに注目。こうした上昇局面ではメジャートレンドの通常の動きを変更させるような大きなニュースが入らないかぎり、メジャートレンドに沿った短期的な上げ下げの動きが繰り返される。マーケットやニュースのなかにその企業に大さな影響を及ぼす重要な変化が現れたときは、長期の保ち合い局面や調整的な下落があるかもしれない。しかし、メジャートレンドには継続性があるので、早まってメジャートレンドの転換を予想してはならない。

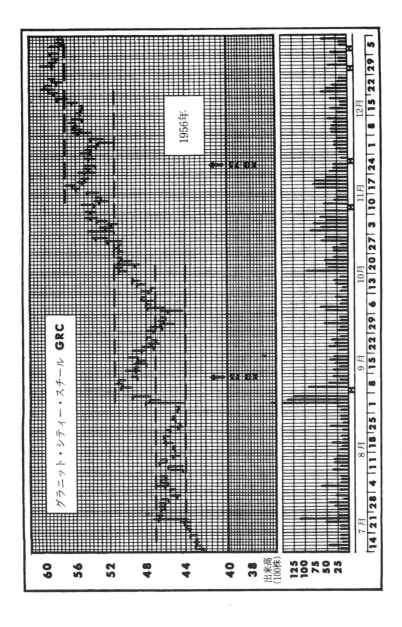

グラニット・シティー・スチール GRC

1956年

図231　前図のグラニット・シティー・スチールが上昇トレンドをたどっていた
ちょうど同じ時期に、メソナイトは逆の方向に向かって動いていた。メ
ソナイトの1956年後半のような動きをしている株式にトレンドの転換を
期待することは、株式の習性についてかなり楽観的でな、また無知でな
ければできるものではない。もっとも、下降トレンドが始まったときに
空売りしていたのであれば、それは当然のことながらそのように考える
理由があったのである。

この図はグラニット・シティーのチャートと正反対の形になってい
る。反発したときの目先の天井が直近の高値を上抜けない一連の流れに
加えて、数多くの主要な安値を結ぶアウトラインを引くことができるが、
そうしたことは下降トレンドではやや珍しいケースである。戻りが一連
の支持線でもあり、また抵抗線でもある前の安値水準で上げ止まってい
る。このような動きは44ドル、41ドル、38ドル、そして36ドルの水準で見
られる。

12月後半に株価が上昇してトレンドラインを上抜いても反転の確認とは
ならない。このような下降トレンドのあとに一時的なトレンドラインが
上抜かれても、それはおそらく調整的な戻りにすぎないだろう。それが
重要な意味を持つ動きであれば、必ずある程度の出来高を伴っていなけ
ればならない、ここではその条件をまったく満たしていない。この株
を買えるほど強気になるには、何らかの反転パターンが現れなければな
らない。約40ドルでの弱々しい上昇局面では、むしろそこをさらに空売
りしたほうが正解であることを示唆している。

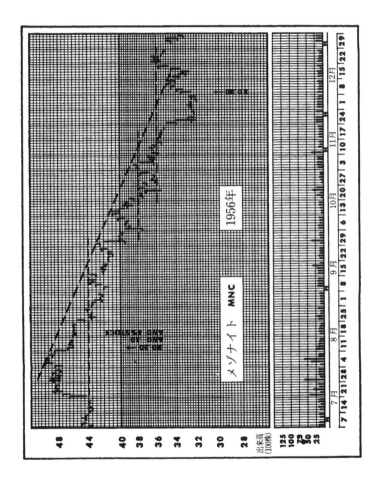

図232　「そのテクニカルパターンやブレイクアウトの有効性をどの
　　　　ようにして見分けるのか」といった質問がよく寄せられる。
　　　　多くの場合、そしてほとんどの上昇パターンでは、その決定
　　　　的な答えは出来高が語ってくれる。出来高の確認はこのチャ
　　　　ートのようにいつもはっきりと表れるわけではないが、この
　　　　図は上昇トレンドに向けた典型的なブレイクアウトの好例で
　　　　ある。長方形を形成しているときの出来高は全体に少なく、
　　　　そこには5つの目先天井と底がはっきりと確認できる。
　　　　株価が長方形の上限に向かって上昇し、その水準で引けた11
　　　　月4日の出来高は急増した。翌日の終値はこの上限を上抜き、
　　　　出来高も引き続き増加しているため、ここからの動きは明ら
　　　　かに上昇局面である。保ち合い圏から上放れたあとはどこで
　　　　も反転のシグナルは出ておらず、3月には25 1/2ドルの天井
　　　　を付けた。これは株価が長方形から力強く上放れた動きの好
　　　　例である。普通は図230のグラニット・シティー・スチール
　　　　のような一連の目先反転の動きが見られるものである。もっ
　　　　とも、そのような押しがあっても、それがこの強気パターン
　　　　を弱めることにはならない。

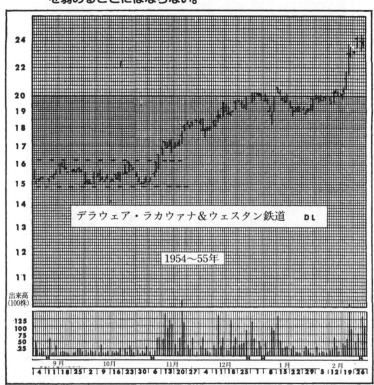

デラウェア・ラカウァナ&ウェスタン鉄道　DL

1954～55年

図233　このチャートは前図232の状況と幾分似ているが、そのパターンは少し複雑である。問題は株価が10月末に長方形の下限を下抜いたときに、この株を売却すべきか、保有し続けるべきかということである。そのときの出来高に重要な変化は見られなかったが、終値が長方形の下限を３％割り込んだ日が１日だけあった。ここでこの株を手仕舞ったかもしれず、さらには空売りしたかもしれない。空売りするとすれば11月４〜５日の出来高と株価の動き、その後に少し下げたときの出来高と株価に注目すべきである。そのあと株価が上昇した日の出来高は次第に増加し、それに続く１週半にわたって小さな保ち合い圏が現れ、上昇日には出来高も多くなっている。少なくとも12月第１週半ばまでには、トレンド転換を示唆するシグナルを見て空売りポジションを手仕舞うべきである。このような反転は悲しむことではないし、またがっかりする必要もない。すぐに落胆するような投資家は失敗した空売りのわずかな損失にこだわるあまり、強力な陽転のシグナルが出たあとも、ドテンして買い方に転じるチャンスを物にすることはできない。この株は1955年３月には26 3/4ドルを付けた。

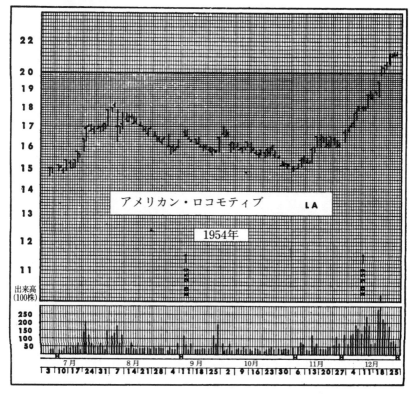

図234　一般に底の完成には天井の完成よりも長い時間がかかる。この
ことを説明するために、ここに1年半にわたるファンスチール
の週足チャートを示した。左側のパターンは1953～54年に形成
された約21ドルの底値圏から上昇したあとにできた保ち合いパ
ターンである。この上昇三角形の上限は1953年4月の天井とほ
ぼ一致する。もちろん、1955年初めにこの三角形が形成され始
めたときは、このように2つの高値が同じになるとは予想でき
なかった。特に2月の高値がその後の水平に並んだ高値よりも
少し上にあったからである。
株価は32 1/2ドル近くまで上昇するたびに出来高が細って下落
しているが、その安値は次第に切り上がって一連の下限を形成
していることが、最初に上放れるまでの7カ月間に次第にはっ
きりしてきた。株価は9月第1週にこの保ち合い圏から大きく上
放れ、ここからの上昇と下落は上昇メジャートレンドの典型的
な形になっている。11月にブレイクアウエーギャップができた
こと、12～2月の下落のときに出来高が細っていることに注目。

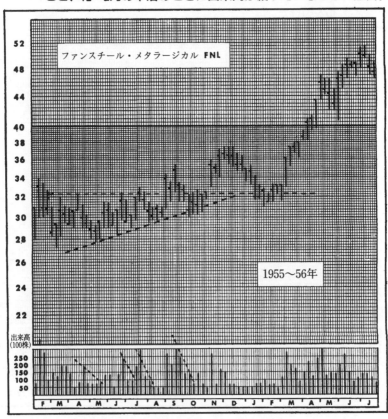

図235　この日足チャートには、下降三角形とその後の典型的なパター
ンが現れている。株価は2つの天井を挟んで水平線まで押しな
がら、少ない出来高で次第に一連の高値を切り下げている。1
月25日には大商いを伴って重要な支持線が下抜かれている。そ
の勢いはそれほど際立ったものではないが、このときまでの弱
気の動きから判断すれば、ここではやはり売るべきである。下
降三角形そのものが弱気のパターンであるからだ。この下放れ
のあとに大きな戻りはなかった。支持線を下抜いたあとに大幅
な戻りは期待できず、株価が保ち合い圏をはみ出して引けたと
きは（ここでは配当落ちを修正した三角形の外側で引けた）、
直ちに持ち株を売却するか、またはすぐにストップオーダーを
入れるべきである。1月末に株価がきりもみ状に下げたとき、
出来高が急増していることに注目。もっとも、大商いは必ずし
も急激な下降の特徴ではなく、たとえそうであってもその動き
の重大さを強調するにすぎない。
　ところで、テキストロン株の1月末の安値は絶好の買い場であ
るのか。「この株はこれ以上は下げないだろう」、または「現在
の株価は実体価値よりも安い」という理由でこの株式を買える
だろうか。その後にテクニカル的に上昇する可能性は高いが、
どのくらい上げるのか。近い将来に20ドルの水準を超えられる
のか。この1957年1月末の局面を強気に見ることができるのだ
ろうか。

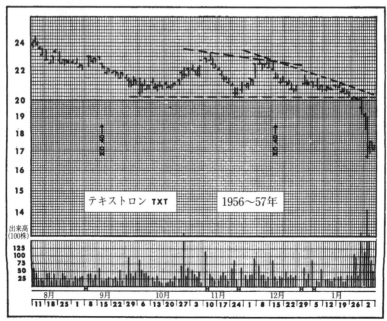

図236（左）　この株は1929年10月の株式大暴落のときもそれほど大きな影響は受けず、1930年3〜4月に新高値を付けた。

図237（中）　主力株のひとつであるクライスラーは、すでに株式大暴落の1年前の1928年に大天井を付け、1929年10月以前にすでにそれまでの上げ幅の60％を消していた。

図238（右）　イーグル・ピチャーにはまったく強気相場がなかった。1928年に申し訳程度の上昇をした以外は、一貫して下降トレンドをたどった。

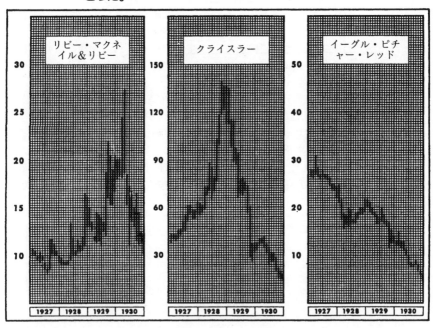

すべての株式が同じ動きをするわけではない

　多くの株式は市場のメジャートレンドと同じ方向に向かって動いているが、すべての株式が同時に、または同じ程度に動いているわけではない。平均株価の動きとはまったく独立してそれとは反対の方向に動いている株式もある。1920年代には株式ブームがあり、1929年10月にはその大恐慌が起こった。しかし、これだけでは話の半分にすぎず、これだけを強調すると大きな誤解を引き起こすだろう。個別株式の動きをフォローするテクニカルアナリストは取り返しのつかないような大損失から身を守るために、投資銘柄をバランスよく分散させる。

　事実、1924～35年にわれわれが追跡した676銘柄のうち、1929年8～10月に大天井をつけ、その後の10～11月に大暴落した株式はわずか184にすぎなかった。262銘柄は実際に1929年以前からすでに下降メジャートレンドにあり、そのほかの181銘柄はその年の1～9月に大天井を形成し、夏が終わるまでにすでに下落していた。一方、5銘柄は1929年を過ぎるまで下落に転じることはなく、44銘柄は1929年を過ぎても新高値を更新し続けた。**図236～図238**は、1927～30年にかなり異なったトレンドで動いた3つの株式のチャートである。

図239（左） 1956年末の平均株価は冷え切って地合いも弱かったが、ウエスト・インディーズはホタテ貝パターンから上放れて強気相場に入った。

図240（中） 1956年春になって平均株価は新高値圏に進んでいたが、WHはすでにその1年以上も前に大天井を付けて下降メジャートレンドに入っていた。

図241（右） この図は25年前のイーグル・ピチャーのチャート（図238）とよく似ている。クレスギはほかの一部のブルーチップと同様に、1953〜56年には全体的な強気相場とは逆の動きをしていた。

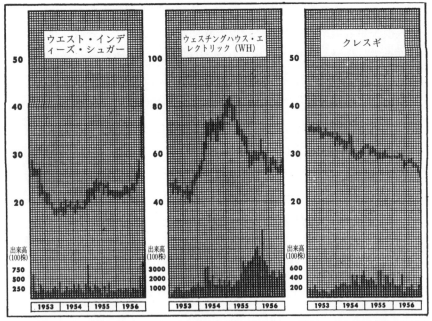

以上の6つのチャートは「グラフィック・ストックス」（F.W.スティーブス、ニューヨーク）から引用した。1927〜30年のチャートは1924〜35年の約700銘柄の動きをカバーした特別版から、そして1953〜56年のチャートは「グラフィックス・ストックス」の最新版から引用した。

図242　ノースロップが1954〜55年に形成したきれいな天井パターン。
1953年の6 1/4ドルの大底から始まったこの上昇トレンドは、
1955年1月に39 3/4ドルを付けて終わった。この下降三角形
では2月と3月の高値を付けたとき、かなりの大商いを記録し
ており、この形は典型的な反転パターンである。3月14日の
下放れのあとに保ち合い圏に戻ろうとする動きも見られたが、
そうした戻りもわずか2日間した続かなかった。下放れや下
降局面の出来高は、三角形のなかでの小幅な上昇のときほど
多くはない。また下降のときの出来高は、上昇のときほど多
くないことはすでに何回も指摘した。出来高は下降の第一段
階が終了するまでは増加しないが、短期的な動きが終了する
ときは（上昇・下降を問わず）、必ず大商いになる。続いて4
月半ばの反発局面ではフラッグが形成されたが、そこから測
定された下値目標値は1カ月後に達成された。それから1年半
にわたり、この株は31ドルまで上昇することはなかった。

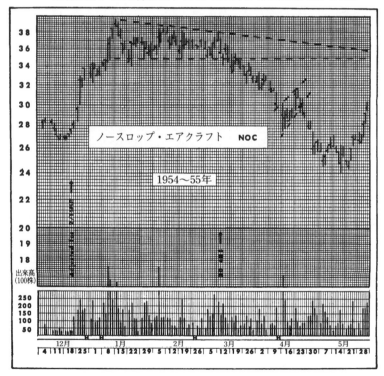

図243　1954〜55年のチャート（図242）を念頭に置きながら、次にノースロップの1956年後半〜1957年初めの動きを見てみよう。もちろん、問題は下降メジャートレンドがまだ続いているのか、それとも重要な反転が起こっているのかということである。いつものように注意しなければならないのは出来高である。8月14日の目先天井と8月24日の大商いに注目。9月中の出来高は減少したが、10月に新高値を付けたときは急増している。下降局面の出来高は低水準であるが、12月半ばに25 1/2ドルまで上昇したときは急増しており、この水準は上昇三角形を上抜く天井となった。12月10日の上放れの有効性については何の問題もない。というのは、続く2週間の下落のとき出来高が減少したことによってこの上放れが確認されたからである。そして2月初めに新高値を付けたとき、出来高は再び急増している。

ノースロップはこのまま上昇を続けて、31ドルの関門を抜くことができるのだろうか。これを書いている現時点（1957年）では分からない。しかし、読者の皆さんはこの株が2月も上昇トレンドを続け、何か大きな変化が起こるまでは上昇を続けるにちがいないと思うだろう。もしも株価が30〜31ドルの水準まで上昇するのであれば、おそらくその前に保ち合いパターンが形成されるだろう。なお参考までに付記しておくと、この期間中にほかの多くの航空株は下落していた。

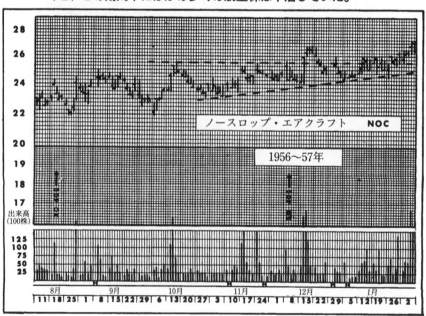

図244

シカゴ・ミルウォーキーの1954〜55年の上昇局面は、強気相場における投資術の格好の研究対象となる。よく見られるこのようなトレンドでは、「かなり儲かったので」という理由で15ドルで手仕舞うとか、または「17ドルは割高である」として早々と利食ってしまうかがいる。このチャートは理想的な上昇トレンドの途上には、持ち株を売却しなければならない理由は何もないという点で十分に研究する価値がある。この丸1年間の上昇の途上には、持ち株を売却しなければならない理由は何もないという点で十分に研究する価値がある。さらに長期投資のキャピタルゲインに対する税金面での有利性もけっして見逃すことはできない。パターンの8〜9月には保ち合いパターンとしてきれいな対称三角形が見られる。この三角形の出発点は大商いだったが、その後の反落では出来高も少なくなり、株価は強力な支持線となる三角形の頂点水準までピタリと止まっている。

これ以降の株価の動きを追ってみると、11月初めの上昇局面で大商いの日が2日あった。最初の日は直近の天井を上抜いた日であり、もう1日はこの上昇が終わった日だった。続く下落で株価は以前の天井水準まで下がった。12月の上昇では11月の天井水準を上抜いたときに大商いだった。この上昇が終わると出来高は再び少なくなった。その後の下落で出来高と株価は同じ水準の株価を繰り返している。その後は11月初めの天井水準の少ない下落で落ち着き、株価は12月初めの天井水準まで下げた。

1月になって株価は再び上放れた。その後の下落では、どこまで下げるのだろうか。もしもこの月の初めに形成された17ドルの3つの小さな目先天井が支持線になっているとすれば、それは意外なことだろうか。続く上昇で20ドルの水準が上放れ、上昇三角形が形成された。株価は2月末まで新高値を更新し続けた。それに続く下落で下落の支持水準を予想できるだろうか。その後にこつつめの上昇三角形が形成されたが（出来高は比較的少ない）、4月末に突然出来高が急増してこの三角形を上抜いた。次の下落で予想どおりに支持線である前の天井水準まで下がった。続いてもう1つの上昇三角形が形成され、その間に出来高はずっと減少していたが、6月8日に上放れたときにさは再び急増した。

多くの研究者が初めてこのチャートを見ると、「この上昇トレンドは6月21日に下放れた」と解釈するだろうが、実際にはこの日に上昇トレンドは破られていなかった。つまり、この日は1.5ドルの単なる配当落ちにすぎなかった。もしもこの配当落ちを修正して考えるならば、単に4〜5月の上昇三角形の天井である配当落ちまで株価を戻してみればよい。たまたまそれは市場の正常なメカニズムによって形成された強気パターンが丸1年にもわたって現れようとは思いもしなかった。このような一連の整然とした強気パターンが丸1年にもわたって現れようとは思いもしなかった。これは市場の正常なメカニズムによって形成されたものであり、数多くのトレーダーや投資家の判断、見方、恐怖、欲望、トレード戦術の巧みなメカニズムによって反映されている。しかし、このような長期にわたる完璧なメジャーな上昇局面に出合うことはめったにない。普通は途中、歪みや調整的な下落の局面が何回も現れるものである。

232

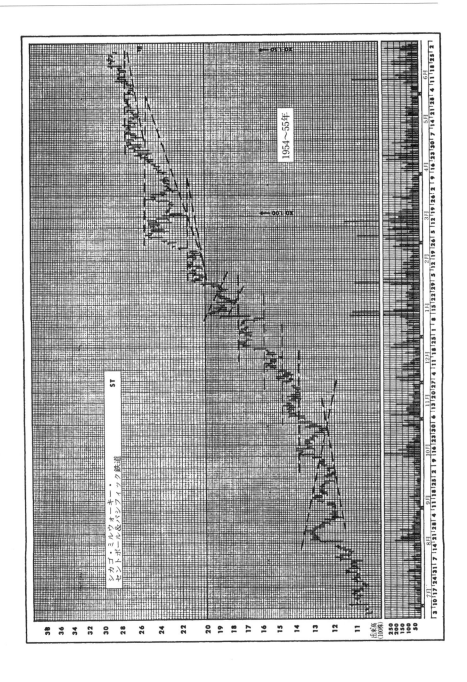

図245　これが弱気相場であることを理解するには透視力を必要とするのだろうか。この株式のチャートをずっとつけていたら、この図に示した期間よりもかなり前にこのトレンドは上昇ではなく下降であることが分かるだろう。自分の持ち株に惚れるのは、相場における最も大きな思い違いのひとつである。株価が下がればこれまでの配当利回りやPERは向上する。投資家は持ち株が暴落するとなぜ下がったのかなどについてはまったく考えずに、ナンピンで買い下がろうとする。そしてその企業の明るい見通し、新製品、革新的な経営などについて熱心に語る。その株式が実体価値以下になっていることを何とか証明したいのだろうか。彼らは目の前で進行している現実は真実ではないということを立証しようとしている。つまり、かなり弱そうに見える自分の持ち株は実際にはかなり強いのだということ、アメリカの大衆はこの株式を間違って評価していること、そして自分が正しいがゆえにチッカーテープに示された株価のほうが間違っていると主張する。しかし、マーケットの株価は民主的に決定されており、おそらく皆さんが見つけられるかぎりのすべての要因を反映した評価がなされている。このようにして決定された株価に意味がないわけはなく、現在では一部の仕手筋による市場操作もできなくなった。チャートには市場の総合的な評価が反映されている。WHは1956年11月に50 7/8ドルまで下げた。

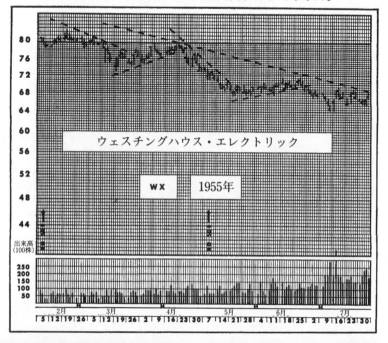

図246　テクニブラット用紙に描いた株式チャート。オーチス・エレベーターは配当落ちを考慮することなく、株価を下抜くことなく、株価は最終的に60%の上昇となっている。ほぼ横ばいの長い動きになっているこのチャートは、配当落ちを考慮しなければならないという好例である。最初の5カ月間にほぼ完璧な対称三角形が形成された。最初の重要なポイントは、5月半ばに三角形から下放れたところである。3月の62 1/2セントの配当を考慮しても、三角形の下限をわずかに下抜いてところでこの株式を売ったとしてもそれは仕方のないことであり、それほど大きな損失にははならないだろう。しかし、経験を積んだテクニカルアナリストであれば、そこの出来高が少ないことなどを考慮して、例えば60ドルの水準までしばらく待ったことだろう（図233のアメリカン・ロコモティブの幾分の似ているチャートを参照のこと）。もしもこの株を保有していたら、上昇局面における出来高の増加を見て、トレンドがまだ反転していないことを知るだろう。

二番目の重要なポイントは、9月末～10月初めのアイゼンハワー大統領の病気のときに現れた。しかし、7月と10月の2回の配当落ちを考慮すれば、10月の下げでも5月の底値を下抜いておらず、またこのときの出来高も比較的少なかった。この下げのところで持ち株を売却する理由は何もない。このあと株価は10～11月にできたアイランドから上放れ、それまでの長期にわたる保ち合い圏によって抑えられていた上昇メジャートレンドを再開し、1956年には（2対1の株式分割の調整済みで）100ドルを超える水準まで上昇した。

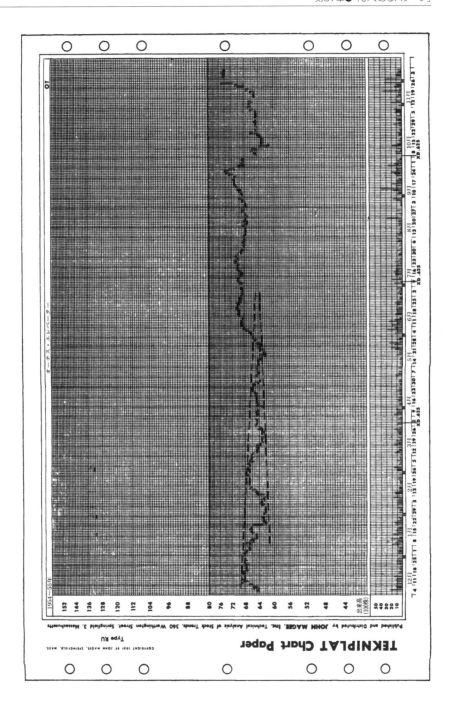

237

図247

1957年5〜8月に形成されたダウ工業株平均の拡大型の天井。拡大型天井は個別株式にはよく現れて一般には弱気のシグナルとなるが、ダウ平均にはこのときまで出現したことがなかった。1929年には2度にわたって拡大型にないりそうなパターンが現れたが、株価はそれまでの動きを続けて拡大型とはならなかった。結局、そのときのパターンは市場の動きがテクニカル的に弱気になっていたことを示したにすぎなかった。

一方、1957年のこのフォーメーションが拡大型の天井であることは明らかである。この形が形成されていた初期の段階で多人の何人かが、拡大型天井の可能性についてわれわれの注意を喚起した。そのなかにテキサス州フォートワースのチャールズ・E・カーデンがいた。彼はダウ理論の解説と『フォートワース・スター・テレグラム』の分析を行っていた。このチャートはカーデン氏の許可を得て複写したものである。

2月12日に底を付けたあとの最初の重要なポイントは、①と印した5月21日の当天井である。ここから5月28日の②までの押し目は、6月17日の③までの再上昇と同じくまったく通常の動きである。拡大型パターンの最初の兆候が現れたのは、6月24日にダウ平均が5月28日の安値を下回る④で引けたときである。その後株価は再び上昇し、①と③の高値を超えて7月12日には⑤の520.77ドルを付けた。これによって拡大型になることが明らかになり、軽が完成するには株価が④の安値を下回って引けるだけとなった。8月6日にダウ平均は④の安値を決定的に下抜き、拡大型天井の完成のシグナルとなった。もちろん、これはメジャーな弱気相場の開始を告げるものであるが、軽率に考えてはならないパターンでもある。既述したように、拡大型天井は激しく変動する相場、すなわちリーダーイング株やはっきりしたトレンドも存在しないマーケットを意味している。そして上昇したところでは大量の売りの抜けが行われたと推察できる。天井圏からの下放れがダマシになることはほとんどない。

ここでは個別株式ではなく平均株価について検討しているので、⑤の天井のあとで④の水準よりで引けば、そこからの下げ幅がどれほど小さくても有効な下放れになると考えられる。なぜならば、平均株価は個別株式より値動きが鈍く、シグナルが出た水準をわずかに下抜いても（ダウ理論のように）完全にブレイクアウトの条件を満たすと考えられるからである。大い波線のように最高値や最安値を結んでダウ型天井を描くこともできるが、われわれは細い波線の終値を使用した。これらも終値だけで考えるというダウ理論の原則に従ったものである。このパターンは市場全体が弱気であることを意味している。実際、多くの株式はこのとき弱気のパターンやトレンドを示していた。しかし、個別株式の動きについては詳しく調べる必要がある。市場全体が弱気の基調にあるときでも、すべての株式が同じように弱気の動きをしているわけではないからである。

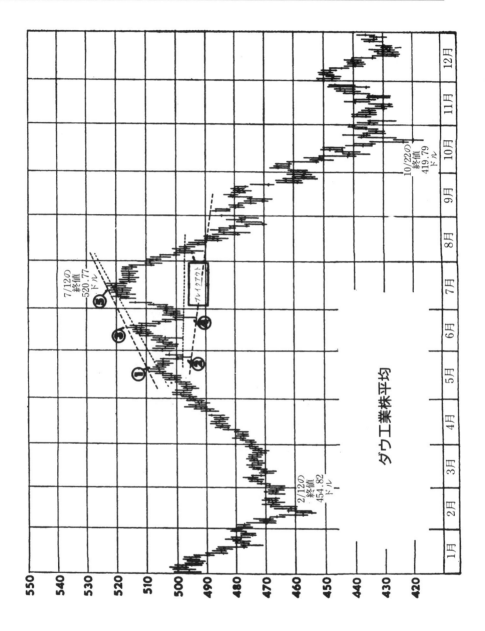

ダウ工業株平均

2/12の
終値
454.82
ドル

7/12の
終値
520.77
ドル

ブレイクアウト

10/22の
終値
419.79
ドル

図248　インダストリアル・レーヨンの1957年の弱気市場トレンド。この株はこの年に一度も強い動きを見せなかった。平均株価はすべての株式の動きを反映しているわけではないので、個別株式の動きを調べなければならない。ダウ平均は1957年に拡大型天井を形成したが、この株はそれよりずっと前から長期的な下降を続けていた。その株式が今どちらの方向に向かおうとしているのか、またはその長期トレンドを見極めることはそれほど簡単ではないが、この株についてはトレンドが下向きであることはすぐに分かる。下降トレンドの途上に短期的な戻りや保ち合いの動きを数多く見られるが、それらが大きな下降トレンドの一部であることははっきりしている。株式の典型的な動きがよく分からない人でさえこの株を買ったり、または空売りポジションを手仕舞おうとは思わないだろう。

株価は7月29日に大商いとギャップを伴って大きく下放れたが、そこが目先底になる可能性を示唆していた。ここで株価は3週間半にわたり24ドルで保ち合った。しかし、この期間においても小さな下降三角形はその後も弱い動きが続くことを暗示していた。結局、株価は8月21日に下放れてその後も長期にわたり下げ足をたどった。

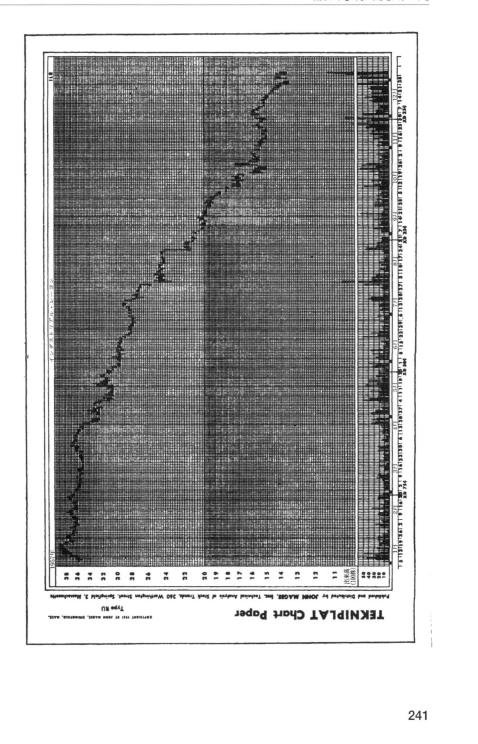

図249　ロジラードの1957年の強気トレンド。この年にはほとんどの株式が下げたが、このロジラードのように全体の悲観人気にはまったく影響を受けない株式もあった。平均株価はすべてを説明する上昇トレンドのように全体の悲観人気にはまったく影響を受けない株式もあった。平均株価はすべてを説明する上昇トレンドのようにない。1957年後半をメジャーな弱気相場と見ていた多くの人々は、この株は典型的な上昇トレンドのチャートなかで上昇していることに驚くだろう。ロジラードはこの年に15 5/8ドルから34ドルまで上昇し、翌年の当初4カ月間に54 1/8ドルに達した。このチャートと前の図（インダストリアル・レーヨンのチャート）が同じ時期、つまり1957年のものであるとは信じられないだろう。

この年には多くの株式が急落したが、この株のようにずっと上昇トレンドをたどった株式（アメリカン・チクル、アンカー・ホッキング・グラス、コルゲート・パルモリブ、ゼネラル・フーズ、ゼネラル・シガー、グランド・ユニオン、ナショナル・ビスケット、パーク・デービス、ペニック＆フォード、ブラーン、プロクター＆ギャンブル、ルベロイド、ビック・ケミカル、ウィン・デキシー・ストアーズ、ゼニス・ラジオなど）もあった。

市場全体についてどのように考えていようとも、（株価指数などを売買しないかぎり）われわれは個別の株式を売買するのだということを忘れてはならない。市場全体に極端な強気のパターンや弱気のパターンが現れても、それが個別株式のパターンと大きく異なっているときは、実際に売買するのは平均株価ではなくその銘柄であることをよく認識すべきである。その銘柄も平均株式の動きに追随するにちがいないと仮定してはならない。買いや売りのいずれか一方で最大の利益を上げようとするよりは、弱気相場で動きの強い株式を少し買い、強気相場で動きの弱い株式を少し空売りするほうが着実で安定した利益が得られることも少なくない。

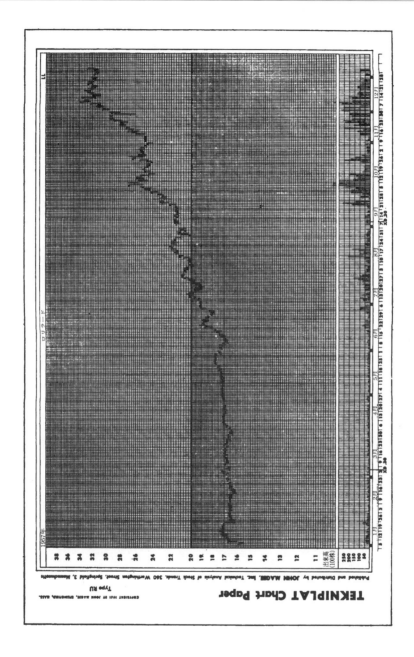

243

図250　1961年の後半の9カ月間にいくつかの有名な市場の平均株価
　　　　は新高値を更新したが、この時期の評価指数（第38章を参
　　　　照）はそのような全体的な強気をまったく示していなかっ
　　　　た。多くの株式はこの時期に連続的に下げたが、そのなか
　　　　にはエア・リダクション、アライド・ケミカル、アリス・
　　　　チャマーズ、アルミニウム・リミテッド、ファンスチール
　　　　・メタラージカル、フリントコート、ヘイデン・ニューポ
　　　　ート・ケミカル、スペリー・ランド、テキサス・インスツ
　　　　ルメンツ、トランスワールド航空、ユニバーサル・マッチ
　　　　などの主力株も含まれていた。このような時期に「平均株
　　　　価を買う」ことはできない。投資銘柄をよく選別し、いつ
　　　　でも出動できる資金を準備しておくべきだ。

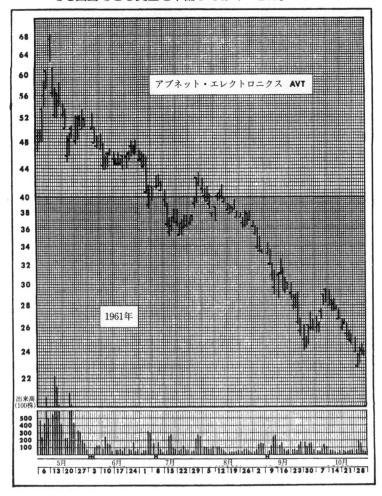

図251　よくある天井パターン。バーンディは1957年末〜1961年春には上昇ト
　　　　レンドをたどり、株価は10ドルから37ドルになった。1960年末〜1961
　　　　年初めの選挙後の上昇で株価の上昇ペースは加速されたが、ほかの多
　　　　くの株式と同様にバーンディの強気相場も1961年前半に終了した。こ
　　　　のチャートにはヘッド・アンド・ショルダーズ・トップだけでなく、
　　　　出来高の典型的な条件も確認することができる。4月初めには大商いを
　　　　伴って上昇したが、新高値を付けた4月末の上昇局面では出来高の増加
　　　　は見られなかった。この天井からの下落では高水準の出来高だったが、
　　　　6月初めの最後の上昇では出来高が急減している。株価は6月19日に大
　　　　商いとギャップを伴って下放れ、この天井パターンの形成が確認され
　　　　た。その後はしばらく30ドルの水準で保ち合い、もう一段下げたあと
　　　　に31ドルまで戻したが、メジャートレンドは明らかに転換した。1962
　　　　年6月には11 3/4ドルまで下げた。

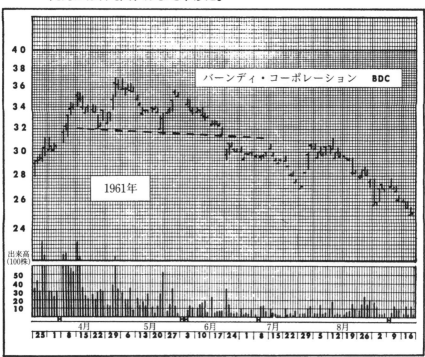

図252　ブランズウィックの長期にわたる強気相場の最終局面の週足チャート。1961年3月のクライマックス的な大天井。同年12月の売り抜け局面の最後の最高がついて上昇を続け、その期間中に4回の株式分割が行われた。1956～61年初めの5年間にこの株は大きな強気トレンドのなかで上昇を続け、その期間中に4回の株式分割が行われた。1961年3月初めに大出来高を伴って戻り高値を付けたが、株価はその後に急落した。この1週間の反転はトレーダー（短期投資家）に対するひとつの警告となった。しかし、ブランズウィックの株主から株価が下放れたあとも、さらに期保有の投資家であるとすれば、3～4月初めに形成された対称三角形についてフォローには9～10月の上昇局面でも依然として保有しているだろう。ただし、この株の動きをずっとフォローしていれば、50～52ドルの水準でもクリティカルな領域であることが分かるだろう。この底の水準を下抜くというのは、支持に失敗したことは、キャピタルゲイン税などもすべて無視して直ちに手仕舞えという決定的に下放れたことは、キャピタルゲイン税などもすべて無視して直ちに手仕舞えという危険を決定的に示唆したテクニカルな動きだった。この下放れに気づきながら、そのあとの反発を待って持ち株を売却しようとしていた人々にとって、そのようなチャンスはけっしてやって来なかった。その後にはそうした戻りも上昇もなく、1962年10月には17ドルまで下げた。

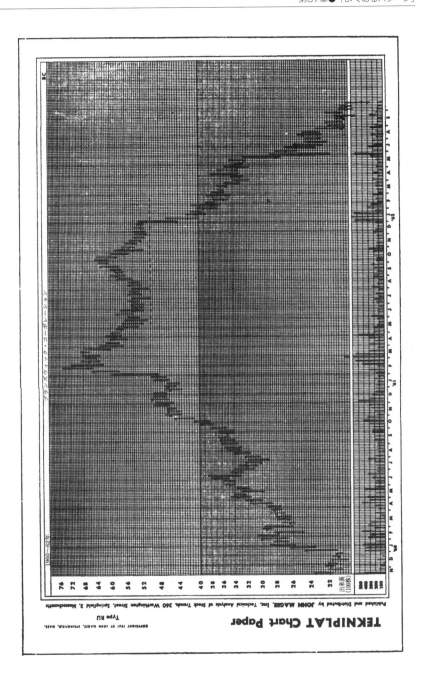

図253　ポラロイドのみごとな長方形。約178ドルと202ドルの間の薄
　　　商いの動きに注目。5月10日には年初来の大商いを伴って支持
　　　線を下抜いて168ドルに下げた。これは明らかに弱気の動きで
　　　あり、次の上昇を期待してそのままこの株を保有していたら
　　　致命的な損失を被っただろう。状況が急変したときはたとえ
　　　以前にその株式がどれほど魅力的に見えたとしても、希望的
　　　観測によってその株にしがみつくことは極めて危険である。
　　　この下放れは5月28日のダウ暴落の2週間以上も前に起こって
　　　いる。そのときまでにポラロイドはすでに50ドル以上も下落
　　　し、その後も下げ続けた。

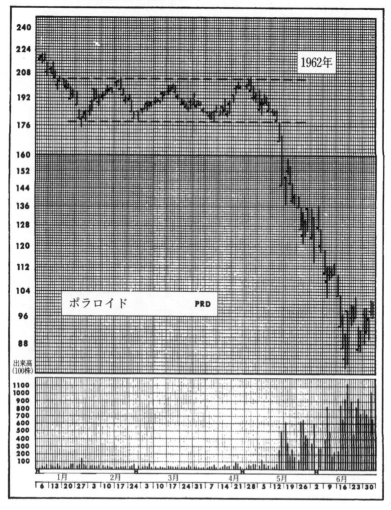

図254 すでに多くの株式が重大な弱気相場に突入する兆しを見せていた1962
年初めにも、コパー・レンジは勢いよく新高値を更新していた。しか
し、こうした動きもそれほど長くは続かず、1961年の天井を超えるこ
とはなかった。この株の弱気の兆しは4月の弱い上昇のあと、月末に19
ドルを下抜いて17 3/4ドルで引けたことで明らかになった。これは明ら
かなヘッド・アンド・ショルダーズ・トップの完成を意味する。株価
が実際に下げに転じる前に3日間の戻りがあったが、明確な弱気のシグ
ナルが出たあとでさらなる上昇を期待するのは無理である。この天井
圏は5〜6月の急落のかなり前にすでに完成していた。

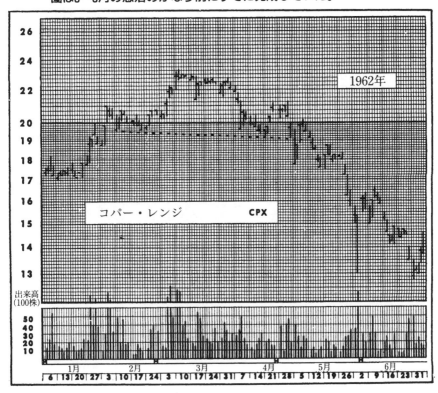

図255　USスメルティングもほかの多くの株式と一緒に急落した。5月28日の
大暴落のあともずっと下げ続けた。下降トレンドの途上ではテクニカ
ルな反発のような動きも見られたが、そうした戻りも29ドルで止まり、
それ以降2週間はだらだらと下げた。8月第2週に始まった次の動きはか
なりの出来高を伴っていた。はっきりしたパターンは形成しなかった
が、5月23日と28日、7月12日に付けた29ドルの水準を8月6日に上抜い
たことは意味あることに思われた。
　この8月6日の動きを即座の買いシグナルと見るか、それとも上放れの
あとの反転を確認してその後の押し目を買うべきなのか。この場合は
あとの選択のほうが正解だった。株価は8月末に29ドルの水準まで押し、
そこで支持されたあと再び上昇に転じた。この時期には多くの株式が
弱かったことを考えると、USスメルティングの動きは際立っていた。
認識すべき大切なことは、個別株式は必ずしも平均株価の全体的なト
レンドと一緒に動くわけではないということである。

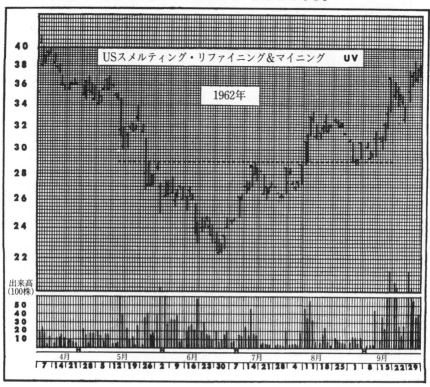

図256　1961年7月〜1962年6月のダウ平均の週足チャート。1962年4〜6月の暴落の前にヘッド・アンド・ショルダーズ・トップが形成されている。個別株式のこのパターンでは左肩で出来高が急増するものだが、このフォーメーションだけを見ても危険な天井型であることがよく分かる。このパターンの形成中に多くのリーディング株は天井圏から反転しそうな兆候を見せていた。このヘッド・アンド・ショルダーズの反転シグナルは、ネックラインを下抜くまでは確認されない。

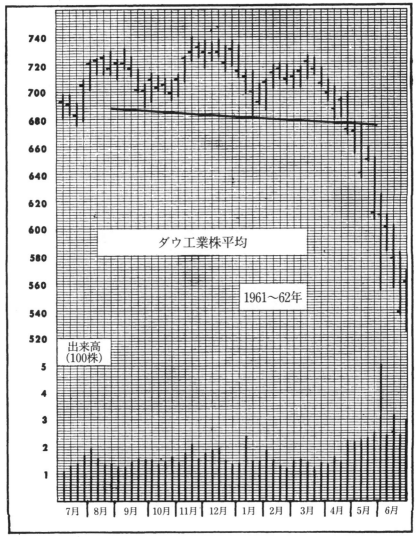

図257　1961年4〜9月の日足チャート。これは幾分混乱しやすい複雑なチャートであるが、いくらかの分析に値する興味深い点もある。4〜5月に形成された小さいがみごとなヘッド・アンド・ショルダーズ・トップと、株価がそこから下放れる前の最後の上昇局面で出来高が急減している。この株式は6月に1株が2株に分割されたが、これはこの株のテクニカルな動きには何の影響も及ぼさない。ただし、株式分割によって1株が2株に増えたので（株価も半分になった）、1日の平均出来高は幾分増加するかもしれない。またいったん下降トレンドに入ると上昇（特に7月半ばの戻り）しても、4月と5月の高値を結んだトレンドラインを上抜くことはできない。この下降トレンドはこのあと1年以上も続き、1962年10月には11 1/4ドルの安値を付けた。

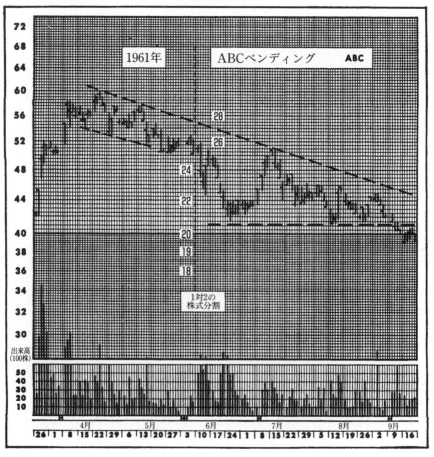

図258　セロの1963年1〜6月の日足チャート。これは継続型の対称三角形の好
　　　　例である。対称三角形はメジャートレンドの中段保ち合い、または反転
　　　　パターンのいずれかとなる。どちらの場合も出来高は三角形の最初の接
　　　　点までは多く、動きが次第に収斂するにつれて減少する傾向がある。こ
　　　　の期間中の株価は下限の上昇ラインと上限の下降ラインのなかで動いて
　　　　いる。上放れたときの出来高の増加、その後の株価が三角形の頂点水準
　　　　まで下落していることに注目。この株の4〜6月の上げ幅は、三角形の
　　　　最初の高さとちょうど同じである。しかし、この目標値が達成されたか
　　　　らといってその上昇トレンドが必ず終了するわけではなく、1963年8月
　　　　には33 1/4ドルまで上げた。

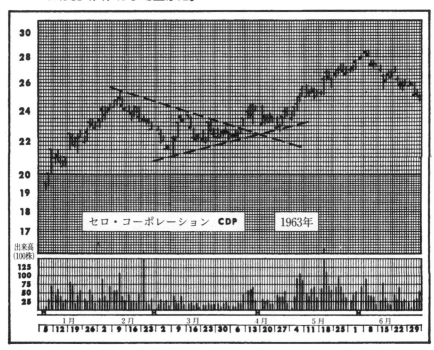

図259　1963年３～８月の日足チャート。きれいな上昇三角形で、上限までの上
　　　　昇を繰り返しながら、下限の支持線が次第に切り上がっている。一般に
　　　　このようなパターンは潜在的に強気のトレンドが作られつつあることを
　　　　示唆しており、その反対が弱気トレンドの下降三角形である。株価が何
　　　　度か22ドルの水準に近づいたときに出来高は増加しており、８月の上放
　　　　れのときも大商いだった。このトレンドの強さを示すもうひとつの証拠
　　　　は、８月12日の寄り付きでブレイクアウエーギャップができたことであ
　　　　る。こうした上放れのあとは一般に出来高の少ない下落がある。株価は
　　　　22ドル前後まで押すかもしれないが、それでもこのトレンドの強気の性
　　　　質が変わることはないだろう。

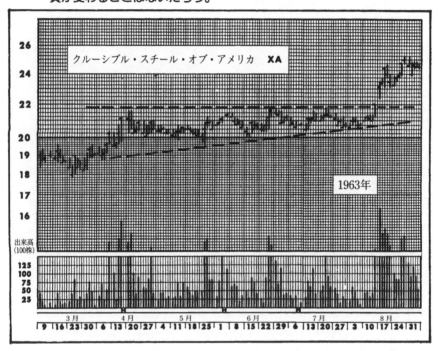

図260 1962年 6 ～11月の日足チャート。11月の上放れに先立ち、10月のキューバ危機をうまく乗り切り、 6 月の安値を下抜かなかった。これは見事なダブルボトムであり、 2 つの底が接近していれば、ほぼ同じ水準でなくてもよい。大切なことは一度支持を受けたあとに上昇し、その後再び押したが、ほぼ同じ水準で支持されていることである。 2 つの底はいくらか離れており、少なくとも 6 週間、できればもっと離れているほうがよい。また 2 つの底の間の上昇ははっきりしたもの、少なくともその目先天井は底から15%は高くなければならない。株価がその水準を大商いを伴って上抜くまでは大底型としての意味はない。このような上放れは11月13日に起こり、それ以降はメジャーな強気トレンドが続き、1963年 5 月には1559ドルに達した。上放れの日の終値から500ドル以上の上昇であった。ダブルボトムは反対の形であるダブルトップに似ており、そこではほぼ同じ水準で数週間か、数カ月離れた 2 つの天井を持っている。この 2 つの天井を挟んだ押しがあり、ダブルトップを形成するにはこの底の水準を下抜くことが条件となる。

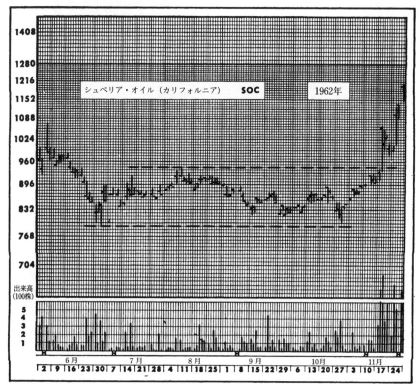

図261　1962年11月〜1963年4月の日足チャート。株式の動きをよく知らない人にとって、株価の動きは何の脈絡もないまったく偶然のもののように見える。これらの人々はあるトレンドが数カ月か、数年続くと、平均株価のトレンドだけにしか目を向けなくなる。そして一部の株式がどんどん値下がりしているときに、多くの株式が暴騰することもあるという事実に気づかない。トレンドを完全な直線で表すことがいつもできるわけではないが、この株が何度かあまり意味のない小さな下落や揉み合いを挟みながら、長期にわたって一貫して上昇していることは疑問の余地がない。3月初めの1対2の株式分割によって、出来高が幾分増えるかもしれないという点を除いて、実質的に上昇トレンドには何の影響もないだろう。これとは対照的な下降トレンドについては、アブネット・エレクトロニクスのチャート（図250）を参照のこと。

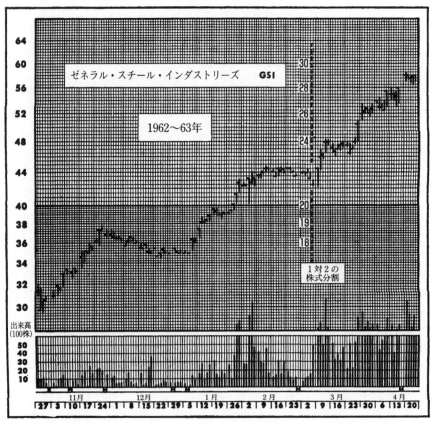

図262　1963年2〜8月の日足チャートで、支持線と抵抗線に関する興味深い例
　　　である。1963年春から夏にかけて一般に強気相場と考えられていた時期
　　　に、弱気の動きを示した株式のひとつである。3〜4月には31ドルに向
　　　かう動きを見せたあと、5月初めに下落した。株価は5月と6月に上昇
　　　したが、3月の安値水準で上げ止まった。その後に大きく下げたあと、
　　　4月末の安値水準まで戻した。次の下げは7月で、その後に6月の安値
　　　である25ドルにわずかに戻した。このチャートは典型的な支持・抵抗の
　　　動きを示しており、支持線がいったん破られるとそこは抵抗線となり、
　　　その反対に上値抵抗線が上抜かれると今度はそこが下値支持線となる。

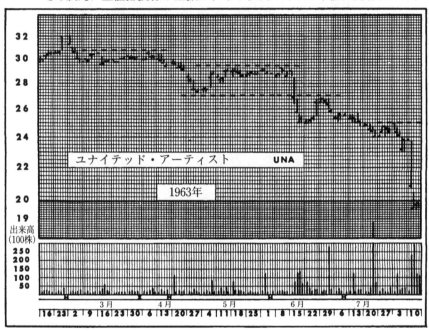

図263　1963年1〜6月の日足チャート。突然何らかの動きが起こって連続する長期トレンドにならないことがある。この株の場合も長期トレンドが上昇か、下降かを判断するのが難しい。このチャートを掲載したのは重要な支持線・抵抗線を突破したあとの動きを検討するためである。1月半ば〜5月14日までの動きは、チャートで見ると長方形のように見える。長方形の下限は約10 1/8ドル、上限は約11 3/4ドルである。この長方形を形成する途中の何回かの上昇の際のときに出来高は増加している。5月の突発的な上昇は砂糖株特有の動きであり、すべての砂糖株に大きな影響を及ぼしたが、幾分線香花火的な動きに終わった。それでもこの動きは目を見張るものであり、勇気と機敏さを兼ね備えたトレーダーであれば、5月14日の立ち会い終了後にこの株に注目したことだろう。5月14日の12ドルから上昇し始めたこの株は5日間にわたって連騰した。5月21日には17 1/2ドルで引けたが、これは46%の上昇率だった。しかし、このような株への投資はあまりお勧めできない。その売買にはかなりの勇気と経験が必要であり、また大きな利益を得るには小さな損失を何度も受け入れなければならない。もっとも5月21日の動きを見守り、異常な出来高とギャップを伴った1日の反転に気づいたトレーダーは翌日の寄り付きで持ち株を売却するか、また終値の少し下（例えば17 3/8ドル）にストップロスオーダーを入れて短期間に大きな利益を手にしただろう。

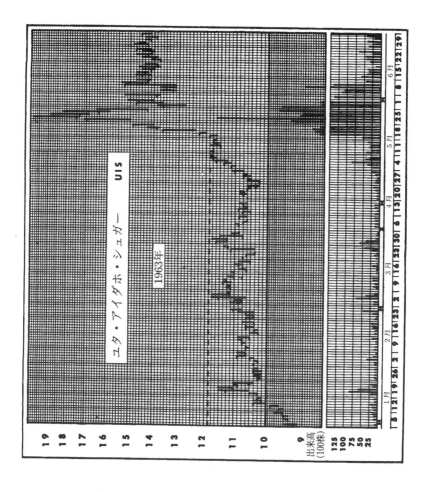

ユタ・アイダホ・シュガー　UIS

1963年

図264　コントロール・データの3月末〜5月初めの短期的な下げには
いくつかの警告が出ていた。しかし、その後の特に重大なシグ
ナルは5〜6月初めの戻りの形である。この戻り局面では収斂
する2本の上限線・下限線が上向きのウエッジを形成している
が、これは明らかに弱気のパターンである。これが下向きのウ
エッジであれば、株価はそこから上放れる可能性が高い。ウエ
ッジ形成中の最高値を付けた日の株価が、その日の安値近くで
終わっていることも弱気のシグナルである。その後の大商いを
伴った暴落を見れば、このようなウエッジからの下放れがいか
に劇的なものだったのかがよく分かる。

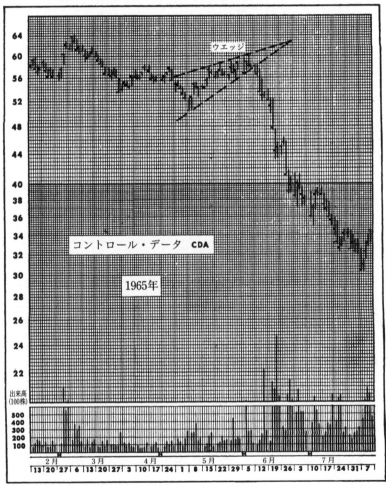

図265 このチャートからはいくつかの興味あるテクニカルな特徴が読み取れる。
7〜9月にほとんど静止状態にあった株価は9月27日に上放れたあと、
1週間の保ち合いを経て、大商いを伴って力強く上昇した。10〜11月に
大きな対称三角形を形成したが、この三角形に上限と下限のラインを引
くと、12月1日に続騰のシグナルを出した上放れは株価と出来高の両面
で決定的なものだった。28 1/2ドルから62ドルを超えるまで、潜在的に
弱気のシグナルは一度も出なかった。

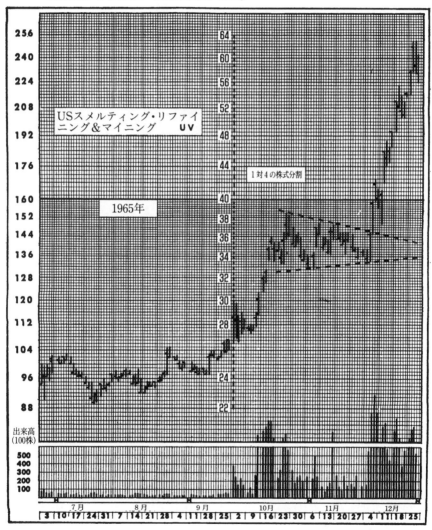

図266　1965年1月〜1966年1月のこの週足チャートは大底パターンの好例である。1965年初めの数カ月間に地合いがどれほど弱かったかは、5月の下降ギャップを見てもよく分かる。この暴落局面の出来高はかなり大量に上った。しかし、7〜10月半ばには出来高が激減し、株価の振れは次第に小さくなって大きな対称三角形を形成した。10月の上放れのときの大商いは目を見張るほどであった。抜け目のない投資家であれば、株価がこの三角形の上限水準まで下げた11月第1週の押し目のところで買いを入れただろう。

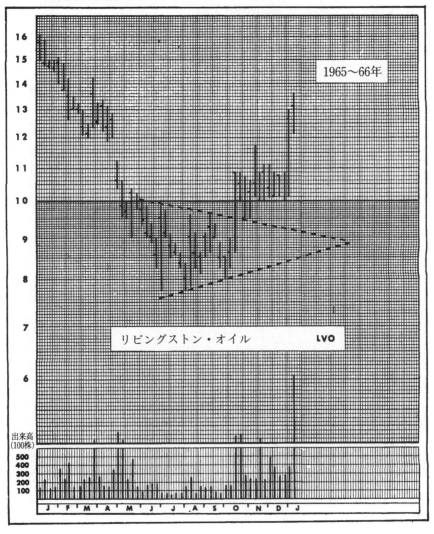

図267 1965年8月～1966年1月のパッカード・ベルのテクニカルな動きを示した見事なチャート。まず最初の興味ある点は、9～10月にフラッグ（「旗はマストの真ん中に翻る」）を形成していることである。その後に再上昇してこのフラッグまでの上げ幅と同じ距離だけ上げている（図223のチャートと比較しよう）。10～1月に全般に出来高を減少させつつ、ほぼ水平な上限線と上向きの下限線が収斂して上昇三角形を形成、1966年1月第2週にきれいに上放れた。9～1月に売りのシグナルはまったく出ていない。

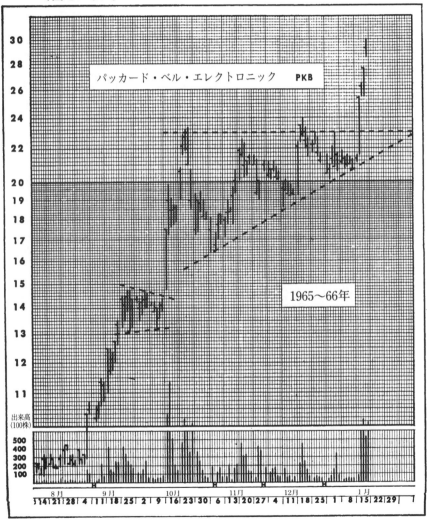

図268　かなり平らなヘッド・アンド・ショルダーズ・トップ、または長い円形天井にも見える。66ドルのブレイクは警告、2月の60ドルからの下放れは明らかに弱気のシグナルである。

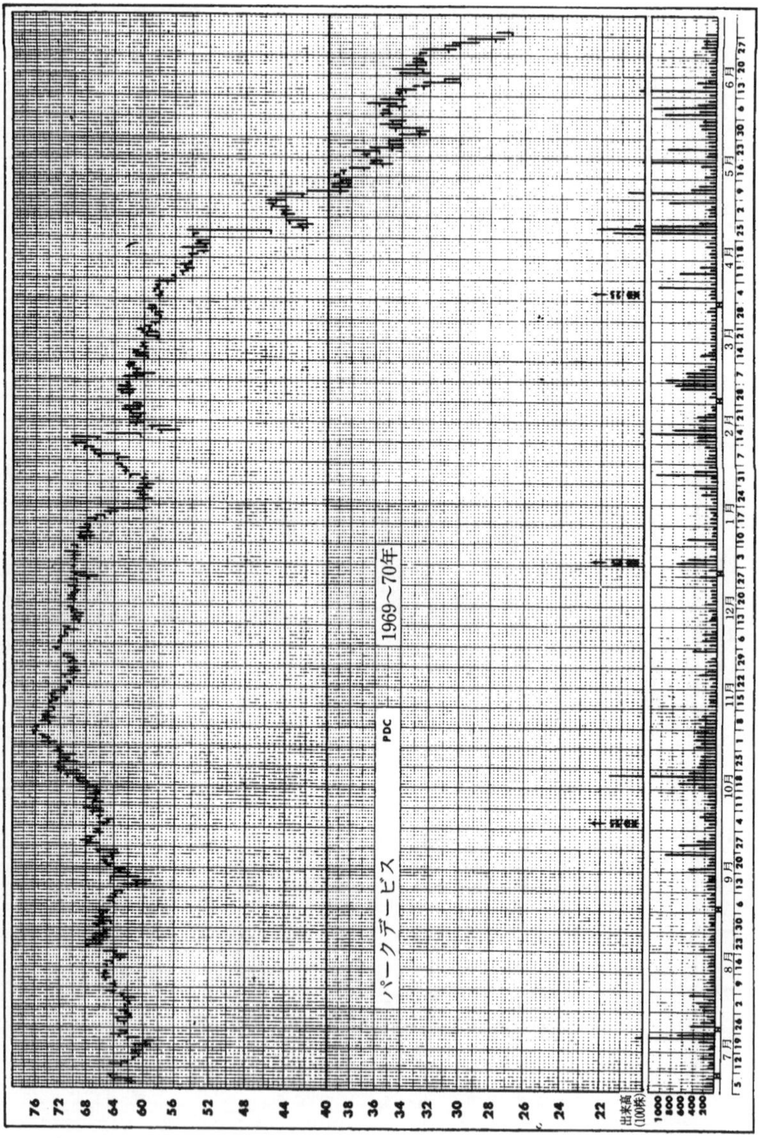

図269　1970年1月の完全な1日の崩壊。こうしたパターンはめったに現れる
　　　　ものではないが、これまでに何度か見られ、また今後も出現する可能
　　　　性があるという意味では異常なこととは言えない。もしも注目してい
　　　　る株式にこうした事態が起こったら、それは要注意である。アストロ
　　　　データはそれまで典型的で完璧な上昇トレンドをたどっているように
　　　　見えた。ところが1月15日を境にいきなり崩壊、上昇トレンドは完全
　　　　に破られた。9月後半には取引が停止された。読者のなかにはマック
　　　　・トラックス、フィフス・アベニュー・コーチ、アメリカン・ウーレ
　　　　ンなど、かつてこのような崩壊を見せたいくつかの株式を思い出され
　　　　るだろう。もちろん、その原因はその企業内の突然の事態の急変であ
　　　　るが、それにしてもチャートを見るかぎり、その理由を正確に知るこ
　　　　とはできない。（シェイクスピアの『マクベス』に出てくる）マクベ
　　　　ス夫人の言葉を借りれば、「自分の考えにいつまでもこだわっていな
　　　　いで、さっさと行動する」ことが大切である。ビレッジャー・インダ
　　　　ストリーズ株も1971年4月31日に、このような大きな下降ギャップを
　　　　作って1日に42%も暴落、株価は7 3/4ドルから4 1/4ドルとなった。
　　　　このような動きは下降ギャップだけに限られ、上昇ギャップにはまっ
　　　　たく見られない。一般にこの種の崩壊のあとには小反発があり、その
　　　　後は再び下降トレンドに戻り、最終的には上場廃止となるケースが多
　　　　い。もしもこのような株式を保有していたら、投資銘柄を間違ったと
　　　　思い悩んだり、暴落前の弱気の兆しをあれこれと探していないで（普
　　　　通はそのような前兆は見つけられない）、損失の拡大を防ぐためにさ
　　　　っさと手仕舞うことである。なお読者の不安感を煽らないためにもう
　　　　一度強調するが、このような事態はめったに起こるものではない。

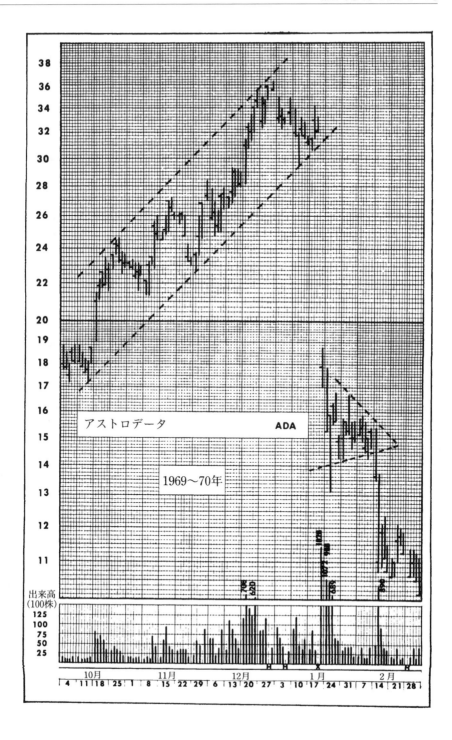

アストロデータ　　　　ADA

1969〜70年

図269.1　現在でも大きな下降ギャップが出現することを示すため、世紀を挟んだオラクルのチャートを掲載する。業績の下方修正に伴うこのようなギャップは大天井圏でよく現れるので、業績発表前に上値リスクがほとんどない負け組銘柄を空売りすれば大きな利益が得られるだろう。

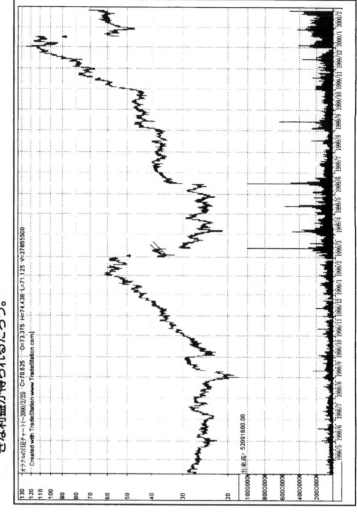

図270　電気・ガスの典型的な公益事業株。さまざまな目治体や地域に公益サービスを提供しているこの種の銘柄はかなり多い。これらの株式は業種が類似しているので、みな同じような値動きをする。もちろん、業績、配当金、株価なども類似している。しかし、各企業の価値を決定するのは業績や配当額だけでなく、収益の安定性、事業の将来性、納税額、R&D投資などさまざまな要因も考慮しなければならない。

電気・ガス会社は多くの地域で規制に守られた独占的な地位を確保し、安定した収益が保証されているうえ、コンスタントな需要増を反映して成長株にも数えられている。多くの公益事業会社もこのパブリック・サービス株と同じように、向こう数年間は安定した足取りをたどるだろう。1959〜70年の公表利益は着実に増加し、配当額も1970年を除いて連続増配となっている。PERなどの単純な指標に基づいて企業価値を推測すれば、1970年の株価は1965年初めの2.5倍に達するはずである。大手ファンドやその他の大口保有者もこのような割安株を手放すつもりはなく、またその理由もない。このチャートは公益事業が今後直面する（多額の新規設備投資や汚染防止設備の増設などを含む）さまざまな問題を織り込んでいるようだ。

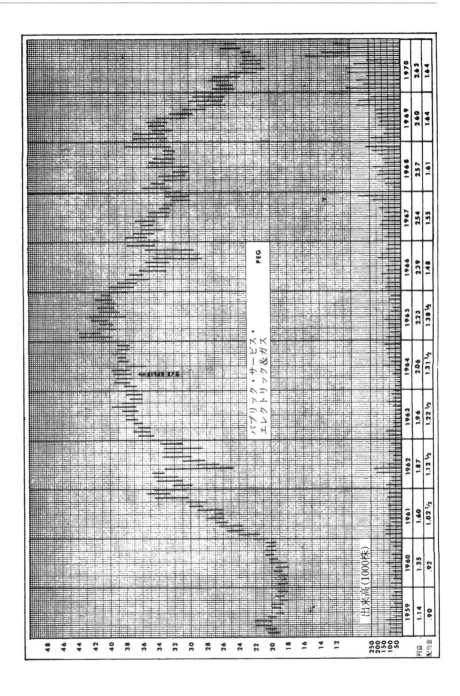

図271　1969年には多くの株式が弱気基調にあったが、メモレックスは過去4年間の力強い上昇トレンドの最終段階にさしかかっていた。11〜1月には大きなアイランドのような天井圏が形成され、出来高も減少した。2月初めのブレイクアウアエーギャップでこのパターンが完成した。図269も参照のこと。

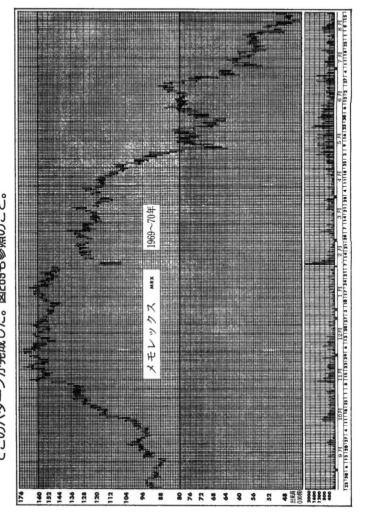

メモレックス MRX

1969〜70年

図272　株価は1967年の天井48 1/2ドルから反転したあと、
　　　　2年間にわたって下降トレンドをたどり11 1/4ド
　　　　ルまで落ち込んだ。しかし、1970年春〜夏の大底
　　　　でヘッド・アンド・ショルダーズ・ボトムを形成
　　　　して反転、1971年2月までの棒上げで過去2年間
　　　　の下げ分のほぼすべてを回復した。

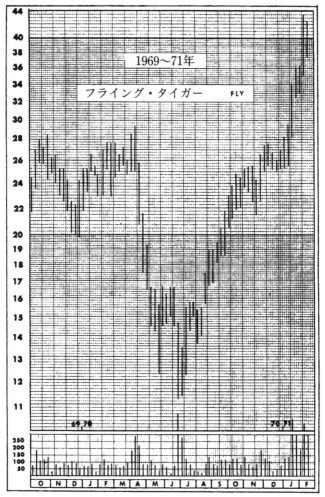

図273　1971年12月〜1972年1月に形成された大きな上昇三角形で、本書の各図や皆さんのチャートでもよく見られるパターンである。典型的な上放れとその後の押し目、1972年4月まで続いた上昇トレンドなどに注目。

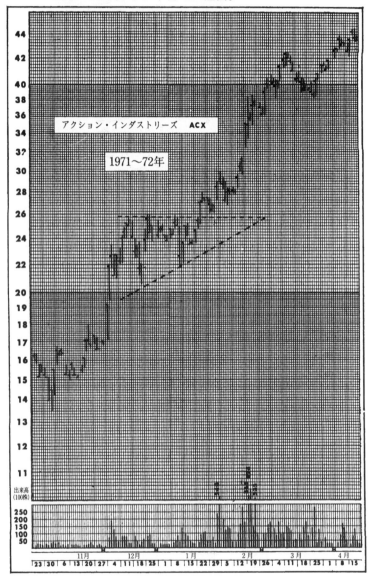

図273.1 このチャートからは次の2点が読み取れる。そのひとつは典型的なコンピューター・ビジネスのサクセスストーリー、もうひとつは（図273.1.1だとはっきり分かる）大きな下降ギャップがほぼ規則的に現れていることである。業績修正によって大きく変動するこのような株を売買するのは難しく、自分で理解できるようなこのような株を手掛けるべきである。

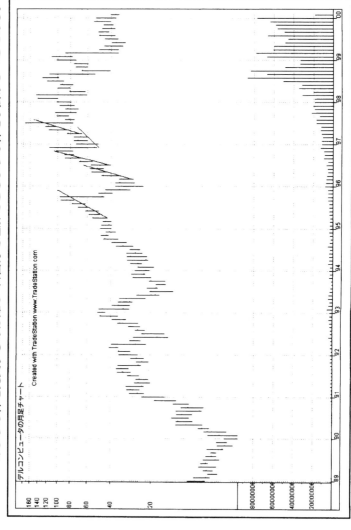

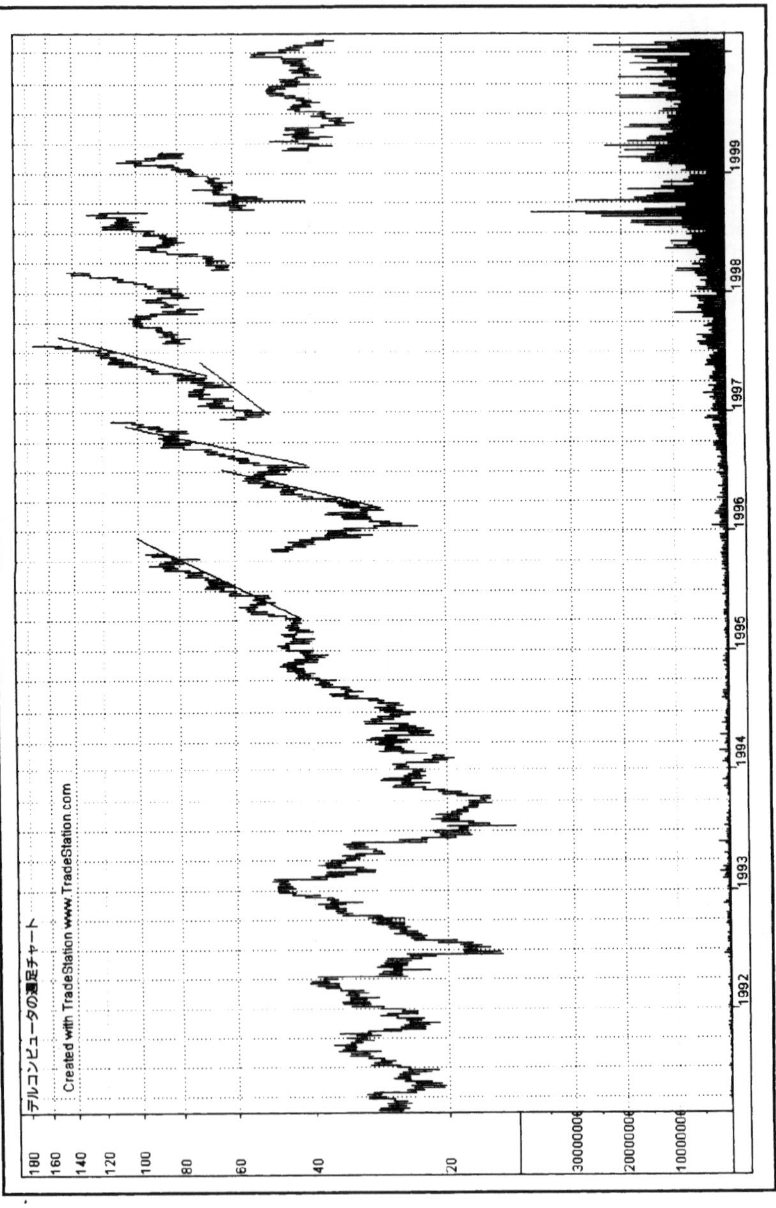

図273.1.1　デルの週足チャートを見ると、大きな下降ギャップがドラマチックに出現しているのがよく分かる。

デルコンピュータの週足チャート
Created with TradeStation www.TradeStation.com

図273.2 このチャートには「ウィンデル」のメリットがはっきりと反映されている。トレーダーはきつめのトレンドラインを使って何回もこの株をトレードできるだろうが、長期投資家はけっして下抜かれない「長方形型のウエッジ」の出現を辛抱強く待たなければならない。急勾配のトレンドラインはすぐにブレイクされる可能性が高い。

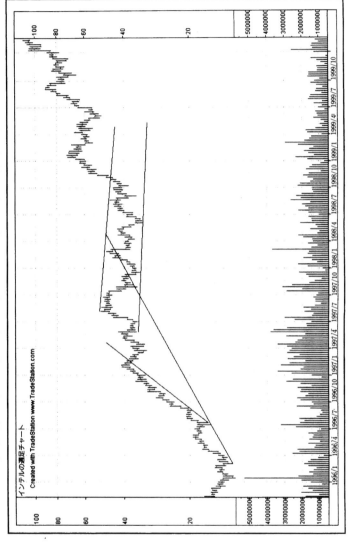

277

図273.3　賢明なテクニカルアナリストであれば冷静にチャートを読むことができるので、この通信株のチャートに反映された大きな技術革新の動きを見逃すことはないだろう。有望な投資銘柄を選択するときは、十分な情報に基づく判断が決定的に重要である。ノキアは売り・買いともに極めて魅力的な銘柄である。判断の素早い投機家であれば、短期のトレンドラインがブレイクされたところ（例えば、矢印のランナウエーデイ）で買い出動すれば、大きな利益を手にすることができるだろう。大きな下降ギャップに注目。

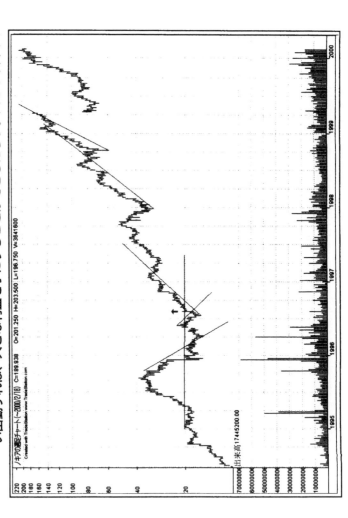

図273.4　一時はインテルの強力なライバルと呼ばれた業界での評価など、半導体産業の好不況を反映してAMD株は売り・買い双方の大きなトレードチャンスを提供している。中期のトレーダーは短期の下降トレンドラインが上抜かれたところ（矢印）で買い出動するだろう。

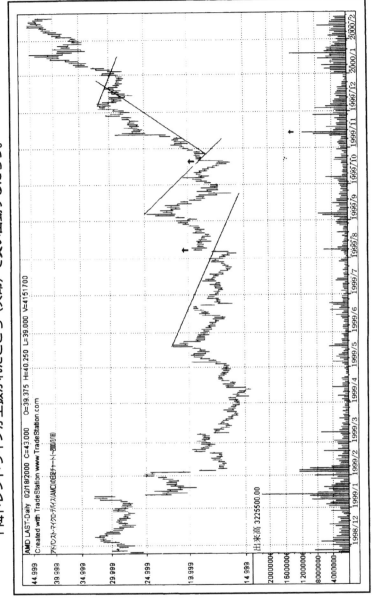

図273.5　じゅうたんがめくれたように形になっているヤフー株は、どう見ても下降トレンドに入ったようだ。エレベーターが急下降したが、またはエレベーターそのものがないようにも見える。この投機株は代表的なインターネット関連株である。このような株を売買するには、第28章で検討した賢明な分析力とトレード手法が求められる。

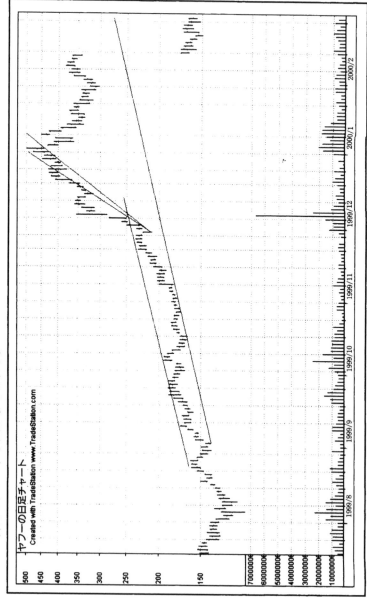

ヤフーの日足チャート
Created with TradeStation www.TradeStation.com

図273.6　マスコミを無視してはならず、むしろそれを利用すべきだという貴重な教訓を教えてくれた株。マスコミの総攻撃を受けたアップルのスティーブ・ジョブズCEOは名誉回復の反撃に打って出たが、この株を買ったのは同社のカムバックを信じた人だけだった。このチャートにも現れているように、ある高値をとった株式はさらに同じ値幅の高値を目指す傾向がある。

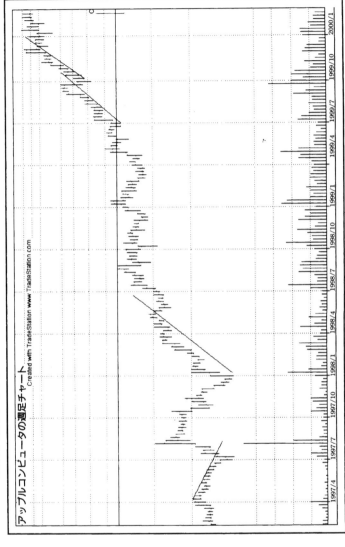

アップルコンピュータの週足チャート
Created with TradeStation www.TradeStation.com

図274　ダウ工業株平均の長期にわたる大局的なチャートで、説明は必要ないだろう。破線は156日移動平均。主要なトレンドラインが2％下抜かれたあとに下降局面入りしているのが分かる。

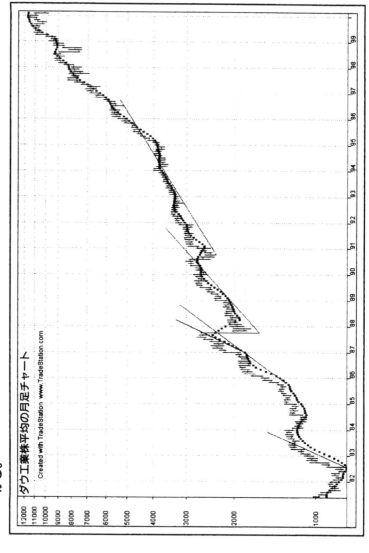

ダウ工業株平均の月足チャート
Created with TradeStation www.TradeStation.com

第38章

バランスと分散化
Balanced and Diversified

　平均的な投資家は「今の市場をどう思いますか」という質問に対して、明快で分かりやすい答えが返ってくるのを望むだろう。そうした投資家にとって、相場は常に強気か弱気のどちらかでなければならない。その人に対して「あなたはどの株式に興味を持っているのですか」と質問すると、それには直接答えないで、「私は市場全般について知りたいのです」という答えが返ってくるだろう。株式関係の広告が数多く掲載されている新聞や雑誌では、多くのアドバイザーや株式サービス機関が株式市場の今後の見通しについてさまざまな意見を述べているが、その多くは市場全般に関する予測である。

　世間で広く信じられている「すべての株式は一緒に動く」という常識は極めて危険な考えであるが、そこにはかなりの真実性もある。例えば、ダウ理論では強気相場や弱気相場の条件を定義づけており、もしも一定の条件がわれわれの決めた原則（つまり、われわれの定義）に合致していれば、今のマーケットは強気（または弱気）であると言うことができる。さらにダウ工業株平均を個別株式として扱い、これをダウ理論のシグナルに基づいて何年間も理論的に売買すれば好結果が出るだろう（注　第5.1章で述べたように、ダウ理論のシグナルに従ってダウ平均を売買したときの理論上の利益は36万2212.97ドル、バイ・アンド・ホールドによる利益は３万9685.03ドルである）。

　株式に対するお金の相対的な価値が変化する激しいインフレやデフレが起きたとき、多くの株式がそのメジャートレンドの方向に向かって動くことは事実である。また日々の株価の動きに目を向けると、多くの株式がほとんど一緒に上昇・下落しているように見える。しかし、けっして忘れてならないことは平均株価それ自体は抽象化されたものであり、鉄道株、製造株や航空株なるものはないということである。平均株価が動くのは、それを構成している個別の株式が動くからである。平均株価が上昇しているときは多くの株式も上昇しているのは事実であるが、単純に平均株価が上昇していれば、すべての株式も上昇するはずだと考えてはならない。もしもそうした考え方を論理的に推し進めていけば、市場全体が強気のときに下げ続けている株式はまもなくほかの株式と同じように上昇に転じるので、今は絶好の買いチャンスということになる（実際にこのように考える投資家も少なくない）。実際の株価の長期にわたる記録を調べると、多くの株式が上昇しているときもあれば、下落している時期もある。また出遅れた株式がまもなく上昇トレンドに加わるというケースもある。

　しかし、そうしたことはいつも起こるわけではない。市場全体が上昇トレンドにあるとき、「出遅れ株」とか「すべての株式がこれから上昇するだろう」などと考えてそのような株式を買えば、何カ月たってもほかの株式が高値を更新するだけで、自分の買った株はいつまでも低迷や値下がりを続けるといったことにもなりかねない。もっとも、平均株価と多くの株式が弱気であるときに、資金目いっぱいに株式を買うことはけっして賢明ではないことはすでにご存じであろう。さらに強気相場で多くの資金を空売りに振り向けるのもかなり危険である。もしも上下どちらか一方にすべての資金を投じなければならないとすれば、そのときのトレンドに従ったほうがよい。つまり、多くの株式と平均株価が向かっている方向に乗るのである。

　しかし、この「トレンドに乗る」ということが実際には言葉で言う

ほど簡単ではないことを十分に認識しておくべきだ。既述したように、われわれはメジャートレンドの条件を定義づけすることはできるが、問題となるのははっきりした方向もなく、また株価が逆行する可能性もある局面で、そうした定義に基づいてポジションを維持するだけの勇気と忍耐を持ち合わせていられるかということである。特にトレンドが転換するようなときは、買いや売りの決定を下すことはかなり困難である。また買いや売りの銘柄を選択したり、買い時や売り時を判断することも極めて難しい。

　平均株価の単純なパターンやシグナルが、マーケットのすべてを語っているわけではない。ダウ理論を研究して市場全体を観察するのは確かに有効なことではあるが、忘れてならないのはわれわれが研究している平均株価は包括的なもの（高度に抽象化されたもの）であって、トレンドを決定する原則は平均株価だけに適用されるもので、個別の株式には必ずしも適用できないということである。例えば、あるグループの株式が高値を更新しているときに、別のグループの株式が上昇トレンドから下降トレンド入りすることもよくある。1946年もそうした状況であり、このときは多くの株式が1〜2月にそれまでの強気相場を終了したが、一部の株式は5月末まで続伸した。

　1929年を思い出してみよう。この年は平均株価がピークを付けて、10月には1932年まで続く一連の暴落局面に突入した年であった。しかし、こうした言い方は一面では真実であるが、すべてが正しいというわけではない。1929年のピークよりもずっと前に大天井を付けていた主力株もあったのである。例えば、クライスラーは1928年10月に大天井を付け、1929年の恐慌相場が起こる前にすでに140ドルの大天井から60ドルまで暴落していた。1924〜1929年にそのときの強気相場とはまったく無関係の株式もあった。約700の上場株式のうち、1929年以前に大天井を付けた株式は262銘柄、また1929年に181銘柄が大天井を付けたが、その時期は8月より前だった。1929年末までに最初の暴落

も見せなかった株式もいくつかあった。44銘柄は1929〜32年半ばに強気相場で新高値を更新していた。1929年８〜10月に大天井を付けたあと11月に暴落した株式は、調査した676銘柄のうちわずか184銘柄にすぎなかった。換言すると、みんなが考えていたとおりに動いた株式は全体の27％にすぎなかったのである（注　ダウ平均とS&P500は1999年に新高値を付け、2000年も高値圏にあったが、多くの株式はすでに大天井を付けて長期の下降トレンドに入っていた）。

　全体的なトレンドとは単なる指標であってすべての事実を反映するものではないことが分かっていれば、それを株式取引の目安として利用するのはいっこうにかまわない。われわれは相場の研究者が常に直面する問題、つまり平均株価をめぐる解釈の相違や多くの株式とは異なる動きをする株式からどのようにして身を守るのかといった問題に対処する必要がある。そのひとつの対処法は、どのようなときでも投資資金の多くをリスクにさらさないことである（これについては第41章を参照）。また完全な強気から完全な弱気に一挙に相場観が変わらないように、「評価指数（Evaluative Index）」を利用するのもよいだろう。これはある時期のマーケットを単に強気か、弱気というだけでなく、「どのくらいの強気か」「どの程度の弱気か」を表す指標である。一見するとこれは古典的なダウ理論の考え方とそれほど違わないように見えるし、実際に同じようなテクニカル手法がベースとなっている。かなりの強気相場の時期には、評価指数も平均株価と同じ強気度を示す。そして1928〜29年のときのように株式市場の基調が弱くなってくると強気度は徐々に低下する。

　この指数の利用法を紹介する前に、この評価指数とはどのようなもので、どのような構成になっているのかを少し説明しておこう。その前にこの指数は完全に正確なツールではないこと、つまりこれはマーケットの現況を大ざっぱに表すものにすぎず、絶対的なシグナルではないことをお断りしておく。マーケットの最終的な解釈に対しては、

この指数と併せてその投資家の判断力と分析力が求められる。

　仮にあなたが毎日100銘柄のチャートをつけているとしよう。毎週末にこれらのチャートの下に、その株式が強気トレンドか、弱気トレンドにあるのかについて自分の見方を示すために、小さな「プラス」または「マイナス」の印を記入する。結論を出すのが難しいときもあるだろうが、それはあまり重要なことではない。というのは、そうしたケースはそれほど多くはないし、通常ではほとんどの株式がはっきりした動きをするので、そのどちらかの印をつけることができるからである。仮の結論を出さざるを得ないものも含めて、「プラス」と「マイナス」の銘柄に分けてそれぞれの銘柄数を数えてその数値を出す。この2つの数値を合わせるとチャート数と一致する。もしも100銘柄のうち75が「プラス」であったら、そのときの市況は75%の強気といえる。翌週にその比率が80%に上がったら、それは強気度がさらに上昇したことを意味する。その反対にその比率が70%に低下したら、全体として強気と思われる株式が減少していることを意味しており、したがってマーケット全体の基調もおそらく弱くなっているだろう。

　前述したように、もしも平均株価が新高値を付けていれば、評価指数も50%以上になるだろう。明らかに弱気相場であるときもこの指数は50%以下となる。

　しかし、注意してほしいのは、われわれはここで相場の強弱を表すシグナルについて話しているのではないということである。総売りを示すシグナルなど存在しないし、また「今が絶好の買いチャンス」といったシグナルもない。この指数は流動的であり、状況の変化とともにたえず動いている。主力株グループのうちで53%が強気の動きをしているときは、80%の強気度の相場ほど強くないことは明らかである。したがって、強気度が80%に上るときは大きく買い出動してもよい。ここでも依然として個別の投資銘柄の選択という問題は残っているが、強気相場と確信できないときよりは大きな金額を投資したり、より大

きなリスクを取ってもよいだろう（これについては第41章で再検討する）。すべての投資プランにこの評価指数を取り入れていけば、それほど大きな損失は被らないだろう。そして状況がかなり危険な程度になる前に、悪化しつつあるマーケットからほぼ自動的に退出できる。さらにその株式を「今売るべきか」、または「しばらく待ったほうがよい」のかとの結論を出すのもそれほど難しくはなくなるだろう。

　この手法をさらに応用することもできる。もしも投資家がこの指数に基づいてポジションを調整すれば、まったくの楽観か、悲観によるポジションの増減よりも気楽である。しかし、依然として買いか、売りの二者択一であるため、株価が突然反転してパニック的な動きになったときは、ある程度の損失は避けられない。そこでこの指数のひとつの応用策として、資金のすべてか、その一部を買いと売りに振り向けるのである。自分のチャートの解釈が理論的にほぼ正しいとすれば、そうしたときは平均的な株式よりも強い値動きの銘柄を選んでもよいし、また別の時期には平均よりも弱い株式を空売りしてもよい。

　評価指数がほぼ50％のときは（1956年半ばの数カ月間がそうだった）、強気の買い銘柄と弱気の空売り銘柄をそれぞれ選んで、ポジション全体のリスクをバランスのとれた状態にしておく。強気の大きなうねりが来たときはもちろん空売り銘柄には損失が出るので、最終的にはそうした株式グループの評価を「マイナス」から「プラス」に転換して損切りしなければならない。しかし、強気で買った株式の利益はそうした空売り株の損失を補って余りあるものに上るだろう。そうした空売りの損失は買いポジションを維持するための保険料なのである。

　一方、株価が突然暴落したときは（例えば、アイゼンハワー大統領の病気を引き金とした1955年の暴落、1987年10月のレーガン・クラッシュなど）、買い銘柄の損失は空売り銘柄の利益で相殺できる。買いポジションを維持できないほど株価が急落したときの損失も、空売り

ポジションを維持するための保険料と考えられる（**注**　テキサスヘッジ［年金運用手法としての自社株投資］の空売りについて、私は以上の見解とは少し違う解釈をしている。テキサスヘッジは実践的なポートフォリオ理論に基づくリスク軽減を目的としているが、私はポジション全体のリスクを減らしつつ、なおかつ利益を増大する手段として空売りを考えている。もちろん、はっきりした上昇トレンドで空売りするのはまったくバカげており、その逆も同じである）。

　通常の市況のとき、買いと空売りの両ポジションを建てて利益を出すことも可能である。われわれが勧めているのは、体系的で一貫したサヤ取りや保険つなぎである。評価指数が上昇するときは空売りの比率を徐々に下げて買いの比率を高める。その反対に、評価指数が低下するときはそれと逆のことをする。これは基本的には保守的な手法である。空売りをまったくの投機的なギャンブルと考えているような人は、買い持ち株を維持するためのひとつの方法として、通常の投資手法のなかに空売りを組み入れてはどうだろうか。この保守的でバランスをとろうとする投資分散プランの主な狙いは、投資資金を保護することである。その性質上、これは大きな利益を得る可能性を低めることになるが、投資手法にひとつのメカニズムを加えることになり、それによって株価の変動やチャンスとは無関係にテクニカルな売買手法の範囲が広がるだろう。さらに多くのトレーダーや投資家を毎日、ときに一晩中悩ませている心配や不安のかなりの部分を取り除いてくれるだろう。

　（**編者注**　最近の読者は、ジョン・マギーが40年間にわたって毎週アドバイザリーレターを発行し続けたという事実はおそらくご存じないだろう。この実践的で有益なレターは、マギーのマーケットレター記録集の一部となっている。以下に掲載したのは、典型的なマギーの評価指数に関する1985年9月28日号のレターである）

グラフ10　評価指数は強気のメジャートレンドにある株式と弱気トレンドにある株式の比率を表す。1961年の評価指数は平均株価の動きと一致せず、メジャートレンド反転の可能性を示唆していた。

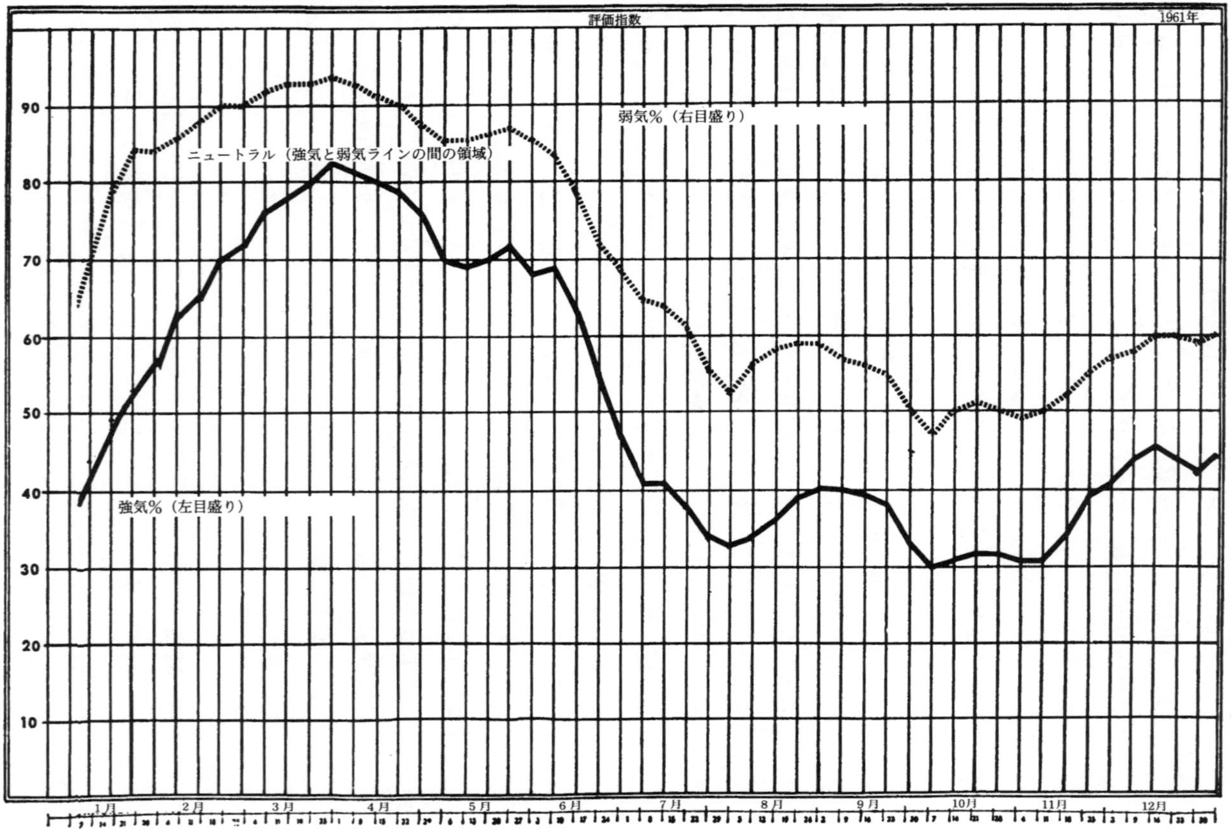

「売られ過ぎのマーケット」——1985年9月28日号

　マギー評価指数の強気度は今週に9％まで低下し、今年になって最も著しい売られ過ぎの状態となった。評価指数の強気度がこれほどまでに低下したのは1984年6月以来のことである（**グラフ10.1**を参照）。評価指数の強気度は1984年6月に8％まで低下した直後から上昇に転じ、6月後半から7月にかけて積極的な買いシグナルを出した。1984年の2月25日と6月に強気度が8％まで低下したことでダブルトップが形成された。6月の強気度8％は6月18日のダウ平均の安値1079ドルと一致しているが、ダウ平均はそこから直近7月の新高値まで一気に駆け上がった。

　過去20年間にすべての主力株の安値は、マギー評価指数の著しい低水準と一致している。株価が大きく変動したいわゆる「波乱期」には、強気度が5％以下の時期とダウ平均の底はほとんど一致しており、1982年6月の9％を境にその直後から株価は急上昇して波乱期を一気に抜け出した。評価指数の強気度が5％程度、またダウ平均も安値に落ち込んだときは、新たな上昇局面が間近いことを示唆する重要なシグナルとなる。実際にダウ平均は最近の安値770ドルからほぼ1300ドルまで急騰して17年間にわたる波乱期に終止符を打ち、新しい上昇トレンド入りを確認した。

　こうした状況のなかでマギー評価指数の強気度が1984年6月に8％まで落ち込み、最近もまた9％に低下したことは今後の株価を占うときに大きな示唆を与えている。もしも新しい長期の上昇トレンドが始まったとすれば、たとえ平均株価が安値を付けてもその水準は次第に切り上がり、高値水準もますます切り上がるだろう。ダウ平均の1982年6月の安値（770ドル）と1984年6月の安値（1079ドル）を比較するとそのことがよく分かる。長期の上昇トレンドは数年、ときには数十年にも及ぶことがあるので、現在のマギー評価指数の強気度が9％

という水準はダウ平均の中期の底を示唆している。

グラフ10.1　1985年９月28日付のマーケットレターから引用。ダウ工業
株平均の天底について「買われ過ぎ・売られ過ぎ」度を表
すマギーの評価指数。

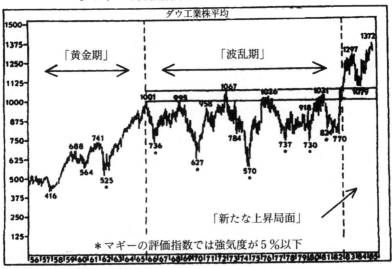

出所＝Ｍ・Ｃ・ホーシー社

第39章

試行錯誤
Trial and Error

　最初から完璧な成果を期待してはならない。実際にまずい結果が出るかもしれないので、投資額を控え目にして再出動の余地を残しておくことが大切である。こうしておけば、たとえ判断や出動の時期を間違ったり、または中期的な下落や大きな反転局面に直面しても、がっかりしないで元のポジションに戻ることができるし、また投資の経験も豊富になっていく。実際に売買記録（そして理論上の売買メモなど）をつけていれば、取引を重ねるにつれて自分の売買手法が上達していくのが分かるだろう。投資の結果をこれまでのチャートの記録と照らし合わせたり、自分の投資手法が一貫した利益を出しているのかを調べるとよい。新しい売買手法を取り入れるときは、実際に試してその結果が明らかになるまでは、多くの資金をリスクにさらさないほうがよい。

　これはひとつの実例であるが、急激な弱気相場であまり良い成績を出せなかったある投資家が、新たに開発した売買手法に従って実践した30回の取引結果を再検討した。その期間を通した実績は元金に対して年率で約40％の損失になったが、新しい手法に従って売買すると約156％の利益が出る計算となった。このような結果が決定的なものではなくても、将来の同じような局面でその新しい手法を徹底的に試験してみて、引き続き良い結果が出るようであれば、その新しい手法を

ずっと使ってもよいだろう。できるだけ多くの利益のチャンスをとら
え、予想外の事態から身を守る方法を習得するには、ある程度の試行
錯誤は避けられないだろう。もしもあなたが本書でこれまで述べてき
た、そして次章以下でも述べる示唆などを参考に売買するならば、ひ
とつの銘柄に全資金を投じるようなことはしないで、ゆっくりと慎重
に取引を進めるだろう。間違いや不運があなたに損失をもたらしたと
しても、それだけで挫折するようなこともなくなるだろう。さらにダ
マシの動き、判断のミス、予想外の株価の逆行などにもうまく対処で
きるようになる。

　あなたがそのときの感情に流されず、思慮深く落ち着いて行動すれ
ば、平均の法則が大きな成功をもたらすはずである。あなたは株式投
資で盲目的なギャンブルをしているのではない。信頼できる手掛かり
として過去の経験を賢明に活用しているのである。あなたの行動は自
由市場における競争的な売り買いの一部、つまりあなたの売買行為は
株価のトレンドを判断し、進行するインフレや株価の暴落を阻止し、
アメリカ産業の価値を決定するプロセスの一部なのである。マーケッ
トは過去と同じように将来も上昇と下落を繰り返すだろう。あなたの
テクニカルな知識はクライマックスとなる最後の噴き上げによる大天
井で買う危険性を、また底値圏では意気消沈し、嫌気がさしてすべて
の持ち株を売り払ってしまうことの愚かさを教えてくれるだろう。過
去のマーケットの動きを研究すれば、経験の浅い投資家がびっくりし、
ときに挫折しそうになるほどの突然の暴落にも適切に対処できる強力
な盾を持つことができるのである。

第40章

投資資金
How Much Capital to Use in Trading

　われわれはこれまで株価とさまざまなチャートパターンについて検討してきたが、投資資金についてはまだほとんど触れていない。以下では実際に株式取引するときのお金（投資資金）の問題に焦点を当てる。というのは、テクニカルなシグナルやパターンを理解しても投資戦術の実践法が分からないと利益を上げられないのと同様に、自分の資産に見合った売買手法を確立し、株式取引を資金面で合理的に管理しないと継続的な利益が保証されないからである。

　チャートをつけ始めたばかりでは資金を投じること、つまり実際の売買もつもり売買もしてはならない。新しくチャートをつけ始めた最初の4〜5週間の売買は、ただ勘に頼るギャンブル以外の何ものでもない。テクニカルな動きをする株式のパターンが見えるようになるまでの約2カ月間というものは、地道にチャートをつける時期である。それ以降になるとチャートの作成も次第に価値あるものになっていく。皆さんの最初の取引はおそらく理論上のものであろう。チャートから株式の値動きを感じ取り、研究してきた売買手法を実際に試し、そして最後には実際に売買することになる（**編者注**　こうした慎重なアプローチの大切さについて論じられることはほとんどない。マーケットが変化すれば、それに伴って投資家のメンタリティや意識も大きく変わっていく。従来のように単に鉛筆とチャート用紙、計算器などを手

に試行錯誤を繰り返しているよりは、本書を熟読して研究を重ねれば投資の腕は著しく上達するだろう。またオンラインやオフラインのものを問わず、最近のパソコン、データベース、チュートリアルツールなどをうまく利用すればその効果はかなり大きい）。

　そこで問題となるのは、「株式投資にどのくらいの資金を振り向けたらよいのか」ということである（注　ある意味でこうした問い掛けは重要な問題から目をそらすものである。そこでは読者である投資家が相応の投資資金を持っていることが前提となっている。しかし、特別な投資資金を持たない投資家が生活費や住宅ローンの返済分を株式投資に振り向けたら、その破綻は目に見えている。単なる落胆といった程度では済まないほど大切なお金で投機をするのは絶対に避けるべきだ）。その規模はその人の状況によって異なるし、どれほどの時間とエネルギーを株式取引に充てられるのか、また投資経験の違いによってもさまざまである。長年にわたる株式投資の経験があれば、新しいテクニックを取り入れながら、従来のやり方を続けてもよいだろう。

　一方、株式投資がまったく新しい試みであったり、ちょっとした副業や道楽にすぎないのであればゆっくりやればよい。プロの人たちが言っているように、株式市場で安全に売買できるようになるには普通で約2年かかるが、この2年間の見習い期間中に多くの投資家は次第に資金を失って、結局はその損失を取り戻せないまま永久に市場から退出してしまう。したがってどれほど自信があっても、または早く実際の売買をしたくても、最初はつもり売買を行い、実際に投資するお金は少額にとどめるのが最も安全である。そして2年後に少し堅実に安定した利益が出せるようになったら、もっと多くの資金を賢明にかつ安全に投資すべきである。たとえその期間中に失敗を繰り返して不要な損失が出たときは、それまでの売買手法を修正し、もっと安全なやり方に変更すれば、すべての投資資金を失うようなことはないだろう。どのような場合でも、簡単に儲けられる投資法といったものを鵜

呑みにして、持てる全資金をそれに賭けてはならない。そうした手法が本物であることはまずあり得ないし、それを信じて投資しても良い結果が出ることはまずないだろう。

　株式投資に充てるお金は特別授業を受けるための学費や住宅の修繕費などと同じである考えて、どのくらい節約できるのか、また投資経験を積むためにどれほどの金額を振り向けられるのかをよく計算すべきである。換言すれば、株式の投資資金とは給料は今よりも安いが、ゆくゆくは今の仕事よりも価値ある新しい仕事に転職するときの必要経費のようなものである。もっと正確に言えば、最初の株式投資で利益が出ることを期待すべきではない。たとえ生活費を切り詰めることになっても、株式投資に振り向ける資金の予算を立てるべきだ。そうすれば不要なリスクを取る苦しみを味わったり、または負債を支払うためにかなりの評価益が出ている株式を処分する必要もなくなる。また恐怖心や気苦労からも解放されて、自分なりの手法に従って売買することができるだろう。

　最初は500ドルくらいの資金で株式取引を始めてもよい（注　ネット取引が普及した現在ではなおさらそうである。売買手数料がかなり安くなった最近では、小口投資家でもインデックス株やその他の類似商品を売買することで分散投資が可能となった）。1000ドルか、数千ドルあればさらによい。見習い期間中に使える余裕資金さえ確保しておけば、そして投資の腕を磨く資金を用意しておけば、投資金額の多寡はそれほど問題ではない。株式投資を始めるときに大切なことは、どれくらいのお金を増やせるのかではなく、投資資金を年率平均でどのくらいの比率で増やせるかである。

　このような心構えで株式投資という大切な仕事に取り組めば、必要なときは敢えて損することも恐れないだろうし（損切りが唯一の対処法であるときもある）、不可能な利益を無理に求めることもなくなるだろう。相場は来年もまたあるという考え、チャンスはまた来るとい

った信念、さらに自分の売買手法は市場のうわさなどによってもたらされるラッキーなチャンスなどよりも大きな利益を生み出せるという固い決意を持てば、自分流の投資プランを冷静に練ることができるだろう。

第41章

投資の実践
Application of Capital in Practice

（編者注　この問題は「アセットアロケーション」とも呼ばれ、これについては多くの研究書や論文が発表されている（付録Dの参考資料を参照）。この章のアドバイスは極めて簡潔かつ実践的であり、コンピューターによって計算されるプロの複雑なポートフォリオ向けの高度な内容とは異なり、個人投資家にとってかなり役立つものである）

　われわれがこれまで検討し、（おそらく）読者の皆さんも納得されたであろういろいろな考え方をここでもう一度整理してみよう（注　まだ納得がいかない点があれば、ここまでの内容についてもう一度本書を熟読したほうがよい）。

１．一般にメジャートレンドはその上昇（下落）局面で、多くの主要な高値（安値）を切り上げ（切り下げ）ながら長期にわたって継続する。

２．弱気相場の大底で買って次の強気相場の大天井で売る、または強気相場の大天井で空売りして次の弱気相場の大底で買い戻せば、信じられないほど大きな利益が出る。

３．しかし、このような理想的な結果を生み出すことは不可能である。

４．強気相場の大天井やその近辺を買えば、株価が反転したときに壊滅的な損失を被ることになるが、そうした事態を避けることは可能である。また弱気相場の大底近くで空売りするといった間違いを回避することももちろん可能である。

５．メジャートレンドに沿って動いている株式を取引すれば利益が得られるが、メジャートレンド途上の中期の調整局面での売買、ときにメジャートレンドとは逆行している個別株式を売買しても利益を上げることができる。

6. 最も大きく確実な利益は、本格的な上昇局面ではメジャートレンドに沿った株式の買い（下落局面では空売り）によって得られる。しかし、動き始めたばかりの初期やトレンドの最終局面で株価の動きが鈍ってきたり、反転パターンが現れ始めたときはそれほど利益にはならない。

　したがって、メジャートレンドに沿った取引で最大の利益を上げるには、その動きが始まったばかりのとき、そしてトレンドの最終局面では売買する株式を絞り、最も大きく上昇（または下落）する時期に多くの株式を取引すべきである。われわれは限られた資金とメジャートレンドとの関係を、適切な方程式で表すことができると考える。しかし、メジャートレンドの考え方はすでに定義済みであり、既述したようにトレンドというものは多くの個別株式の動きを抽象化したものであるため、ある時点でどれほどの資金を投資すべきかといった問題を解けるような方程式はそれほど簡単には作れない。

　しかし、この問題について正確な答えを出す必要はないだろう。これまで見てきたように、ある時期のメジャートレンドの強さはマギーの評価指数によって大ざっぱに判断できる（**注**　この考え方を分かりやすく単純化すれば、マギー評価指数に基づいてアセットアロケーションを組むこともできる。例えば、そのテクニカルアナリストが現在の市況は強気が30%、弱気が30%、ニュートラルが40%で構成されていると判断すれば、買い持ち30%、売り持ち30%、現金40%と資金を配分すればよい。こうした考え方は学術論文ほどの正確さは期待できないが、ポートフォリオのリスク配分にも応用できる。すなわち、マギーの評価指数に従って買いと売りポジションのリスクをバランスさせる、またはほぼ均等にしておくなどである）。

　しかし、このほかにもいくつかの問題が残されている。そのひとつはどのくらいのリスクを見込んだらよいのかという問題である。かな

り穏やかな動きをする株式もあれば、極めて投機的な動きをする株式もあるので、全資金のどれくらいをメジャートレンドに沿った取引に充てるのかを決めるだけでは不十分である。必ずしもすべての資金を投資する必要はなく、株価水準によってそれぞれの株式の習性が違うほか（低位株は値がさ株よりも変動率が大きい）、また信用取引では証拠金の程度によってリスクの程度も異なる。

これらの問題は極めて重要である（そうでなければ、ここでこれだけ多くのページを割いて詳しく検討することはしない）。しかし、ある時期の投資資金を単なる数学的な方式で決定することができるのだろうか（その試みを進めている人もいる）。例えば、現在の相場は全資金の80％を投資してもよいほど勢いがある強気の基調であると確信したとする。そうしたときでも（ベータ値が低い）値がさ株を買って得られる利益（その見通しが正しかったとき）、または損失（見通しが間違っていたとき）は（ベータ値が高い）低位株から得られる利益や損失とは同じではないだろう。同様に感応度やボラティリティの低い株式（公益事業株のように穏やかな動きをする株式）を買って得られる利益や損失は、感応度の高い株式（インターネット関連株のような投機株）を買ったときと同じではないだろう。こうした要素は実際の投資額のみならず、トレードの方法にも関係するものであり、「私の取っているリスクはどの程度なのか」という問いに対するひとつの答えにもなっている。

これを分かりやすくするために、資金の80％（例えば、投資資金1万ドルのうちの8000ドル）を穏やかな動きをする優先株に投資したとしよう。市場全体が大きく上昇すれば、その優先株も4～5％は値上がりするだろう。逆に平均株価が急落すれば、その優先株も4～5％ほど値下がりするかもしれない。極端な例としては、極めて投機的な低位株のオプションを8000ドルで買えば、90日以内に数百％の利益、または8000ドルの損失を被る可能性もある。もちろん、株価の動きに

応じて取引金額を増減したり、売買銘柄を入れ替える、つまり資金の一部をやや投機的な株式や値がさ株や低位株に振り向けたり、さらには証拠金を増減することによって取引の性質を変えることもできる。巻末の**付録A**では、投資資金額に関係する主な要素（個別株式の感応度、株価水準、証拠金など）をまとめてひとつの数値（これを「総合レバレッジ指数（Composite Leverage Index）」と呼ぶ）で表す方法を紹介する（**注**　何回も言うように、マギーはその当時のさまざまな投資理論よりもはるかに先行して、株式市場と株式投資の基本的な性質について実践的で直観的な理解を促そうと心掛けていた。マギーのこの総合レバレッジ指数は、現在の「VAR（Value at Risk）＝想定した確率の下でポートフォリオに発生する可能性のある損失額」の先駆けともなるものである。なお、VARのコンセプトについては第42章で簡潔に説明されている）。

　大きなトレンド途上の動きの早い局面、またはトレンドの初期や最終局面で動きが鈍くなったり、反転の可能性が高くなったときは、その局面に応じてレバレッジ指数（リスクエクスポージャー）を調整する必要がある。しかし、この指数について詳しく説明することと、特定の時期に適切なレバレッジ度を確保する方法を述べることはまったく別の問題である。この章の初めに挙げた売買基準は大切であるが、中期の調整局面や個別株式のメジャートレンドを見極めることは難しいので、それらの基準を適切なルールにまとめることはできない。これは経験や経験に基づく直観の領域である。皆さんは自分のレバレッジ指数が危険な水準に達するまでポジションを広げてはならないし、その反対に利益をチャンスが増えるほど相場付きが良くなったのに、レバレッジ指数を低くしたままでトレードし続けてはならない。

　われわれはこのことを考えるとき、メジャートレンドの一般的な形を心に描いている。一般に強気相場は一連の不規則な上下の値動きを繰り返しながら上昇していくが、最初は緩やかなトレンドで始まり、

株価が最後の天井圏に近づくにつれて徐々にその上昇速度を速める。
弱気相場では最初の動きが最も速く、最終局面に近づくにつれて動き
は鈍くなる。弱気相場は強気相場よりもトレンドの勾配が急である。
こうしたことを知っていれば、仕掛けるベストの時期はいつなのか、
そして自分のレバレッジ指数をいつ高めたらよいのかを判断するのが
容易になるだろう。

　相場の局面を判断する要素のなかには、簡単な数値で表すのが難し
いものもある。われわれはときに総合レバレッジ指数を構成する要素
とは直接関係のない理由で、ポジションを入れ替えることもある。例
えば、優良株、活発に取引されるリーディング株、そして極めて穏や
かな動きをする一部の株式は強気相場の初期にはかなり早くから動き
始めて、一貫したペースで上昇を続ける傾向がある。そして最後に天
井圏に達して反転パターンを形成し、そこからおそらく上昇のときよ
りも急勾配で下落するだろう。一方、ゆっくりとスタートする低位株
などは強気相場の初期にはあまり大きく動かないが、まもなく突然に
急騰して天井まで一気に駆け上がる。しかし、それらの株式が天井に
到達する時期はほかの多くの株式よりも遅れる（数カ月ぐらい）。投
機的な株式はそれから急反落し、穏健な株式がゆっくりと大底をつけ
る前に早々と大底圏で横ばいの動きに入っているだろう。

　こうしたことを考えると、強気相場の初期には優良株を集中的に買
い、後半の時期に低位株に資金を集中するのがよいという結論になる。
また弱気相場では一部のボロ株が最終的な上昇局面にあるときに、優
良株を空売りすることもできる。しかし、低位株に反転のシグナルが
出たら、空売りしていた優良株を直ちに買い戻して、今度はそれらの
低位株を空売りする。

　巻末の**付録A**では総合レバレッジ指数について説明する。この指数
は皆さんが株式を売買するときの有効な目安になるだろうし、またポ
ジションの広げすぎも警告してくれるだろう。しかし、この指数を株

式取引の性質と投資金額などを含むすべての問題に対処するツールとして機械的に使ってはならない。というのは、いかなるときでもメジャートレンドの各局面を見極めるときは、皆さん自身の経験と判断が最後の決定を下すことになるからである。

プットオプションとコールオプション

　金融市場におけるさまざまな形のオプションは長い歴史を持つ。ほぼ2000年前、地中海地方の商人たちは嵐や略奪の危険を軽減する保険として、現在のオプション取引に似た取り決めを結んでいた。現在の商品先物取引も、利益を追求する商品と保険つなぎの手段という2つの性質を持つという点では株式オプションに類似している。オプションは不動産取引などでも広く利用されている。

　かつて株式オプションは買い手と売り手の直接的な相対取引だけで売買されたほか、ブローカーやディーラーが仲介することもあった。オプションの買い手と売り手はオプションの対象となる株式、権利行使価格、満期、プレミアムなどを自由に決めていた。1973年にCBOE（シカゴ・オプション取引所）がオプション取引の新しい売買方式を導入したのに続き、AMEX（アメリカン証券取引所）やその他の取引所もさまざまなオプション商品を上場していった。活発に取引される特定株式を対象とするコールオプションでは、（商品先物取引と同じように）満期日、権利行使価格、買い手と売り手のビッドとオファーに基づくプレミアムなどが標準化されていった。この急速に拡大しているオプション取引については、ローレンス・G・マクミラン著『オプションズ・アズ・ア・ストラテジック・インベストメント（Options as a Strategic Investment）』を参照のこと。

　編者注　インターネット時代を迎えた今日、オプションとデリバテ

ィブ市場は経済活動にとって極めて重要な存在になっている。このことを物語るひとつの証拠が、最近頻発しているデリバティブ取引の失敗による巨額の損失や大物トレーダーの破綻であろう。例えば、バンク・ネガラ・マレーシア（マレーシア中央銀行）が1992〜93年に為替取引の失敗で50億ドルの損失を出したのをはじめ、日本の昭和シェル石油も1993年に同じようなデリバティブ取引の失敗で15.8億ドルの損失を出した。また同じころドイツのメタルゲゼルシャフト（コングロマリット）は13.4億ドル、英ベアリングズ銀行も株価指数先物取引で13.3億ドルの損失を出した。この種のデリバティブ取引の失敗による損失総額は、1987〜1995年に167億ドルに達している。もちろん、1995年の各種デリバティブの市場規模が25兆ドルと推定されることに照らせば、こうした事件はほんの氷山の一角にすぎない。個人投資家がこうした事件から学ぶべき教訓は、どれほど高度な技術を持つ投資家にとっても、この市場はあちこちに地雷が散乱している危険な場所であるということである。

第42章

ポートフォリオリスク・マネジメント
Portfolio Risk Management

（注　第7版の総合レバレッジ指数に関する内容は付録Bに移した）

　前章で述べたように、メジャートレンドのある局面やある段階と、そこから得られる利益の可能性の間には何らかの相関関係がある。この問題に対処するメカニカルなプランやシステムは数多くあるが、われわれはこの問題をメカニカルな手段だけで十分に解決できるとは信じていない。われわれはチャートをつけている株式の一般的なトレンドに従ってポジションを取るひとつの方法（マギーの評価指数に基づく売買手法）を述べたが、トレンドの進展に伴って増し玉していくという手法もある。このほか、トレンドに逆行してポジションを増やしていくことでコストを平均化させる（強気相場ではナンピン買い下がり、強気相場ではナンピン売り上がり）という手法もある。

　しかし、このような手法のどれひとつを取っても、そこではいつ買って、いつ売ったらよいのかという問題に対する十分な答えが提示されていない。本書の主な目的は個別株式のテクニカルなパターンを研究することである。もしもわれわれがどこで買って、どのような状態のときに売ったらよいのかをチャートから学ぶことができるならば、取引を成功させる基本的なテクニックを習得したことになる。一方、買いと売りでほとんどいつも損失が出るようであれば、どれほど分散投資しても、またはどれほど多くの資金を投じても良い結果は期待できないだろう。投資資金は次第に減っていき、最後にはゼロになって

しまうに違いない（注　このような投資家は一定の歯止めを設けるべきである。例えば、投資資金の50％を失ったら株式の売買をいったんやめて、残った資金を投資信託や投資アドバイザーに預ける。一般には投資信託よりは投資アドバイザーのほうが好ましいが、その投資家の考えでその2つに預けてもよい。自分一人で損失を重ねているよりははるかにましである）。

　そこでまず最初にすべきことは、テクニカルなツール、パターン、トレンド、支持圏・抵抗圏などの利用の仕方を学ぶことである。そうすればどのくらいの資金を、どのほうな方法でリスクにさらすのかが分かるようになる。既述したように、資金の振り分け方ひとつをとっても、その違いによって大きな損益の差が生じる。株価水準、感応度、証拠金などいろいろな要素が「総合レバレッジ指数（Composite Leverage Index）」と呼ばれるコンセプトに取り入れられている。巻末の**付録A**でこの指数について詳述するが、株式取引に関してこの用語を使用するときは、われわれの言わんとすることを皆さんによく理解してもらうようにこれまでにも十分に説明してきたつもりである。

　もちろん、皆さんはすべての収益機会を取り逃がしてしまうほど保守的であろうとは思わないだろう。もしもメジャートレンドに逆らった取引は絶対にしないと決心すれば、株価が長期の調整局面に入っている間はただ静観しているだけである。株価がメジャートレンドの方向に沿って再び動き始めるまで、ときに何週間も待たされるかもしれない。当然、弱気のシグナルや収斂するトレンドが現れたときは行動せず、また噴き上げやクライマックスの局面でも静観することになる。こうした極めて慎重なスタンスを堅持していれば、株式投資で成功する確率は60％、70％、80％どころではなく、おそらく90％にも達するだろう。そしてすべての決断の95％は実際に正しいだろう。このような極端な保守的スタンスはあらゆる条件が明確で有利なときに、最も素晴らしい状況下でしか売買しないことを意味する。

　しかし、このようなチャンスはそうたびたび来るものではない。このような投資スタンスだと確かに利益は出るだろうが、その金額は毎日チャートをつけ、それらを研究したわりにはあまりにも少ない程度にとどまるだろう。というのは、それほどチャートを研究しなくても、またそれほど大きなリスクを取らなくても、ほどほどの名目リターンを上げることは可能であるからだ。皆さんの努力を価値あるものにするためには、もっと高いリターンを狙わなければならない（注　そのような「ほどほどの名目リターン」はＴボンドやその類似商品に投資しても得られるだろう。債券のトレーダーや投資家はそうした金融商品は無リスクであると考えているが、そうした考えは現実をまったく無視している。デビッド・ドレマンも『コントラリアン・インベストメント・ストラテジー（Contrarian Investment Strategy）』のなかで指摘しているように、お金を商品化した債券などの金融商品はインフレなどの影響をもろに受ける一種の減価資産である）。

　チャートを活用するからには、収益機会も大きいが、それだけ損失のリスクも大きく高いレバレッジの株式を取引すべきである。「安全な」証券を買ってそれをタンスのなかにしまい込んで、そのことを忘れてしまうような人よりも、意識的に大きなリスクを取っていかなければならない。これまでの経験と判断力から相場の特定局面では安全であると思われる一定の水準に総合レバレッジ（ポートフォリオのリスク）を維持しておけば、そのような慎重すぎるスタンスもなくなるだろう。さらに重要なことは、株式取引のときにこのレバレッジ指数を一定に決めておけば、知らず知らずのうちにトレードのしすぎる危険性も回避できる。トレードのしすぎは慎重すぎる態度よりもはるかに頻繁に起こる間違いであり、つもり売買の利益率が高いときほどトレードのしすぎは危険な敵になる。総合レバレッジを一定水準に決め、状況が変化してもそれを調整しながらその限度を守っていれば（いわゆる、適正なポートフォリオリスク戦略の実行）、相場に熱中しすぎ

ることもなく、また自分の取っているリスクがいつでも分かるだろう。

トレードのしすぎとそのパラドックス

　ここでもうひとつの重要な問題が出てくる。それは個々の売買の損益幅が同じでも、損益額は必ずしも同じにはならないということである。これはとても大切なことなので、絶対に忘れてはならない。というのも、これはトレードのしすぎる投資家がよく直面する問題であるからだ（しかし、それなりの対策を講じておけば、それほど心配する必要はない）。一連の取引の損益率が等しくても実際の損益額が異なるというパラドックスは極端な場合、常に100％の利益や損失を見込んであらゆる事業に全資金を投じるような人を考えれば理解しやすいだろう。もしもその最初の事業が失敗に終われば、その人は100％の損失を被って万事休すとなる。というのは、ゼロから100％の利益を生み出すことはできないからである。また最初の事業が成功しても次の事業に再び全資金を投入してその事業が失敗すれば、やはりその人は無一文になる。このような人は何回成功しようとも、最初の失敗ですべてを失うことになる（注　これが「ギャンブラーの破滅」と言われるもので、この問題についてはビクター・ニーダーホッファーをはじめ、多くの専門家が興味ある分析を行っている。**付録D**の参考資料を参照）。

　われわれが話している状況はこれほど極端なケースではない。皆さんは今のお金を倍にするか、さもなければすべてを失うかといった考えで、有り金すべてをリスクにさらすようなことはしないだろう。しかし、仮に一連の取引で40％の利益を期待できるが、その半面40％の損失になる危険性もあるポイントまでリスクを取ったとする。例えば、1000ドルで取引を始めて10連敗したら、手元に残るのは約6ドルである。次の10回の取引はすべて成功したとして、この10回の失敗と10回

の成功における損益幅が各取引で40%であるとすれば、1000ドルの当初資金は100ドル以下になってしまう。この10回の失敗と成功がこの順序で起こる必要はない。初めの10回の取引が成功であってもよいし、初めの3回が成功で続く4回が失敗、続いて7回成功し、最後の6回が失敗という順序でもよい。10勝10敗のあとではそれがどのような順序であっても、当初資金の90%が失われているはずである。

　一方、もしも20回の事業にそのつど全資金を投入し、そのうちの10回は8%の利益、残りの10回は8%の損失となったとき、それぞれ10回ずつの利益と損失を合計すると当初の1000ドルは937ドルとわずかに減少するだけである。当初資金の約94%がまだ手元に残っている。この結果（8%という数字は短期取引で損失となるかなり平均的な数値であるが、実際の取引に関するさまざまな統計によれば、むしろ大きすぎるくらいの数値である）を逆説的に言えば、各取引ではわずか3分の1のハンディにとどまったことになる。

　ところで、かなりまれなケースとして（まったくないわけではない）、10回の取引が連続して悪い結果になることもある。株価が実際に転換した時期とメジャートレンド反転を示唆するダウ理論のシグナルが出たときの間に10カ月の開きがあったこともある。実際、新しいトレンドが形成されてそれが長期にわたって進行すると、それまでのすべての損失を埋めて余りある利益を生み出すものである。しかし、その10カ月間という難しい時期の1回の取引期間を平均30日とすれば、方向の間違った10回の取引が損失となって、当初資金の1000ドルがわずか434ドルに減少する可能性もある。

　ここで重要なことは、次の連続する10回の取引の成功がこの434ドルを937ドルに戻すということである。言い換えると、8%のペースで進めば傾いた船を真っすぐに戻して正しく航海できるが、40%のペースで進めばその船は形跡もなく沈没して、過大な取引の犠牲になってしまうということである。したがって、総合レバレッジ指数（ポー

トフォリオリスク・エクスポージャー）をほどほどの範囲内に抑えて平均の法則を働かせていれば、健全な数学的基盤のうえに立つことができる。株式のテクニカル分析はあなたに常に収益機会を与えている。この点をよく理解しないと、知らず知らずのうちにトレードをしすぎて、ベストのテクニカル分析を駆使しても損失に終わってしまうだろう。

　　編者注　ジョン・マギーはよく現代の投資理論の父と呼ばれているが、実際の現代の投資理論はテクニカル分析という観点から見ると正しい方向に向かっておらず、それゆえ学者たちもマギーの貢献を認めることなく、学者たちの多くも彼の著書を読んでいない。彼らがマギーの著書を読めば、そこには現在の理論家たちがシステマティックリスクやベータ値と呼んでいるものが感応度指数というコンセプトで確立されているのが分かるだろう。マギーの総合レバレッジ指数に関する著書は現在ではやや分かりにくい点もあるが、現代のポートフォリオリスク分析よりもはるかに先行し、また実践的でもある。旧版のこの章にあった総合レバレッジ指数の解説でマギーは幾分厄介な手順を示しているので、その内容は**付録Ｂ**に移した。このレバレッジ指数は今でも有効であるが、現在のトレーダーにとっては自分の取っているリスク、レバレッジや利益の可能性などを評価するもっと単純で便利な方法もある。そのひとつはVARの手法を利用することであるが、自分のポートフォリオからそうした情報を引き出すもっと簡単で実用的、そしてはるかに有効な方法がある。

　ボラティリティはその株式のリスクを、そしてポートフォリオボラティリティはその株式グループのリスク度を測定する大きな要因である。われわれがその売買システムや手法をリサーチするときは、「最大ドローダウン」（最大引かされ幅＝純資産のピークから引かされた金額の最大値）というものをよく理解していなくてはならない。以上

のことから、次のような結論が得られる。もしも大きなリスクを取りたいのであれば、ボラティリティの大きな株式、つまり公益事業株などよりはインターネット関連株や最近の熱狂的な株式に投資することである。不注意に過大なリスクを取りすぎないように、自分のポートフォリオのリスク度を定期的に見直すことが大切である。重要なチェック項目は次のようなものである。

●各トレードの当初のリスク

●実現損

●各トレードの平均損益とその比率（平均利益÷平均損失）

●勝ちトレード数と負けトレード数とその比率

●勝ちトレード期間と負けトレード期間（長期投資が大きな損失につながったことなど）

●資金の変動率、平均ドローダウン、最大ドローダウン

●実践的なポートフォリオ理論（あとで検討する）によって算出された日々・年間・異常時のリスク

個別株式のリスク

　従来の学問的な方法でリスクを分析するときは、まずはボラティリティというものを検討しなければならない。株式のボラティリティを評価する（または小さくする）方法については第24章で述べた。ボラティリティの学問的な理論や評価法にはいくつかの前提条件があるが、そうしたものは株式投資の実践者にとってはそれほど興味がないと思われる。そこでその投資家は保有株に内在するボラティリティは受け入れるというひとつの前提条件だけに絞って話を進めよう。テクニカル分析の目的は許容しうるリスクを限定しながら、利益のチャンスを実現することにある。したがってボラティリティが0.30、つまりリスクが30％の株式を売買するときでも、例えば買値から5〜8％安いと

ころにストップロスオーダーを入れておけばそのリスクを小さくすることができる。このようにわれわれのリスクコントロールはリスク分析の理論よりも簡単かつダイナミックである。一方、ボラティリティは面白い株式を評価するひとつの目安ともなる。

　第24章で説明した方法に基づき、これまでに積み重ねたテクニカル分析や売買手法などの経験を適用すれば、自分でその株式のボラティリティを予測するのは完全に可能である。その株式のリターンのばらつき度が自分の許容範囲を超えるようであれば、そうした銘柄は投資対象から外せばよい。私の知るかぎり、こうした独自のリスク分析について述べた著書や文献はほとんど見当たらない。いわばこのようなカスタマイズされたリスク分析の手法は特定の株式に対して極めて有効であり、この手法に合わない株式はミューチュアルファンドのマネジャーにくれてやればよい。

ポートフォリオのリスク

　皆さんが株式ポートフォリオの運用に十分な経験があるならば、これまで述べてきた個別株式のボラティリティ評価法とまったく同じように、株式ポートフォリオのボラティリティも予測可能である（ここでも第24章の方法に従う）。また構成銘柄の度数分布を調べてポートフォリオのボラティリティを調整してもよい。そのリターンのばらつき度を見ると、その人の売買手法やスタイルの特徴がよく分かる。学者やファンドマネジャーなどは2つのシステムや投資顧問のパフォーマンスを比較するときに、「シャープレシオ（そのファンドがリスクに見合った投資をしているかどうかを示す指標）」と呼ばれる指標を使っている（シャープレシオについては、ポートフォリオリスクを分析するときの大きな欠点などを含めて巻末の**付録D**で検討する）。

　読者の皆さんは（**付録B**に掲載した）マギーの総合レバレッジ指数

を使えば、自分でポートフォリオのリスクを分析することができる。また、以下に述べる現代のポートフォリオマネジメントやリスク分析法を参考にしてもよい。総合レバレッジ指数は数量的な方法でリスクを測定・管理するとともに、利益の可能性を評価するもので、現在のファンドマネジャーはVARという手法を使っている。以下ではVARについて概説したあと、筆者の好きな実践的なポートフォリオ理論について説明する。

VARによる手法

　個別株式のリターンが分かれば、個別株式で構成するポートフォリオのリターンも計算できる。そのリターンはポートフォリオの保有期間を通したリターンであるが、日々のリターンや市場価格による損益はときにプラス、またはマイナスと毎日変動している。総リターンを合計してそれを保有期間で割れば、平均リターンが算出される。またリターンの度数分布を作成すれば、そのポートフォリオのリスク度も計算できる。例えば、（投資理論によれば）最小リターンが１％で最大リターンが８％のポートフォリオは、同－１～20％のリターンのポートフォリオに比べて内在的なリスクは小さい。もっとも、リターンの度数分布だけで２つのポートフォリオのリスク度を比較することはできず、それぞれのボラティリティも考慮しなければならない。

　ポートフォリオのボラティリティはその平均値からの偏差で測定し、その数値は標準偏差と呼ばれ、ギリシャ語のシグマ（σ）で表す。学問的な理論によれば、ポートフォリオのボラティリティが大きくなればなるほど、リスク度も大きくなる。例えば、レバレッジがかかっている商品先物のポートフォリオのリターンは－30～100％に達するが、債券ポートフォリオの市場価格の変動幅はそれほど大きいものではなく、満期時のリターンは表面利率である。しかし、ファンドマネジャ

※VARについては『リスクバジェッティングのためのVaR』（パンローリング）を参照。

ーなどは債券のリスクを評価するとき、インフレなどの影響によるお金の減価という要因を無視している。われわれのような実践的な分析家にとってこのようなことは常識であるが、学者や債券トレーダーはこうした要因に目を向けようともしないので、彼らに対してあれこれと言う必要はまったくない。

　既述したように、もしもわれわれがその株式ポートフォリオに十分な経験があれば、そのボラティリティを予測することはそれほど難しいことではない。しかし、VARなどによってポートフォリオのボラティリティを測定しようすれば、その手順は複雑であり、また高度な統計的手法と膨大なデータが必要となる。一方、われわれの方法によれば、自分のポートフォリオの構成銘柄の主な要因を測定し、それらの関連関係と相関係数などを調べるだけでよい。マンデルブロットも言っているように、ポートフォリオのボラティリティ分析に関する完全な方法はまだまったく確立されていない。この問題については、カリフォルニア大学のフィリップ・ジョリオン教授（財政学）が著した『バリュー・アット・リスクのすべて』（ジグマベイスキャピタル）が参考になるだろう。

実践的なポートフォリオ理論とその実践

　大学時代のあの厄介な統計学の授業を思い出すよりは、個人投資家にとってはるかに簡単で実用的、そして極めて便利な方法がある。それは実践的なポートフォリオ理論を使うことである。学者やウォール街の専門家たちは自分たちが顧客に負わせたリスクや負債のことなどはまったく無視して、それ以外のあらゆるものを数量化しようとしている。以下では個別株式とそのポートフォリオのリスク度を数量化する簡単な方法を説明するが、どのような場合でも完璧な正確さは期待できないことを念頭に置く必要がある（これに関連して1929年、1957

年、1987年、そして1989年の株式暴落時におけるプロのファンドマネ
ジャーのパフォーマンス、1998年に世界の金融市場を震撼させた米大
手ヘッジファンドであるロングターム・キャピタル・マネジメントの
破綻、1987年のレーガン・クラッシュによるマーケットの崩壊を救っ
たレランド・オブライアン・ルービンシュタインのポートフォリオイ
ンシュアランスなどを想起すべきである)。

ポートフォリオリスクの実践的な測定法

個別株式のリスク評価

第24章で述べたように、個別株式の理論上のリスクはそのボラティ
リティにほぼ等しい。例えば、マイクロソフト株の100株、市場価格
が120ドル、年間ボラティリティが0.44のときの理論上のリスクは次
のようになる。

マイクロソフト株の理論上のリスク＝ボラティリティ×株数×市場
価格＝0.44×100×120＝5200ドル

以上の算式によれば、マイクロソフト株1株の年間リスクは0.44×
120＝52ドルである。しかし、チャート分析にも興味がなく、ストッ
プロスという防衛手段とその使い方も知らない投資家が、2000年2月
に最高値のマイクロソフト株を120ドルで買ったとすれば、同年6月
に60ドルの最安値を付けたときのリスク度は50％にも達したのである。

一方、われわれにとって重要なもうひとつのリスク度であるオペレ
ーショナルリスクというものがある。これは特定のトレード局面にお
けるリスクを表すもので、例えばマイクロソフト株を100株購入し、
買値から5％安いところにストップロスオーダーを入れたときのオペ
レーショナルリスクは次のようになる。

マイクロソフト株のオペレーショナルリスク＝（市場価格－ストップ
ロス価格）×株数＝（120－114）×100＝600ドル

ポートフォリオリスクの計算

　ポートフォリオの理論上のリスクを計算するプロセスはかなり複雑
である。基本的にはまずそのポートフォリオ全体のボラティリティを
調べたあと、その数値にポートフォリオの時価総額を掛ける。このよ
うに説明するとそれほど複雑な手順には見えないが、実際には個別銘
柄のボラティリティを単純に合計しただけではそのポートフォリオの
ボラティリティは算出されない。現実には個別銘柄のリターンの相関
関係を計算し、そのつどそれらの銘柄の分散と共分散を決定する必要
がある。ここでそれらの計算手順の詳細は述べないので、詳しくは**付
録D**を参照されたい。ポートフォリオの理論上のリスクに関する簡単
な算式を示すと次のようになる。

　ポートフォリオの理論上のリスク＝ボラティリティ×時価総額

　通常の状況の下では、単純なポートフォリオのオペレーショナルリ
スクは、買い持ち株のオペレーショナルリスクの合計から空売り株の
同リスクの合計を差し引いて求める。マーケットが完全に逆相関的な
動きをするときは、この２つの要因を合計しなければならない。

　ポートフォリオのオペレーショナルリスク＝買い持ち株のオペレー
　ショナルリスクの合計－空売り株のオペレーショナルリスクの合計

最大ドローダウン

われわれが売買システムを開発し、テストするとき、または実際の
売買経験上においても、それらの標準偏差や統計結果などにはあまり

目を向けない。われわれが頭を悩ますのは損失、つまりよく経験する「最大の不運」である。それならば、そうした売買システムや手法が実際にうまく機能するまで、われわれが被る最大の損失から利益を蓄積し始めるにはどうすればよいのだろうか。そのひとつの方法は値動きのチャートを作成してそれを研究することである（**図2**を参照）。

　株価の天井から底までの値幅が最大ドローダウンと呼ばれるもので、それによって必要資金額や維持すべき資金などが決まるほか、その売買システムや手法による最終結果も明確になる。（ときに恐ろしい事故が起こるかもしれないことを十分に承知して）心からジェットコースターを楽しむのでないかぎり、多くの値動きをカバーしたシステムが間違ったシグナルを頻繁に出すようであれば、そのシステムには大幅な修正を加える必要がある。実際の売買経験のないシステムを使うときは、予想される最大ドローダウンの3〜4倍の十分な必要資金を見込んでおくべきだ。

実践的なポートフォリオ分析──リスクの測定

　ポートフォリオを分析するときは、まず最初に何を測定するのかを知らなければならない。リスクをコントロールするには、リスクを測定できることが前提となる。理論家はリスクとボラティリティをほぼ同じものと見ている。こうした考え方にはいくつかの実際上の問題点があるが、とりあえずはこの前提に従って話を進めよう。ポートフォリオのリスクについては、いろいろな種類と優先順位のリスクを分類する必要がある。ボラティリティという観点から見ると、債券は明らかに株式よりもボラティリティは小さく、またレバレッジのかかっていない投資商品は先物取引よりもやはりボラティリティが小さい。これと同じように、もしもそのポートフォリオのリスクのバランスをとらないと（例えば、1株だけに集中投資するようなとき）、リスクの

度合いはかなり大きくなる。

　しかし、株式ポートフォリオがS&P500のインデックス株だけで構成されているようなとき、そのポートフォリオは定義上は分散投資となっているが、明らかに異なるカテゴリーに属する。このように見てくると、何を測定すべきかという重要性が分かるだろう（これについてはフォリップ・ジョリオン教授の『バリュー・アット・リスクのすべて』が参考になるだろう）。またこの問題に対処するときは、「リスクマネジメント101」というチュートリアルソフトが役に立つ。

　実際の相場局面とトレードの実践という観点から見ると、トレーダーは自分のポートフォリオの理論上のリスクよりもオペレーショナルリスクを知りたいと思っている。しかし、持ち株が上昇しているときはそのボラティリティを否定的には考えないだろう。トレーダーはここに概説する実践的な方法でリスクを測定することができる。以下ではポートフォリオの「通常のリスク（Ordinary or Normal Risk）」、「時間リスク（Risk over Time）」、「異常時のリスクや壊滅的なリスク（Extraordinary or Catastrophic Risk）」について見てみよう。

ポートフォリオの通常のリスク

　まず最初に、今日のリスクを測定する必要がある。今日の通常のリスクは個別株式の市場価格とストップロス価格の差額を合計すれば簡単に算出できる。この数値を総資金で割ると「ポートフォリオリスク・ファクター」が得られる。これはそのトレーダーが今日取り得るリスクである。

　ポートフォリオリスク・ファクター＝ポートフォリオの市場価格とストップロス価格の差額の合計÷総資金

ポートフォリオの時間リスク

一定期間のリスクを年率換算してもよいし、1週間や1カ月単位で測定してもよい。このリスクは実際のトレードに伴うリスクで、取引日の通常のリスクを合計し、それを測定期間（プロット期間）で割って求める。このほか、平均リターンやその分散、標準偏差などからも計算できる。

ポートフォリオの異常時のリスク（または壊滅的なリスク）

ポートフォリオの異常時のリスクとは、特定日のマーケットの崩壊やパニックに伴うリスクである。このリスクを見るにはまず最初に、マーケットの通常の状況や自分の毎日のパニック度などを測定しなければならない。もしもポートフォリオのすべての銘柄が損失となり、1日の損失が最悪の状態になったら破産してしまうことになる。このリスク分析によれば、標準偏差の2倍、4倍、6倍の動きも起こりうると分かる。この種のリスクがポートフォリオに与える影響とは、まずストップロスの注文はスペシャリストやマーケットメーカーによって執行されず、マーケットは恐怖に駆られた羊の群が出口に殺到するように総崩れとなる。これでは万事休すである。これが異常時のリスクとか、壊滅的なリスクと呼ばれるものである。

リスクのコントロール

このような状況のとき、最も危険な状態は最大のレバレッジがかかっているときである。なかでもオプションの売り、とりわけプットの売りが最も危険である。私の顧客の一人が1987年のレーガン・クラッシュのとき、プットの売りで5700万ドルの損失を出したことは先に述

べたとおりである。マーケットメーカーのなかにはコールの売りでやられる場合もあるが、そうしたケースはまれであり、コールの売りで大きな損失を出すのは企業の乗っ取りや1株の集中投資などのときである。こうしたリスクを回避するにはヘッジが有効である。話を単純化にすると、株式の買い越しをプットの買いでヘッジする。こうしておけば、一方のポジションの損失は他方の利益で相殺される。また数銘柄の株式の買いと空売りを同時に行えば、これも一種のヘッジである。このほか、ダウ平均銘柄の買い、同株価指数先物の売りというヘッジもある。

　実際の株式取引においては、ポートフォリオの運用期間中はマギーの評価指数に基づいて常にマーケットを測定し、その局面に応じてポートフォリオのバランスを図っていれば、通常のリスクと異常時のリスクの両方から大きな打撃を受けることはないだろう。それどころか、多くのプロのファンドマネジャーが大きな損失を出しているときに、利益を得ることも可能である。一方、持ち株が上昇して評価益が出ているときはプログレッシブストップを適切に引き上げる、実際には第28章で述べた「3日間のルール」に従って新高値をとるたびに上方に移動していけば、その後の株価がどちらに向かおうとも、あなたの船は沈没することもなく目的地に達することができるだろう。

リスクマネジメントとマネーマネジメントのまとめ

　以上述べてきたことは、たとえ数字の苦手な人でも簡単に理解できる単純なルールにまとめることができる。リスクをコントロールする最初の基本的な原則はトレードサイズである。個別銘柄のボラティリティの大小を問わず、500株よりは100株のポートフォリオのほうがリスクは小さい。トレードサイズを決めるには、まず最初に仕掛け値とストップ価格の差を出す（これを「ドル・リスク1」と呼ぶ）。次に

トレードでリスクにさらす総資金の一定比率である「リスクコントロール・ファクター」と総資金を掛ければ「トレード当たりのリスク」が求められる（例えば、総資金10万ドル×３％など）。最後にドル・リスク１をトレード当たりのリスクで割るとトレードサイズが算出される。以上の算式をまとめると次のようになる。

仕掛け値－ストップ価格＝ドル・リスク１

リスク・コントロール・ファクター×総資金＝トレード当たりのリスク

ドル・リスク１÷トレード当たりのリスク＝トレードサイズ

　以上の算式を使えば、毎日のオペレーショナルリスクを測定できる。オペレーショナルリスクを総資金で割れば「ポートフォリオ・オペレーショナルリスク・ファクター」が求められる。このファクターが異常に高いときは、ヘッジか、ポジションの手仕舞いのどちらかの対処策を実行する必要がある。トレーダーは既述した基点、支持圏・抵抗圏やトレンドラインなどのルールに従って、毎日ストップの位置を再計算して移動しなければならない。このほか、そのときの市場価格から例えば８％以上のリスクを取らないようにするためのマネーマネジメントストップを利用してもよい。この８％という数字は総資金に対する比率である。しかし、このマネーマネジメントストップはテクニカル的に入れていくストップに比べて基本的な機動性に欠ける。

　株価が新しい局面に突入したときは、マギーの評価指数に基づいてポジションの調整を行いながら、その評価指数によって強気のメジャートレンドや弱気のメジャートレンドがはっきりと確認されたときは新しいポジションをとっていく。マギー評価指数の強気度がかなり高くなったときは平均株価も天井圏にあり、その反対に強気度が異常に低いときは市場全体も底値圏にある。一方、プロのファンドマネジャーもこの方法によれば毎日の異常時のリスクを測定できるので、ポジ

ションの取りすぎといったリスクを回避できるだろう。実際のところ、パニックやクラッシュなどが突然に発生することはほとんどない。何らかの前兆が現れるのが普通であり、抜け目のないトレーダーであれば、コンピューターなどによってそれに気づくだろう。それはインサイダーや玄人筋の売りによる大商いを伴ったリバーサルデイであったり、または何らかのギャップや下降のランナウエーデイとなって現れることもある。一般にこうした局面に先立って、主力株はさまざまなトップフォーメーション（ダブルトップ、トリプルトップ、ヘッド・アンド・ショルダーズ・トップ、V字天井など）を形成するものである。常に警戒を怠らないことが安心料であり、それはまた株式投資を成功させるために支払うコストでもある。

第43章
自分のルールを順守せよ
Stick to Your Guns

　これまで再三にわたり述べてきたように、どのような投資手法を実践しようとも、長年にわたり一貫してその手法を実践していけば、次第に利益を上げられるようになるだろう。本書で検討してきた手法（テクニカルなアプローチ）もそのひとつである。しかし、実際には多くの投資家は基本的な戦略も持たず、またマーケットの動きとその理由について確たる哲学もなく、パニック的な暴落や熱狂、市場のうわさなどに一喜一憂している。本来マーケットとは、対立する勢力がぶつかり合う場所であるが、このような投資家は常に心配、不安、そして疑惑を抱いている。その結果、突然の暴落によって大きな評価損を抱えて持ち株を売却したり、楽観的なニュースが流れるとすぐに空売りポジションを手仕舞ってしまう。日中には市場のうわさに耳を傾け、ときに自分の考えに確信を持たせようと自分に言い聞かせて恐怖心を和らげたり、夜には希望と恐怖で頭をいっぱいにしながらあれこれと考えをめぐらしたり、調べ物をしたりする。

　このような投資家はいつ破滅するのか分からないという危険な状態に常に置かれている。相場が自分の予想と反対の方向に進んだときにわずかな損失で逃げるという対処法、自分が取っているリスクなども分からないので、危険を告げるシグナルを見落として大きな評価損を抱えても、「こうした逆行の動きはまもなく終わって、収支トントン

で逃げるチャンスが来るだろう」とつい期待してしまう。しかし、そのようなチャンスが来ることはほとんどない。一方、株価が自分の期待する方向に動いて評価益が出たとしても、必ずしもハッピーな状況にあるわけではない。というのは、どこで利食いすべきかの基準もまったく分からないからである。その結果、利食いの時期が早すぎて儲けることができたはずの利益の多くを取り損ねたり、逆に手仕舞いが遅すぎて期待収益の一部またはすべてを失うこともある。

　本書のこれまでの内容を理解していれば、テクニカルなパターンやシグナルには絶対に確実で大丈夫だといえるものはないということが分かるだろう。チャートの動きにはその株式に関するすべての周知の情報（公表・予想配当金、企業分割・合併計画、マーケットに影響を及ぼす政治問題、世界情勢、経営・収益報告など）が織り込まれている。チャートは予測できない出来事やだれも知らないことを予想することはできないし、そんなことができるわけもない。しかし、ほとんどの場合にチャートは信頼できるのである。そんなことはないと考える人はもっとチャートを研究するか、そうでなければチャートなどは使わないほうがよい。

　一方、もしもチャートが将来の株価の方向を示唆する最も信頼のおけるツールであると確信しているならば、本書で述べた原則や自分の経験から得たその他のルールや基準に従って、チャート上に現れるシグナルには絶対に従うべきである。また別のルールや基準に従うときはそれを忠実に順守しなければならない。そうでなければチャートは無意味なものになってしまう。もしも最初から次のようにしていれば、大きな利益を確実に手にすることができるだろう。つまり、①１銘柄だけの取引ですべての資金を失ったり、破滅に至るようなことはけっしてない、②株価が予想とは逆の方向に進んでも、身動きがとれなくなるようなことはない。つまり、大きな損失と固定された資金を抱えたときでも、ドテンして利益を上げられるチャンスはある、③どのよ

うな株価の動きが利益のシグナルになるのかが分かり、またたとえ評価損が出てもそれを一定限度内に抑える方法を知っていれば、冷静な判断を下すことができる。

　こうしたことができれば、それはあなたの心が平静であることを意味する。相場では損失になることもあれば、利益になることもある。そのどちらになっても、売買記録を家に持って帰ってあれこれと悩む必要はない。あなたがある決定を下し、それが正しければ、適当なところで利益を確定する。その決定が間違っていたことが分かれば、わずかな損失のところでポジションを手仕舞い、まだ手元に残っている資金で再出発することもできる。投機家としてのあなたの役割はマーケットに流動性を与え、マーケットの不合理な行きすぎの動きを抑えることである。必要なときはいつでもドテンできるように、流動性を確保しておかなければならないし、不合理で感情的な行動に走ってはならない。以上のことを一貫して賢明に実践していけば、あなたは経済全体の繁栄に貢献しているのであり、マーケットはあなたの貢献に対して大きな利益で報いてくれるだろう。

付録A

第A章（第7版では第24章）

株式の予想される動き

　すべての株式は一見すると、何の理由もなしにでたらめに動いているように見える。あるときは上がり、別のあるときは下げるが、その動きは常に同じではない。これまで見てきたように、上昇と下落を繰り返すすべての株式はトレンドを描きながら変動し、またいろいろなパターンを形成しており、まったく無秩序に動いているのではない。それぞれの株式は特有の習性と特性を有しており、それは毎年ほとんど変わらない。ある株式は市場全体の強気トレンドに素直に反応して大きく上昇するが、ほぼ同じ株価水準の別の株式には穏やかな動きしかしないものもある。しかし、大きく上昇した株式は弱気相場では急落するが、あまり投機的に上昇しなかった株式が下げ相場で強い抵抗を示すこともある。第B章で個別株式の「総合レバレッジ」について検討するが、ほかの株式よりも何倍ものスピードで動く株式もある。例えば、今後1年間にグレン・マーチン（このほか、マイクロソフトやリードなども）は上か下のどちらに行くのか分からないが、そのどちらに動こうともそのスピードがATTよりも速いことだけは確かである。もちろん、個別株式のこうした習性は発行済み株式数、浮動株数、事業内容、資本構成によるレバレッジなどによって異なる。

　しかし、われわれはこのような違いが存在する理由についてはそれほど関心はなく、われわれが知りたいのは主にどのような違いがあって、それをどのように見極めたらよいのかということである。大切なことは次の点である。つまり、狭いレンジで動く株式は安全性と配当

収入を主な狙いとする投資の目的にはかなうだろうが、トレーディング（短期売買）向きの株式としては不適当である。売買手数料を差し引いてもまだ純利益が出るくらいの投資とするには、かなり大きな感応度とボラティリティを持つ株式でなければならない。利益の出るポジションにするためには、最低でも15%は動く株式に投資すべきである。

　それではどの株式の感応度が最も高く、そして最も大きく儲けられるのかをどのように判断すべきだろうか。ある株式の長期にわたる株価推移の記録を入手して、その変動率を市場全体の変動率と比較すれば、その株式のはっきりした習性を知ることができる。そうすれば、ある時点で「この株式は今後25%は上昇する」とは言えないまでも、「市場全体が10%上がれば、この株式はおそらく25%ぐらいは上昇するだろう」とかなりの自信を持って断言できるだろう。その反対に、「市場全体が10%下げれば、この株式は少なくとも25%は下落するだろう」と言えることはもちろんである。

　以上、株式の習性的な変動率を推測するためのいろいろな方法について検討してきたが、それらの方法の違いは単に細部についてだけである。第D章にはわれわれが計算したNYSE（ニューヨーク証券取引所）に上場されている主要な数百銘柄の感応度指数を掲載した（注 現在のベータ値はこの指数に匹敵するもので、本書の総合レバレッジ指数を計算するときにベータ値を使ってもよい。また読者は以下の**編者注**のなかのベータ値をこの感応度指数に置き換えて読んでもかまわない。編者による細かい限定は避けるようにした）。感応度指数とは相対的なものである。感応度指数（ベータ値）が高い株式は低い株式よりも強気相場や弱気相場において大きく動くのはもちろん、その他の株式よりも変動率が大きいことを示している。

　感応度指数を計算するには、各株式の最も高い終値から最も安い終値までの変動幅を高値（天井）は青、安値（底）は赤でチャートの左

側余白に点線で記入する。毎日記録している一連の株式チャートの各ページが埋まると、その期間の各銘柄の天井（青線）から底（赤線）までの変動幅を測定し、その変動幅をそれぞれ8分の1インチ単位で表して、測定した全銘柄の変動幅を合計してそれを銘柄数で割る。これがその期間の全銘柄の平均的な動きを表す「平均変動率」である。任意の「標準」平均変動率は（数年間にわたる一連の銘柄の平均変動率に基づいて）いくらでも計算できる（注　理論的にはこの標準平均変動率は各期末に常に修正しなければならないが、実際にはそこまで細かく計算する必要はない）。ある期間の一連の新しいチャートが完成すると、それまでの標準平均変動率をその新しい期間の平均変動率で割ると小数の数値が出る。この数値がその期間の市場変動を逆数的に表す数値である（例えば、マーケットの動きが大きいときは0.65などと1より小さい小数になり、その反対に値動きが不活発なときは1.49などの大きな数値になる）。われわれはこれをある期間や個別株式の「市場逆数（Market Reciprocal）」と呼ぶ（これからも頻繁に言及するので分かりやすい名称にしておく）。

　次に各銘柄別に8分の1インチ単位で表されている株価変動率を標準変動率、つまりその水準の株価の平均変動率（第C章の株価変動率表を参照）に相当する変動率で割り、その数値にこの「市場逆数」を掛ける。こうして計算された数値がその時期のその株式の値動きを表す「感応度指数（Sensitivity Index）」である。その株式の長期の感応度指数を出すには、単純に各期の感応度指数を加えて期数で割ればよい。新しいチャートが完成したときは、新たな数値を加えて新しい指数を算出する。しかし、ひとつだけの感応度指数では株式の値動きを予測する信頼できる目安とはならず、あまり意味がない。二度、三度、四度と指数が修正されることによって平準化される。時間の経緯とともに新しい指数が加えられれば、感応度指数は一定の数値に収斂し、そうなれば新しい指数が付け加えられても指数の修正率はわずか

なものになる。各株式の将来の感応度を予測するとき、その指数は極めて信頼できる目安になるだろう。株価の変動率を8分の1インチ単位で表示するということは、もちろん対数目盛りのチャート用紙の使用を意味する。ほかのチャート用紙を使うときは、終値の高値・安値から各期間の変動率を計算する。

皆さんが自分で株式の感応度指数を出せるように、やや詳しくその計算方法を説明してきた（注　しかし、現在ではいろいろな情報源から簡単にベータ値を入手できるようになった。**付録D**を参照）。調べたい株式は必ずしもNYSEに上場されているものでなくてもよい。この計算法を使えばほかの取引所の上場株式も、あなたがチャートをつけている全銘柄の「市場逆数」を決定するグループに含めることができる。**付録D**の感応度指数表には2.00（われわれはこれを200％と呼ぶ）以上の非常に投機的な株式から極めて穏やかな動きをする株式（0.20＝20％）、またはそれ以下の株式も含まれている。大ざっぱに見て感応度指数が50％以下の株式は非常に穏やかに動き、50～100％はほどほどに穏やかに動き、100～150％は投機的に動き、そして150％以上の株式は極めて投機的な動きをする株式である。

第B章（第7版では第42章）

総合レバレッジ指数

（注　一般の読者にとって、ここの内容を理解するのは少し難しいかもしれない。編者としてはマギーの考えをよく理解してもらうために、第42章にはやや詳しい章末章を挿入した。第42章ではリスク分析とポートフォリオマネジメントの理論についても詳述しているので、そこをもう一度読み直すとよいだろう。この総合レバレッジ指数というコンセプトは時間の経緯によってもその価値が低下することはないので、現在の手書きチャートの投資家でも利用できるだろう。またポートフォリオリスク分析を扱ったこの章は、コンピューターを使っている投資家にも参考になるだろう）

前章で述べたように、メジャートレンドのある局面やある段階と、

そこから得られる利益の可能性の間には何らかの相関関係がある。この問題に対処するメカニカルなプランやシステムは数多くあるが、われわれはこの問題をメカニカルな手段だけで十分に解決できるとは信じていない。われわれはチャートをつけている株式の一般的なトレンドに従ってポジションを取るひとつの方法（マギーの評価指数に基づく売買手法）を述べたが、トレンドの進展に伴って増し玉していくという手法もある。このほか、トレンドに逆行してポジションを増やしていくことでコストを平均化させる（強気相場ではナンピン買い下がり、強気相場ではナンピン売り上がり）という手法もある。

　しかし、このような手法のどれひとつを取っても、そこではいつ買って、いつ売ったらよいのかという問題に対する十分な答えが提示されていない。本書の主な目的は個別株式のテクニカルなパターンを研究することである。もしもわれわれがどこで買って、どのような状態のときに売ったらよいのかをチャートから学ぶことができるならば、取引を成功させる基本的なテクニックを習得したことになる。一方、買いと売りでほとんどいつも損失が出るようであれば、どれほど分散投資しても、またはどれほど多くの資金を投じても良い結果は期待できないだろう。投資資金は次第に減っていき、最後にはゼロになってしまうに違いない（注　このような投資家は一定の歯止めを設けるべきである。例えば、投資資金の50％を失ったら株式の売買をいったんやめて、残った資金を投資信託や投資アドバイザーに預ける。一般には投資信託よりは投資アドバイザーのほうが好ましいが、その投資家の考えでその２つに預けてもよい。自分一人で損失を重ねているよりははるかにましである）。

　そこでまず最初にすべきことは、テクニカルなツール、パターン、トレンド、支持圏・抵抗圏などの利用の仕方を学ぶことである。そうすればどのくらいの資金を、どのような方法でリスクにさらすのかが分かるようになる。既述したように、資金の振り分け方ひとつをとっ

ても、その違いによって大きな損益の差が生じる。株価水準、感応度、証拠金などいろいろな要素が「総合レバレッジ指数（Composite Leverage Index）」と呼ばれるコンセプトに取り入れられている。株式取引に関してこの用語を使用するときは、われわれの言わんとすることを皆さんによく理解してもらうようにこれまでにも十分に説明してきたつもりである。

　もちろん、皆さんはすべての収益機会を取り逃がしてしまうほど保守的であろうとは思わないだろう。もしもメジャートレンドに逆らった取引は絶対にしないと決心すれば、株価が長期の調整局面に入っている間はただ静観しているだけである。株価がメジャートレンドの方向に沿って再び動き始めるまで、ときに何週間も待たされるかもしれない。当然、弱気のシグナルや収斂するトレンドが現れたときは行動せず、また噴き上げやクライマックスの局面でも静観することになる。こうした極めて慎重なスタンスを堅持していれば、株式投資で成功する確率は60％、70％、80％どころではなく、おそらく90％にも達するだろう。そしてすべての決断の95％は実際に正しいだろう。このような極端な保守的スタンスはあらゆる条件が明確で有利なときに、最も素晴らしい状況下でしか売買しないことを意味する。しかし、このようなチャンスはそうたびたび来るものではない。このような投資スタンスだと確かに利益は出るだろうが、その金額は毎日チャートをつけ、それらを研究したわりにはあまりにも少ない程度にとどまるだろう。というのは、それほどチャートを研究しなくても、またそれほど大きなリスクを取らなくても、ほどほどの名目リターンを上げることは可能であるからだ。皆さんの努力を価値あるものにするためには、もっと高いリターンを狙わなければならない（注　そのような「ほどほどの名目リターン」はTボンドやその類似商品に投資しても得られるだろう。債券のトレーダーや投資家はそうした金融商品は無リスクであると考えているが、そうした考えは現実をまったく無視している。デ

334

ビッド・ドレマンも『コントラリラン・インベストメント・ストラテジー（Contrarian Investment Strategy）』のなかで指摘しているように、お金を商品化した債券などの金融商品はインフレなどの影響をもろに受ける一種の減価資産である）。

　チャートを活用するからには、収益機会も大きいが、それだけ損失のリスクも大きく高いレバレッジの株式を取引すべきである。「安全な」証券を買ってそれをタンスのなかにしまい込んで、そのことを忘れてしまうような人よりも、意識的に大きなリスクを取っていかなければならない。これまでの経験と判断力から相場の特定局面では安全であると思われる一定の水準に総合レバレッジ（ポートフォリオのリスク）を維持しておけば、そのような慎重すぎるスタンスもなくなるだろう。さらに重要なことは、株式取引のときにこのレバレッジ指数を一定に決めておけば、知らず知らずのうちにトレードのしすぎる危険性も回避できる。トレードのしすぎは慎重すぎる態度よりもはるかに頻繁に起こる間違いであり、つもり売買の利益率が高いときほどトレードのしすぎは危険な敵になる。総合レバレッジを一定水準に決め、状況が変化してもそれを調整しながらその限度を守っていれば（いわゆる、適正なポートフォリオリスク戦略の実行）、相場に熱中しすぎることもなく、また自分の取っているリスクがいつでも分かるだろう。

トレードのしすぎとそのパラドックス

　ここでもうひとつの重要な問題が出てくる。それは個々の売買の損益幅が同じでも、損益額は必ずしも同じにはならないということである。これはとても大切なことなので、絶対に忘れてはならない。というのも、これはトレードのしすぎる投資家がよく直面する問題であるからだ（しかし、それなりの対策を講じておけば、それほど心配する必要はない）。一連の取引の損益幅が等しくても実際の損益額が異な

るというパラドックスは極端な場合、常に100％の利益や損失を見込んであらゆる事業に全資金を投じるような人を考えれば理解しやすいだろう。もしもその最初の事業が失敗に終われば、その人は100％の損失を被って万事休すとなる。というのは、ゼロから100％の利益を生み出すことはできないからである。また最初の事業が成功しても次の事業に再び全資金を投入してその事業が失敗すれば、やはりその人は無一文になる。このような人は何回成功しようとも、最初の失敗ですべてを失うことになる（**注**　これが「ギャンブラーの破滅」と言われるもので、この問題についてはビクター・ニーダーホッファーをはじめ、多くの専門家が興味ある分析を行っている。**付録D**の参考資料を参照）。

　われわれが話している状況はこれほど極端なケースではない。皆さんは今のお金を倍にするか、さもなければすべてを失うかといった考えで、有り金すべてをリスクにさらすようなことはしないだろう。しかし、仮に一連の取引で40％の利益を期待できるが、その半面40％の損失になる危険性もあるポイントまでリスクを取ったとする。例えば、1000ドルで取引を始めて10連敗したら、手元に残るのは約6ドルである。次の10回の取引はすべて成功したとして、この10回の失敗と10回の成功における損益幅が各取引で40％であるとすれば、1000ドルの当初資金は100ドル以下になってしまう。この10回の失敗と成功がこの順序で起こる必要はない。初めの10回の取引が成功であってもよいし、初めの3回が成功で続く4回が失敗、続いて7回成功し、最後の6回が失敗という順序でもよい。10勝10敗のあとではそれがどのような順序であっても、当初資金の90％が失われているはずである。

　一方、もしも20回の事業にそのつど全資金を投入し、そのうちの10回は8％の利益、残りの10回は8％の損失となったとき、それぞれ10回ずつの利益と損失を合計すると当初の1000ドルは937ドルとわずかに減少するだけである。当初資金の約94％がまだ手元に残っている。

この結果（8％という数字は短期取引で損失となるかなり平均的な数値であるが、実際の取引に関するさまざまな統計によれば、むしろ大きすぎるくらいの数値である）を逆説的に言えば、各取引ではわずか3分の1のハンディにとどまったことになる。

　ところで、かなりまれなケースとして（まったくないわけではない）、10回の取引が連続して悪い結果になることもある。株価が実際に転換した時期とメジャートレンド反転を示唆するダウ理論のシグナルが出たときの間に10カ月の開きがあったこともある。実際、新しいトレンドが形成されてそれが長期にわたって進行すると、それまでのすべての損失を埋めて余りある利益を生み出すものである。しかし、その10カ月間という難しい時期の1回の取引期間を平均30日とすれば、方向の間違った10回の取引が損失となって、当初資金の1000ドルがわずか434ドルに減少する可能性もある。

　ここで重要なことは、次の連続する10回の取引の成功がこの434ドルを937ドルに戻すということである。言い換えると、8％のペースで進めば傾いた船を真っすぐに戻して正しく航海できるが、40％のペースで進めばその船は形跡もなく沈没して、過大な取引の犠牲になってしまうということである。したがって、総合レバレッジ指数（ポートフォリオリスク・エクスポージャー）をほどほどの範囲内に抑えて平均の法則を働かせていれば、健全な数学的基盤のうえに立つことができる。株式のテクニカル分析はあなたに常に収益機会を与えている。この点をよく理解しないと、知らず知らずのうちにトレードをしすぎて、ベストのテクニカル分析を駆使しても損失に終わってしまうだろう。

個別銘柄の総合レバレッジ指数

　第24章と第A章で説明した個別株式の感応度に基づき、各銘柄の感

応度指数を計算すれば、それらを買うか、空売りするときの目安となる総合レバレッジ指数を次のように算出することができる。

- ●S＝各株式の感応度指数
- ●N＝仕掛けるときの標準株価変動率
- ●T＝当初取引の支払・受取総額
- ●C＝取引するときの預託額。現金取引か、100％の証拠金で空売りするとき、この数値は分子のTと相殺される。

総合レバレッジ指数＝（S×N×T）÷（15.5×C）

（15.5とは株価が25ドルの株式の標準変動率であり、この定数は単に恣意的に選んだものである）

ポートフォリオ全体の総合レバレッジ指数

ポートフォリオ全体の総合レバレッジ指数とは、それを構成する個別銘柄のレバレッジの合計値である。

ポートフォリオ全体の総合レバレッジ指数＝S×N×Tの合計* ÷（15.5×総資金か、純資産）

（*「SNTの合計」とは各銘柄ごとにS×N×Tを計算し、それを合計したものである）

総合レバレッジの重要性を示すひとつの好例を挙げてみよう。株式が30％の証拠金で買えるとすれば、NYSEに上場されているスタンダート・ガス＆エレクトリック（額面4ドルの優先株）のようなかなり投機的な株式を1000ドルの資金で3300ドル相当額を買うことができる。このときの株価が25ドルだったとすれば、投資額1000ドルに対する総合レバレッジ指数を計算すると693％になる。

一方、同じ時期に106ドルだったセラニーズ株（配当率4.75％の第

一優先株）の1000ドル相当額を現物買いするときの同指数はわずかに11.8%である。この２つの銘柄を比較すると、スタンダード株とセラニーズ株を買うときのレバレッジ率は693対11.8で、ほぼ60対１（正確には58.7対１）となる。つまり、この２つの銘柄の過去の値動きから予測すると、スタンダード株の売買損益の大きさはセラニーズ株の約60倍となる。このような方法によって個別銘柄やポートフォリオ全体のリスク度を事前に予測することができる。もっとも、この方法には知らず知らずのうちに過大なリスクを取ってしまうという危険性を避けるメリットがあるが、その一方で慎重になりすぎて収益機会を大きく制限するという欠点もある。

投資勘定

　一般に投資勘定の管理は主としてファンダメンタルズ要因を考慮して行われており、テクニカルな要因はあまり重視されていない。またこのような投資勘定は通常ではかなり保守的な基準に基づいており、弱気相場における空売りの損益などは含まれていない（注　マギーはここでは「長期投資家」、またはダウ平均のメジャートレンドが明らかになったときしか行動を起こさない投資家を想定している。第５章でダウ平均の長期の足取りを検証したように、こうした手法は成功する確率は高いが、編者としては弱気相場における空売り戦略なども保守的な投資手法と矛盾することはないと思う。現代ポートフォリオ理論でもそれとなくこうした手法を勧めているし、また1987年10月19日に空売りした投資家は翌日には大きな利益を手にしていたのである）。

　しかし、投資勘定全体の総合レバレッジ指数はその投資の全体的な性質を決定するのに役立つ。例えば、その投資資金は保守的な性質のものなのか、売買する株式をもっと投機的な銘柄に変更することはできるのかなどを決定するときのひとつの目安になる。当然のことなが

ら、そうした決定は投資資金の種類、その投資家の経済事情や条件、市場環境などに大きく左右される。そのようなときも、この総合レバレッジ指数は投資勘定全体の性質を評価する有効な基準となる。

総合レバレッジの引き下げ

　強気相場での空売り（そして弱気相場での買い）の保険的な役割についてはすでに述べたが、評価指数に従って投資勘定全体にバランスを持たせるためにこのような反対方向の取引をする場合、空売りやヘッジの買いによって投資勘定の総合レバレッジや総リスクは低下するはずであり、そうでなければこのような反対の取引をする意味はない。このような反対の取引をマイナス、メジャートレンドに沿った取引をプラスと考えるならば、この２つの取引の合計値はゼロ、または少なくとも実質的な総リスクはゼロに近い状態になる。しかし、実際の取引の予想損益はせいぜい概算値に基づくだけであり、またときには予想外の値動きをもたらす特殊要因も市場には多数存在するため、現実的にはリスクがゼロという状況はあり得ない（注　オプション価格計算理論のブラック・ショールズ・モデルが発表されたあと、一部の抜け目のないトレーダーはオプションのアービトラージ手法である「デルタニュートラル」［デルタがゼロとなるポートフォリオを組むヘッジ手法］を開発した。そのなかで最も高度な手法を開発したのは、編者の上司であったオプションズ・リサーチ社のブレア・ハルである。デルタニュートラルとは、極めて短期間に価格が上下のどちらに向かおうとも、理論上はそのオプション・アービトラージ・ポートフォリオの価値には何の影響も与えないものである。この手法を駆使したマーケットメーカーは大きな利益を上げている。ジャック・シュワッガーの『マーケットの魔術師』三部作［パンローリング］を参照）。

　しかし、総リスクを大幅に減らすことができる、つまり、反対の取

引が実際に投資勘定全体のリスクを低下させるというのは事実である。こうしたリスクの軽減手法は商品先物取引でも活用されており、一部に反対のポジションを入れておく、つまり買い玉のなかにいくらかの売り玉を入れておく（この逆のケースもある）ことで、投資総額に対する必要証拠金を少なくすることはよく行われている（注　現代ポートフォリオ理論家たちはおそらくマギーの著書からこうしたコンセプトを学んでいるにもかかわらず、そのことに対してマギーに感謝することもなく、このような考え方をちゃっかりと自らの理論に取り入れている。第42章でも述べたように、マギーはポートフォリオリスクを限定しながら利益の可能性を追求していく方法に取り組んでいた。彼が目指したのは単にリスクの軽減だけでなく、利益のチャンスも追求することでこの２つの間にバランスをとることだった。さらにマギーはマーケットに対して一貫したスタンスを維持しており、その時点のマーケットが最も有望であると判断したときは投資資金を最大の利益のチャンスとリスクにさらすが、不確実なときや相場の転換局面では慎重なスタンスを崩さなかった。ここで述べた手法は手書きチャートのテクニカルアナリストでも使えるほか、コンピューターを駆使する現代の投資家にとっても有効であろう。それに必要なデータ、図表、指数などはこの**付録**に掲載されている。コンピューターを使っているテクニカルアナリストにとっても、本書の随所で述べられているいろいろな手法は十分に役立つと思う）。

第C章

標準株価変動率

　以下の数字は、株価水準に応じた各株式の総合レバレッジ指数を構成する特有の数値である。これは実際の3800銘柄のチャートから作成された統計資料に基づいて計算されたもので、株価水準別の6カ月平均の相対的な株価変動率である。

株価 （ドル）	標準変動率 （％）	株価 （ドル）	標準変動率 （％）	株価 （ドル）	標準変動率 （％）
1 $\frac{1}{4}$	38.0	32	14.5	68	11.7
1 $\frac{1}{2}$	35.0	33	14.4	69	11.6
1 $\frac{3}{4}$	33.0	34	14.3	70	11.6
2	31.5	35	14.2	71	11.5
2 $\frac{1}{4}$	30.0	36	14.1	72	11.5
2 $\frac{1}{2}$	29.2	37	14.0	73	11.4
3	27.6	38	13.9	74	11.4
3 $\frac{1}{2}$	26.5	39	13.8	75	11.3
4	25.3	40	13.7	76	11.3
5	24.0	41	13.6	77	11.2
6	22.8	42	13.5	78	11.2
7	22.0	43	13.4	79	11.1
8	21.2	44	13.3	80	11.1
9	20.4	45	13.2	81	11.1
10	19.8	46	13.1	82	11.0
11	19.2	47	13.0	83	11.0
12	18.7	48	12.9	84	11.0
13	18.4	49	12.8	85	10.9
14	18.0	50	12.7	86	10.9
15	17.6	51	12.7	87	10.9
16	17.3	52	12.6	88	10.8
17	17.0	53	12.6	89	10.8
18	16.8	54	12.5	90	10.8
19	16.6	55	12.5	91	10.7
20	16.5	56	12.4	92	10.7
21	16.3	57	12.4	93	10.7
22	16.1	58	12.3	94	10.6
23	15.9	59	12.2	95	10.6
24	15.7	60	12.1	96	10.6
25	15.5	61	12.0	97	10.5
26	15.3	62	12.0	98	10.5
27	15.2	63	11.9	99	10.5
28	15.1	64	11.9	100	10.4
29	14.9	65	11.8	150	9.0
30	14.7	66	11.8	200	8.0
31	14.6	67	11.7	250	7.0

第D章

個別株式の感応度指数

(注　ジョン・マギー社のテクニカルスタッフであるシンシア・マギーとポール・B・クームスが作成した)

　将来の数年間にわたる株価の上昇や下落を予測することは不可能であるが、長期にわたるヒストリカルな株価に基づいて最も可能性の高い上昇や下落の「程度」を大ざっぱに予測することは可能である。その企業の資本構成や製品の品質に大きな変化がなければ、比較的穏やかに動く株式はこれからも穏健な動きを続けるだろうし、投機的な動きをする株式は将来も大きなトレンドを描いて上昇や下落をするだろう。

　この新しい感応度指数表は、1964〜73年の個別株式の株価変動率と各年の株価の中央値に基づいて計算された相対的な感応度の概算値である。これらの数値は大幅な株式分割、株価水準、各年の変動率などを考慮して調整してある。この調整作業に当たっては「市場逆数」を使用したが、これは掲載したすべての株式の総合株価変動率に逆比例したものである。以下に掲載した個別株式の10年間の感応度指数はこのようにして算出された。自分で相対的な感応度を出したい人、またはその他の目的にこのデータを使用したい人もいるかもしれないので、ここに各年の市場逆数を載せておく。

年	市場逆数	年	市場逆数
1964	1.544	1969	0.953
1965	1.320	1970	0.861
1966	1.089	1971	1.075
1967	1.027	1972	1.238
1968	1.122	1973	0.786

銘柄	感応度指数	銘柄	感応度指数
Abbott Laboratories	.948	Allegheny Ludlum Industries	1.192
ACF Industries, Inc.	1.095	Allied Chemical Corp.	.916
Adams Express Co.	.535	Allied Stores Corp.	1.045
Addressograph-Multigraph	1.593	Allis-Chalmers Corp.	1.195
Aetna Life & Casualty Co.	.967	Alpha Portland Industries	.922
Air Producers & Chemicals	.844	Aluminum Co. of America	1.069
Airco, Inc.	.842	AMAX Inc.	.830
Akzona, Inc.	1.031	AMBAC Industries	1.184
Alcan Aluminum Ltd.	.889	Amerada Hess Corp.	1.332
Allegheny Corp.	1.084	American Air Filter	1.365
American Airlines Inc.	1.440	Briggs & Stratton Corp.	.975
American Brands Inc.	.724	Bristol-Myers Company	.961
American Broadcasting Cos.	1.401	British Petroleum	.878
American Can Company	.834	Brunswick Corp.	1.315
American Chain & Cable	.746	Bucyrus-Erie Co.	1.170
American Cyanamid Company	.874	Budd Company	1.047
American District Telegraph	1.238	Bulova Watch Co., Inc.	1.172
American Home Products	.888	Burlington Industries	1.076
American Hospital Supply	1.050	Burlington Northern, Inc.	1.033
American Motors Corp.	.972	Burroughs Corporation	1.683
American Standard Inc.	1.112	Campbell Soup Co.	.677
American Sterilizer Co.	1.056	Canadian Pacific Limited	.502
American Stores Co.	.956	Capital Cities Commun. Inc.	1.195
Ametek, Inc.	1.087	Carborundum Company	1.044
AMF, Inc.	1.429	Carnation Company	1.090
AMP Inc.	1.011	Carpenter Technology	.916
Amstar Corp.	.958	Carrier Corporation	1.284
Amsted Industries	.886˝	Caterpillar Tractor Co.	1.078
Anaconda Company	1.260	CBS Inc.	1.724
Anchor Hocking Corp.	1.078	Celanese Corporation	1.20]
Anderson Clayton & Co.	.860	Cenco Instruments	1.221
ARA Services, Inc.	1.418	Central Soya Co.	.710
Archer-Daniels-Midland	.928	Cerro Corporation	1.221
Armco Steel Corp.	.736	Champion International	1.062
Armstrong Cork Co.	.939	Champion Spark Plug Co.	.789
ASA Ltd.	1.509	Chase Manhattan Corp.	.735
ASARCO Inc.	1.090	Chemetron Corporation	1.034
Ashland Oil Inc.	1.022	Chesebrough-Ponds, Inc.	.986
Associated Dry Goods	1.094	Chessie System Inc.	.869
Atlantic Richfield Co.	1.399	Chicago Milwaukee Corp.	1.938
Automatic Data Processing	1.473	Chicago Pneumatic Tool Co.	1.047
Avco Corporation	1.154	Chicago Rock Island & Pacific RR	1.406
Avery Products Corp.	1.087	Chrysler Corporation	1.393
Avnet Inc.	1.409	Cincinnati Milacron Inc.	1.195
Avon Products, Inc.	1.278	CIT Financial Corp.	.819
Babcock & Wilcox Co.	1.172	CITICORP	.856
Baker Oil Tools, Inc.	1.192	Cities Service Company	.947
Barber Oil Corp.	1.299	Clark Equipment Company	.961
Bath Industries, Inc.	1.538	Clorox Company	1.530
Bausch & Lomb, Inc.	2.287	Cluett, Peabody & Co., Inc.	1.069
Baxter Laboratories	1.197	Coastal States Gas Corp.	1.312
Beatrice Foods Co.	.788	Coca-Cola Bot. Co. of N.Y.	1.253

Beckman Instruments Inc.	1.362	Coca-Cola Co.	.983
Becton Dickinson & Co.	1.148	Colgate-Palmolive Co.	.867
Bell & Howell Co.	1.501	Colt Industries, Inc.	1.724
Bendix Corporation	1.143	Combustion Engineering Inc.	1.218
Beneficial Corp.	1.092	Commonwealth Oil	1.140
Bethlehem Steel Corp.	.768	Communications Satellite	1.577
Black & Decker Mfg.	1.145	Conrac Corp.	1.633
Boeing Company	1.705	Consolidated Foods Corp.	.952
Boise Cascade Corp.	1.563	Consolidated Freightways, Inc.	1.198
Bond Industries	1.006	Continental Air Lines, Inc.	1.557
Borden, Inc.	.766	Continental Can Company	.880
Borg Warner	.833	Continental Corp.	.727
Braniff Int'l	1.649	Continental Oil Co.	.787
Control Data Corp.	1.847	Freeport Minerals Co.	1.388
Cooper Industries	1.451	Fruehauf Corporation	.872
Corning Glass Works	1.353	Gamble-Skogmo, Inc.	1.143
CPC International, Inc.	.956	Gardner-Denver Co.	.908
Crane Company	1.037	Gen. Am. Investors Co., Inc.	.919
Creole Petroleum	.841	Gen. Am. Transportation Corp.	.878
Crown Cork & Seal Co. Inc.	.931	General Cable Corp.	1.195
Crown Zellerbach Corp.	1.050	General Dynamics Corp.	1.362
CTS Corporation	1.022	General Electric Co.	.914
Cummins Engine Company	.911	General Foods Corp.	.757
Curtiss Wright Corp.	1.373	General Instrument Corp.	1.393
Cutler Hammer Inc.	1.245	General Mills, Inc.	.874
Cyprus Mines Corp.	1.000	General Motors Corp.	1.020
Damon Corporation	1.644	General Portland Inc.	.939
Dana Corporation	.796	General Signal Corp.	1.106
Dayco Corporation	.905	General Tire & Rubber Co.	.994
Deere & Company	1.056	Genesco Inc.	1.270
Delta Air Lines, Inc.	1.373	Genuine Parts Co.	1.050
Diamond International	.783	Georgia-Pacific Corp.	1.086
Diamond Shamrock Corp.	.860	Getty Oil Co.	1.427
Digital Equipment Corp.	1.566	Gillette Company, (The)	1.127
Disney (Walt) Productions	1.867	Goodrich (B.F.) Company	.948
Distillers Corp.-Seagrams Ltd.	.753	Goodyear Tire & Rubber Co.	.810
Dome Mines Ltd.	1.376	Gould, Inc.	1.147
Dow Chemical Company	1.012	Grace (W.R.) & Co.	.955
Dow–Jones Rail Averages	1.434	Graniteville Co.	.931
Dr. Pepper Company	.919	Grant (W.T.) Co.	1.343
Dresser Industries, Inc.	1.072	Great A & P Tea Co., Inc.	.875
du Pond (E.I.) Inc.	1.050	Great Northern Iron Ore	.566
Eastern Air Lines, Inc.	1.669	Great Northern Nekoosa Corp.	.867
Eastern Gas & Fuel Associates	1.396	Great Western Financial Corp.	1.253
Eastman Kodak Company	1.098	Greyhound Corp.	.777
Echlin Manufacturing	1.353	Grumman Corp.	1.376
Eckerd (Jack) Corp.	1.170	Gulf & Western Industries Inc.	1.523
Eltra Corporation	1.209	Gulf Oil Corporation	.774
Emerson Electric Company	.872	Halliburton Co.	1.379
Emery Air Freight Corp.	.989	Hammermill Paper Co.	.942
Englehard Minerals & Chem.	1.253	Harris Corporation	1.176
Esmark Inc.	1.014	Helca Mining Co.	1.104
Ex-Cell-O Corp.	1.019	Helmerich & Payne, Inc.	1.267

Exxon Corp.	.772	Hercules Inc.	.927
Faberge, Inc.	1.303	Hershey Foods Corp.	.735
Fairchild Camera & Instruments	2.640	Hewlett-Packard Co.	1.420
Fansteel Inc.	1.453	High Voltage Engineering	1.488
Federal National Mortgage	1.055	Hilton Hotels Corp.	1.613
Federated Department Stores	.961	Holiday Inns, Inc.	1.610
Fibreboard Corp.	1.187	Homestake Mining Co.	1.349
Firestone Tire & Rubber Co.	.830	Honeywell Inc.	1.532
First Charter Financial	1.103	Houdaille Industries, Inc.	.903
Flintkote Co.	.956	Household Finance Corp.	.872
Fluor Corporation	1.276	Howard Johnson Co.	1.399
FMC Corporation	.835	Howmet Corp.	1.315
Ford Motor Company	.903	Hudson Bay Min. & Smelt. Co.	.875
Foremost-McKesson, Inc.	1.067	Ideal Basic Industries, Inc.	.718
Foster Wheeler Corp.	1.236	Illinois Central Industries, Inc.	1.271
Imperial Oil Ltd.	.866	Marriott Corp.	1.221
INA Corporation	1.268	Marshall Field & Co.	.942
Ingersoll-Rand Co.	.947	Martin-Marietta Corp.	.835
Inland Steel Company	.677	Masco Corp.	1.151
Inspiration Consol. Copper	.869	Masonite Corp.	1.041
Interco Inc.	1.062	Massey-Ferguson Ltd.	.917
Internat. Flavors & Frag. Inc.	.864	Matsushita Electric ADR	1.098
Internat. Minerals & Chem.	.900	May Department Stores Co.	1.229
International Bus. Machines	1.811	McDermott (J.R.) & Co., Inc.	1.697
International Harvester Co.	.903	McDonald's Corp.	1.533
International Nickel Co. of Canada	.813	McDonnell-Douglas Corp.	1.374
International Paper Company	.846	McGraw-Edison Co.	.981
International Tel & Tel. Corp.	1.033	McGraw-Hill Inc.	1.165
Jefferson-Pilot Corp.	.934	McIntyre Mines Ltd.	1.407
Jewel Companies, Inc.	.931	Mead Corp.	.880
Johns-Manville Corporation	.919	Melville Shoe Corp.	1.108
Johnson & Johnson	1.299	Merck & Co., Inc.	.944
Jones & Laughlin Steel Corp.	1.070	Mesta Machine Co.	1.160
Joy Manufacturing Co.	1.321	Metro-Goldwyn-Mayer, Inc.	1.279
Kaiser Aluminum & Chemical	1.154	Metromedia, Inc.	1.580
Kansas City Southern Ind.	1.002	MGIC Investment Corp.	1.984
Kaufman & Broad, Inc.	1.688	Microdot Inc.	1.435
Kawecki Berylco Inc.	1.097	Microwave Associates, Inc.	1.668
Kellogg Company	.613	Midland-Ross Corp.	1.025
Kennecott Copper Corp.	1.065	Minnesota Mining & Mfg.	.914
Kerr McGee Corp.	1.287	Missouri Pacific R.R. Co.	.846
Kimberly-Clark Corporation	.908	Mobil Oil Corp.	.991
KLM Royal Dutch Airlines	1.906	Molycorp Inc.	1.538
Koppers Co., Inc.	.963	Monroe Auto Equipment Co.	1.363
Kraftco Corp.	.672	Monsanto Co.	1.131
Kresge (S.S.) Co.	1.315	Morgan (J.P.) & Co.	.891
Kroger Company	1.017	Morton-Norwich Products, Inc.	1.037
Lehigh Portland Cement Co.	.888	Motorola Inc.	1.889
Libbey-Owens-Ford Co.	.897	Murphy Oil Corp.	1.056
Libby McNeil & Libby	.816	N.L. Industries, Inc.	.792
Liggett & Myers Inc.	.894	Nabisco, Inc.	.629
Lilly (Eli) & Co.	.799	Nalco Chemical Co.	.914
Litton Industries	1.512	National Airlines, Inc.	1.649

Lockheed Aircraft Corp.	1.320	National Aviation Corp.	.736
Loews Corp.	1.909	National Can Corp.	1.170
Lone Star Industries	.807	National Chemsearch Corp.	.972
Louisiana Land & Exploration Co.	.986	National Distillers & Chem.	.601
LTV Corporation	2.109	National Gypsum Company	.864
Lubrizol Corp.	1.045	National Semiconductor Corp.	1.591
Lukens Steel Co.	1.468	National Steel Corp.	.852
Macmillan Inc.	1.268	National Tea Company	.641
Macy (R.H.) & Co., Inc.	.987	Natomas Co.	2.368
Madison Fund, Inc.	.719	NCR Corp.	1.359
Magnavox Co.	1.226	Neptune International Corp.	.924
Mallory, (P. R.) & Co., Inc.	1.058	Newmont Mining Corp.	1.006
Marathon Oil Co.	1.329	Norfolk & Western Ry. Co.	.951
Marcor, Inc.	1.150	Northrop Corp.	1.139
Maremont Corp.	1.858	Northwest Airlines, Inc.	1.599
Marine Midland Banks, Inc.	.675	Northwest Industries	1.285
Marion Laboratories, Inc.	1.251	Norton Simon Inc.	1.256
Occidental Petroleum Corp.	.948	St. Joe Minerals Corp.	.888
Olin Corp.	1.067	St. Louis-San Francisco Bay Co.	.972
Otis Elevator Co.	1.011	St. Regis Paper Company	.763
Outboard Marine Corp.	1.312	Santa Fe Industries Inc.	.807
Owens-Corning Fiberglass Corp.	.936	Schering-Plough Corp.	1.034
Owens-Illinois Inc.	.992	Schlitz (Jos.) Brewing Co.	1.125
Pacific Petroleums Ltd.	1.058	Schlumberger N.V.	1.309
Pan American World Airways	1.510	SCM Corporation	1.275
Papercraft Corp.	1.218	Scott Paper Co.	.816
Pasco Int.	1.332	Scott, Foresman & Co.	.980
Peabody Galion Corp.	1.490	Seaboard Coast Line Industries	1.256
Penn-Dixie Industries	1.126	Searle (G.D.) & Co.	1.209
Penney (J.C.) Co.	1.027	Sears, Roebuck & Co.	.947
Pennwalt Corp.	1.016	Sedco, Inc.	1.298
Pennzoil Co.	1.326	Shell Oil Co.	.880
PepsiCo, Inc.	.980	Sheller-Globe Corp.	1.377
Perkin-Elmer Corp.	1.147	Sherwin-Williams Co.	.902
Pfizer, Inc.	.869	Signal Companies Inc.	.986
Phelps Dodge Corp.	.827	Simmons Company	1.006
Philip Morris, Inc.	1.023	Simplicity Pattern Co.	1.356
Phillips Petroleum Co.	.885	Singer Company	1.153
Pillsbury Company	1.008	Skelly Oil Co.	.978
Pitney-Bowes, Inc.	.961	Smith (A.O.) Corp.	1.058
Pittston Co.	1.100	Smith Kline Corp.	.884
Polaroid Corp.	1.588	Sony Corporation ADR	1.449
Ponderosa Systems, Inc.	2.588	Southern Pacific Co.	.973
PPG Industries, Inc.	.909	Southern Railway Co.	.905
Prentice-Hall Int.	1.137	Sperry Rand Corp.	1.379
Procter & Gamble Co.	.870	Sprague Electric Co.	1.582
Pullman Inc.	1.045	Square D. Company	.905
Quaker Oats Co.	.148	Squibb Corp.	.989
Quaker State Oil	1.223	Standard Brands, Inc.	.887
Ralston Purina Co.	.704	Standard Oil Co. California	.860
Rapid American Corp.	1.176	Standard Oil Co. Indiana	.891
Raytheon Co.	1.416	Standard Oil Co. Ohio	1.098
RCA Corp.	1.047	Stauffer Chemical Co.	.852

Reed Tool Co.	1.323	Sterling Drug Inc.	.777
Republic Steel Corp.	.878	Stevens (O.P.) & Co., Inc.	1.301
Research-Cottrell	1.714	Stewart-Warner Corp.	.769
Revco D.S., Inc.	1.203	Stokely-Van Camp, Inc.	1.164
Revlon Inc.	.995	Stone & Webster, Inc.	.928
Reynolds (R.J.) Industries Inc.	.927	Stop & Shop Companies, Inc.	.973
Reynolds Metals Co.	1.126	Storer Broadcasting Co.	1.496
Richardson-Merrell Inc.	.945	Stovill Manufacturing Co.	1.137
Rio Grande Industries Inc.	.978	Studebaker-Worthington Inc.	1.512
Rite Aid Corp.	1.858	Sun Oil Company	.880
Robertshaw Controls Co.	1.062	Sunbeam Corp.	.963
Robins (A.H.) Co.	1.214	Sundstrand Corp.	1.608
Rockwell International Corp.	.775	Sunshine Mining Co.	1.543
Rohm & Haas Co.	1.215	Syntex Corporation	2.279
Rosario Resources Corp.	1.239	Taft Broadcasting Co.	1.523
Royal Crown Cola Co.	1.314	Technicolor Inc.	1.487
Royal Dutch Petroleum Co.	.878	Tektronix, Inc.	1.739
Ryder Systems Inc.	1.209	Teledyne Inc.	1.738
Safeway Stores, Inc.	.743	Tesoro Petroleum Corp.	1.416
Texaco Inc.	.858	Universal Oil Products	1.201
Texas Instruments, Inc.	1.557	Upjohn Company	1.122
Texasgulf Inc.	1.646	USLIFE Corp.	1.051
Textron Inc.	1.098	USM Corporation	1.184
Thiokol Corporation	1.216	Utah International, Inc.	.847
Tiger International, Inc.	1.501	UV Industries, Inc.	1.502
Time Inc.	1.474	Varian Associates	1.273
Timken Co.	.722	Vendo Company	1.265
Trane Co.	1.103	Victor Comptometer Corp.	1.708
Trans-Union Corp.	1.122	Walgreen Company	.973
Trans-World Airlines, Inc.	1.724	Walker (Hiram)	.782
Transamerica Corp.	1.223	Wallace-Murray Corp.	1.064
Transway International Corp.	1.072	Warner Communications Inc.	1.332
Tri-Continental Corp.	.630	Warner-Lambert Co.	.891
Tropicana Producers, Inc.	1.794	Warner & Swasey Co.	1.282
TRW Inc.	1.128	West Point-Pepperell	1.153
Twentieth Cent.-Fox Film	1.257	Western Air Lines, Inc.	1.406
U.S. Gypsum Co.	.931	Western Bancorporation	.747
U.S. Industries	1.260	Westinghouse Electric Corp.	1.081
U.S. Shoe Corporation	.945	Westvaco Corp.	.956
U.S. Steel Corporation	.774	Weyerhaeuser Co.	1.050
U.S. Tobacco Company	.789	Whirlpool Corp.	.886
UAL, Inc.	1.498	Williams Companies	1.284
UMC Industries, Inc.	1.221	Winn-Dixie Stores, Inc.	.700
Union Camp Corp.	.870	Woolworth (F.W.) Co.	1.030
Union Carbide Corp.	.755	Wrigley (Wm.) Jr. Co.	.791
Union Oil Corp.	1.078	Xerox Corp.	1.359
Union Pacific Corp.	.956	Xtra, Inc.	1.359
Uniroyal, Inc.	.886	Zale Corp.	1.259
United Brands Co.	1.334	Zapata Corp.	1.725
United Corp.	.479	Zenith Radio Corp.	1.264
United Merchants & Mfg.	.849	Zurn Industries	1.494
United Technologies	1.529		

公益事業株

Allegheny Power System, Int.	.534	Detroit Edison Co.	.532
American Electric Power Co. Inc.	.607	D.J. Utility Average	.613
American Natural Gas Co.	.744	El Paso Natural Gas	.649
American Tel. & Tel Co.	.591	Florida Power Corp.	.933
Arizona Public Service Co.	.777	Florida Power & Light Co.	.732
Arkansas Louisiana Gas Co.	.707	General Public Utilities Corp.	.616
Baltimore Gas & Electric Co.	.580	General Tel. & Electronics Corp.	.725
Boston Edison Co.	.554	Gulf States Utilities Co.	.657
Brooklyn Union Gas Co.	.498	Houston Lighting & Power Co.	.713
Central & South West Corp.	.651	Idaho Power Co.	.619
Cincinnati Gas & Electric Co.	.565	Lone Star Gas Co.	.780
Cleveland Electric Illum. Co.	.557	Long Island Lighting Co.	.602
Columbia Gas System Inc.	.552	Middle South Utilities, Inc.	.683
Commonwealth Edison Co.	.630	Mississippi River Corp.	.866
Consolidated Edison New York	.538	New England Electric System	.544
Consolidated Natural Gas Co.	.529	Nevada Power Co.	1.041
Consumers Power Co.	.693	Niagara Mohawk Power Corp.	.465
Delmarva Power & Light Co.	.599	Northern Natural Gas Co.	.746
Northern States Power Co.	.557	Southern California Edison	.696
Ohio Edison Co.	.548	Southern Company	.599
Oklahoma Gas & Electric Co.	.693	Southern Natural Resources, Inc.	.977
Pacific Gas & Electric Co.	.635	Tenneco Inc.	.747
Pacific Lighting Corp.	.510	Texas Eastern Transmission Corp.	1.075
Panhandle Eastern Pipe Line Co.	.780	Texas Utilities Co.	.641
Pennsylvania Power & Light Co.	.597	UGI Corp.	.696
Peoples Gas Co.	.658	Unitel Inc.	.722
Philadelphia Electric Co.	.499	Virginia Electric Power Co.	.716
Public Service Electric & Gas Co.	.611	Western Union Corp.	1.317

付録B

セクション１（第５版と第７版では第23章）

チャートの作成法

チャートを作成する用意ができたら、それを誠実に書き続けるべきである。そうすればそのチャートは極めて貴重な実践ツール、または「素晴らしい資産」となる。あなたの前にはチャート用紙、バインダー（チャートを綴じる綴じ込み表紙）、鉛筆、三角定規、物差し、日刊新聞の株式欄がそろっている。これらを広々とした明るい作業場に整え、ほかのことに邪魔されずに自由に作業ができる状態にする。チャートをつけたいと思う株式はすでに選択されている。

銘柄ごとにチャートの形式を整え、上の左隅にそのチャートの期間を記入する。その期間は52週でも、またはそれ以外の期間でもよい。まず最初に、チャートを適当に４つのグループに分ける。例えば、AからCまでの株式には（もしも丸１年間記入できるチャート用紙を使うのであれば）、例えば1957年の１月から12月までの日付の入ったチャート用紙に続けて記入していく。一方、DからIまでの株式のチャート用紙には1957年４月から1958年３月までの日付が記入され、それが終わると今度は1958年４月から1959年３月までの日付の入った用紙に続けて記入していく。同じように第３グループのJからRまでの株式は1957年７月から1958年６月までの日付が付いたチャート用紙に、そして残りの第４グループのSからZまでの株式は1957年10月から1958年９月までの日付のある用紙に記入する。このようにすべてのチャートの４分の１を３カ月ずつずらして新しいページに記入していくと、すべてのチャートが同時に終わってしまうようなことはない。も

しもスタートするときが8月であれば、そのグループの株式用に日付が付されているチャート用紙を用意し、記入し始める時期の前に何カ月かの空白ができてもそこは空欄にしておく。そうすれば最初から正しく始めることができるので、チャートの日付について混乱するようなことはない。

　上方の真ん中の社名欄に社名、そして左側にはそのチャート用紙の期間をそれぞれ記入し、右側の欄にはチッカーシンボル（証券コード）を書き入れる。左側の縦の余白には株価の目盛りを書き込む。普通目盛りの用紙を使用するときは、初めて記入するときの最初の株価またはそれに近い株価が中央に来るようにすれば、株価は真ん中から上下に記入することができる。対数（比率）目盛りのチャート用紙を使うときは、できるだけ現在の株価が中央に来るように目盛りをとる（注　対数目盛りのテクニプラット用紙を使うときの手順はセクション2で説明してある。対数目盛りのチャート用紙を使い慣れていれば、テクニプラット・チャート用紙に記入することはそれほど難しくはないだろう）。

　本書のチャートの実例からもどのように会社名や日付を入れ、株価の目盛りをとったらよいのかが分かるだろう。株価をグラフ化するためのこの特殊用紙には、垂線が6本ごとに隣の線よりも太く書いてある。これは土曜日を表すもので、この日は立ち会いがないので記入しない。わずかな途切れが毎週できても、トレンドやその他のテクニカルなシグナルにはほとんど影響しないだろう。これは週と週の間に空間を設けて、チャートを記入するときにその週の特定日を見分けやすくしている。第1週の終了日が土曜日の線に来るようにするには、最初からその日の垂線上に正しく記入する。ある月が月曜日から始まっているときは、左端の第1線からすぐに記入し始める。もしもその月が木曜日から始まっているときは、土曜日が最初の太線のところに来るように3つの空間を置いてから記入し始める。

　最後にチャートの下に出来高目盛りを記入し、その下にチャート期間の各土曜日の日付を示す時間目盛りを記入する。チャートを書くときにピックアップする数字はその日の高値、安値、終値、そして出来高の４つで、最初は間違って記入しないように再チェックする。経験を重ねれば一度にこの４つの数字を頭に入れてチャートに記録できるようになる。これができるようになるとチャートをつける時間は以前より50％か、それ以上短縮できるので、これができるように努力する価値はある。

休日や配当落ち日

　休日や何らかの理由で立ち会いのない日は記入せず、そのところはブランクにしておく。またその株式の取引がなくて値段が付かなかったときは、出来高欄に小さく「０」と記入する。特に関心を寄せている株式にこのような日が現れたら、取引がなかった日の最後の買い気配値と売り気配値の間に点線を引くとよい（しなくてもよい）。一方、配当落ち日には出来高欄の余白に「ｘ」と記入し、配当金についてのデータは一番下の余白に書く。例えば、「四半期配当は50セントで変わらず」「１ドル相当の株式配当」など。または配当額を配当落ち日の垂線上にそのまま記入してもよい。株式配当と新株引受権についてはその時価相当額を記入する。配当落ち日の配当額が特に大きいときは、テクニカルなパターンを変えてしまうと思われるようなギャップがチャート上にできることもあるが、そのようなギャップにはテクニカルな意味での重要性はない。配当金（または新株引受権やその他の権利）の金額が大したものでなければ無視してもよい。新聞の株式欄ではそれを考慮しており、例えばある株式が50セント配当落ちして前日より3/8ドル安く引けたときは、「－3/8ドル」ではなく「＋1/8ドル」と報道する。配当落ちによってギャップができたとき、その配当

額だけ変動幅を点線で伸ばしておくとよい。そして配当落ちなどがあった日にはストップオーダーの水準、指値注文、トレンドラインなどをその分だけ下方に移動させる。たとえ配当落ち以降に株価のパターンやトレンドの水準が変わっても、（配当落ち分を調整した）そうしたパターンやトレンドはそれまでの方向に沿って進むことが多い。

　一方、株式分割やその他の資本変更があったときは特別な作業が必要になる。株式分割が２対１や４対１などであればあまり問題はない。分割前の横線の株価目盛りをそれぞれ２分の１または４分の１だけ調整することによって、目盛りを株式分割した時点から簡単に新しい株価水準に変えられるからである。チャートの目盛りをとり直して、これまでどおりに記入し続ける。しかし、出来高は以前よりも活発になるかもしれず、おそらくそうなるだろう（発行済み株式数が多くなるので）。株価のパターンはそこから荒々しい動きをするかもしれないが、それ以前に形成された（調整済みの）支持圏・抵抗圏やトレンドはそのまま有効である。株式分割が２対１や４対１ではなく、３対１や４対７のような半端な率のときは、新しい株価水準による新しい用紙で記入し始める。数週間前にさかのぼった以前の株価を、その分だけ調整して新しい目盛りで書き込むようにする。一方、ある会社に関する特別な情報（子会社の買収、社債発行の減少、利益やその他の重要なデータなど）をチャート上に記録しておくと便利である。もっとも、チャート作成の作業でこのようなファンダメンタルズに注意力を分散してはならず、チャートそのものに注意力を集中すべきである。

チャートが用紙からはみ出るとき

　チャートをつけている株式のひとつが約20ドルも上昇して40ドルに接近し、さらに続伸すると思われるようなときは、チャートの中央が40ドルになるように目盛りをとり直すとよい。しばらくは同時に２枚

のチャートをつけてもよいが、それ以降に株価が40ドルの水準を突破して上昇したら、中央から記入するようになっている用紙を数週間書き続けていくことになる。一方、株価が35ドルくらいまで下がったら、新しく目盛りをとったチャートは当分は使わない。このようなときは2枚の用紙に同時にそれぞれの目盛りで株価を記入していくが、次に続くチャート用紙では株価のトレンドが用紙の中央近くに来るように目盛りをとって書き続ける。

チャート上の取引の記録

「つもり売買」という興味深い売買をするために、チャート上に多くのスペースをとってもよい。この理論上の取引は実際に現金を投じて売買するのではなく、チャート上に印を付けながら架空の取引の記録をつけていくことである。これについてはその概説だけにとどめる。最初はひとつの章を設けて説明しようと思ったが、つもり売買に関して詳細な研究、記録、分析を進んでやろうとする人はあまりいないと思われるので、そうすることは取り止めた。この理論上の取引を価値あるものにするには、実際の取引とまったく同じような作業をしなければならない。しかし、テクニカル分析についてさらに詳しく研究したい人、または株式分析でキャリアを積みたいと思っている人は実際の売買による経験だけに限らず、もっと多くの模擬体験も必要になるだろう。「この考え方は75％の確率でうまくいきそうだ」とか、または「このプランでは平均するとリスク、税金、手数料などを差し引いて余りあるほどの利益は期待できない」ことなどが分かるようになるには、何百という状況に当たってみる必要がある。

つもり売買について大切なことは、実際に予想された動きが始まるに先立って、買い場や売り場をチャート上にはっきりとマークしておくことである。そして理論上の注文も実際とまったく同じようにブロ

ーカーによって執行されるものとして、最終的な総利益（または損失）からブローカーに支払う手数料、受け取り配当金、その他の権利、そして空売りのときは支払い配当金やその他の権利分などを正しく控除する。一人遊びといった感じでごまかしをやってはならない。このような厳格なつもり売買だけが、実際に取引していたらそうなったであろうと思われることを正確に表す価値ある体験となる。

　テクニカルアナリストは起こりうるあらゆる状況とその対処策を記録することによって、実際に出動するチャンスが来たときはいつでも迅速な行動がとれるように準備している。したがって、そのようなチャンスが来ればいつでもそれを物にできるし、さらに自分の予測が現実になることで自信を深めていく。つもり売買を正確かつ正直に記録し、そのすべてをそれぞれのチャートに記入していけば、自分の腕がどれほど上達しているのかが一目で分かるうえ、つもり売買と実際の取引の結果を比較することもできる。またさらに高度な研究のための豊富な資料を確保することにもなる。

　初心者（この言葉は人の言うことに耳を貸さない人に使うべきかもしれない）はマーケットで実際に資金をリスクにさらす前に、数カ月間はこのようなつもり売買をしてみるとよい。利益のチャンスがやってきても、このような絶好のチャンスは二度と来ないなどと考える必要はまったくない。マーケットは翌月も、そして来年もあるし、チャンスは何度でもやってくる。それに備えた状況を分析し、自分のやりたいことをはっきりさせ、その結果を研究することが大切である。株式投資の初心者が自分のお金をリスクにさらす前に、しばらくの間このような実験を我慢して続ければ、多くの落とし穴やワナに陥って損失を出してがっかりするようなこともなくなるだろう。

チャートに関する補足的な説明

チャート上に記入するいくつかの特別なマークについて述べよう。われわれはこれまで（チャート上で）考えられる売りと買い、つまりつもり売買の記録（株式の売買時期、保有期間、手数料や配当金を考慮した正味の損益など）を記入することについて説明してきた。実際の売りと買いについてもその株数、価格、ブローカー（複数の取引口座を持っているとき）などを記録する。この記録は取引初日から終了日まで買いのときは青で、空売りのときは赤で用紙の上方に記入する。新しい続きのチャートに書き始めるときは、まだ執行されていない注文やストップオーダーが入れてある実際の取引やつもり売買に関するメモを左側の余白に書き入れておく。52週間記入できるチャート用紙の左上の隅に一連の数字や文字（「A」「B」など）を書いておくとよいだろう。そうすれば調べるためにチャートを取り出したあとで、再びホルダーにそれを年代順に綴じ込むのも簡単である。

一方、左側の余白の株価目盛りのところに前ページの最も高い終値を青い点線で、また最も安い終値は赤い点線でそれぞれ記入する。これらの水準は重要な高値・安値であり、この水準が破られると株価がその方向にさらに進むことを示唆している。またこの領域はその前の52週間のレンジを示すものであり、株価の速度やその時期の株式の感応度とわれわれが呼ぶものを測る重要なものである。われわれはこのレンジに基づいて総合レバレッジ指数を決定するときのひとつの要因である長期の感応度を計算している。

チャート作成に関する最後のポイントは、株式の記録が長ければ長いほどそのチャートはますます価値あるものになるということである。チャートをつける銘柄の構成を簡単に変更してはならず、追加と削除は慎重に行う。チャートをつける銘柄の追加と削除を確信を持って行えば、その株式グループは自分にとって価値あるものになるだろう。

新しい銘柄のチャートを書き始めるときは、新しくポートフォリオに追加したことを示す「New」というマークを記入する。そうしておけばあとになってその銘柄の前のチャートを探すときに時間を浪費しなくて済む。またその株式を取引するためのはっきりしたパターンがチャートに現れるまでに、数週間か、数カ月間も新しいチャートを記入し続ける必要があるかもしれない。もしもチャートをつけていない銘柄を取引したくなったときは、（こうしたときのために大切に保存しておくようにアドバイスした）新聞の株式欄の綴じ込みで少なくとも３カ月前までさかのぼってチャートをつけるとよい（**注**　現在ではインターネットでこのようなデータを簡単に入手できるので、以前には何年分も保存していた新聞の株式欄も不要になった）。

セクション２　テクニプラット・チャート用紙

今まで対数（比率）目盛りのグラフ用紙にチャートをつけたことがなくても、これから述べる説明によってチャートの読み取りと理解ができるうえ、初めて自分でチャートを書くこともできるようになるだろう。エンジニアや経験を積んだテクニカルアナリストに対しては、ここで改めて説明するようなことは何もない。しかし、今までにチャートをつけたことがない人、または等間隔の普通目盛りのグラフしか使い慣れていない人たちは、対数目盛りの縦の間隔が絶えず変化しているのを見て最初は戸惑うかもしれない。あとで分かるように、この特徴こそがチャートをより早く簡単に書くことを可能にするのである。なぜならば、株価がどの水準にあっても変動率が同じであれば同じ幅で記入できるし、目が慣れてくると左の欄外にある目盛りを見なくても、自動的に必要なポイントに記入することができるからである。

労働時間、気温の変化、水深などを表す多くのチャートでは、普通目盛りの用紙を使えば用が足りる。普通目盛りのチャートでは「時

間」「度」「フィート」などの目盛りは同じ間隔で表示される。5フィートと10フィートの間隔は、105フィートと110フィートの間隔と同じである。しかし、これは株価の違いを表示するには良い方法とはいえない。1株5ドルと10ドルの株式の値段の開きは5ドルであり、100株だと500ドルになる。そして100ドルの株式と105ドルの株式の値段の開きも5ドルであり、100株だと500ドルになる。しかし、後者のほうが投下資金はずっと大きい。例えば、5ドルの株式に1000ドルを投資すると200株買える（手数料などは考慮しない）。その株を10ドルで売れば2000ドルとなり、1000ドル（つまり100％）の利益となる。これに対し、105ドルの株に1000ドル投資しても9株しか買えず、5ドル値上がりした110ドルで売ったとしても45ドル（4.5％）の利益にしかならない。

　株価水準とは無関係に株式の上昇率と下落率を等間隔で表すようにチャートの目盛りをとれば、いろいろな株式の利益率を比較しやすくなる。テクニプラット（TEKNIPLAT）・チャート用紙はこのような目的で作ってある。この用紙では縦の間隔が同じであれば、その変動率は常に等しい。またトレンドが一定の角度を描いていれば、株価がどの水準にあっても変動率が同じであることを示している。100ドルの株式が1ドル動いても大したことはないが、5〜6ドルの株式が1ドル動けばそれは大きな損益につながる。したがって、5〜6ドルの間隔のほうが100〜101ドルの間隔よりもずっと大きくなるのは当然である。低位株では1ドルや1/2ドル、もしくは1/8ドル動いても大きな変動率となるので、これらの動きはチャートに非常にはっきりと示される。一方、100ドルの値がさ株のわずか1/8ドルという値動きをテクニプラット用紙に表すことは不可能である。換言すれば、そのような水準の株式が1/8ドル動いても大したことはないということである。1 1/4ドルと1 3/8ドルの差は気になるが、103ドルか、103 1/8ドルで売れようともそれはどちらでもよい。すべての株式の動きが比率で

表されるので、どのような株式の動きでもほかの株式と直接そのパターンやトレンドが比較できる。16ドルの株を56ドルの株と比較することも可能である。しかし、個別株式の変動率を正確に比較できるとはいえ、典型的な超値がさ株の変動率は低位株の変動率よりも小さいことに注意すべきである。

テクニプラット用紙の目盛りは、チャートの上半分と下半分という2つの「バンク（bank）」から成り立っており、それらはまったく同じ大きさである。2つのバンクの間の中央線がどのような値段であろうとも、最上線（上のバンクの上限）の値は中央線の値の2倍、最下線（下のバンクの下限）の値は中央線の値の半分になっている。各バンクの上限値は下限値の2倍である。仮に中央線を20ドルとすると上限は40ドル、その間の9本の線は中央から上に22、24、26、28、30、32、34、36、38ドルとなり、各最小の間隔は1/4ドルである。一方、下半分の下限値は10ドル、その間の太い線は下限から中央に向けて11、12、13、14、15、16、17、18、19ドルとなり、各最初の間隔は1/8ドルである。上に進むにつれて間隔が狭くなるので、ひとつのバンクから次のバンクへと連続した目盛りとなる。上限を20ドルにすれば中央は10ドルで下限が5ドル、上限を10ドルにすれば中央が5ドルで下限が2 1/2ドルとなる。

株価水準の違いによって小さなひとつの間隔がいろいろな値になるので、最初は少し戸惑うかもしれない。ひとつの間隔が1/4ドルなのか、1/8ドルなのか、それとも1ドルなのかと迷うかもしれない。しかし、それほど心配する必要はない。目盛りを見れば19ドルや20ドルがどこなのかが分かるので、19ドルと20ドルの中間点が19 1/2ドルであり、19ドルから1/4ドル離れたところが19 1/4ドルであることはすぐに分かる。意識的に考えたり努力しなくても、目も心もすぐに慣れてしまうだろう。株価が用紙の上限や下限からはみ出すようなときは、そのチャートをひとつ下のバンクに移動させて目盛りをとり直せばよ

い。もしも株価が40ドルの上限を上抜いたら、用紙の中央に40ドルを
もってくれば、上限は80ドル、下限は20ドルになる。用紙は規格化さ
れ、2つのバンクの太線をそれぞれ10区分に分割し、この1区分のな
かの小さな間隔が標準の取引単位を表しているので、チャートの中央
線や上限・下限の値は、例えば5、10、20ドルなどの数字を当てる。
新しいチャートを書き始めるときの株価目盛りの選択では、以下の表
を参考にすると便利である。

現在の株価 （ドル）	中央線 （ドル）	上　限 （ドル）	下　限 （ドル）
224〜448	320	640	160
112〜224	160	320	80
56〜112	80	160	40
28〜56	40	80	20
14〜28	20	40	10
7〜14	10	20	5
3 1/2〜7	5	10	2 1/2
1 3/4〜3 1/2	2 1/2	5	1 1/4

注＝もちろん、この表の基準数値を2倍または1/2にすることで、必要に応じて上下に連続させ
　　ることができる）

グラフ11　１枚のテクニプラット・チャート用紙に最もよく使われる６つの株価目盛りを示した。

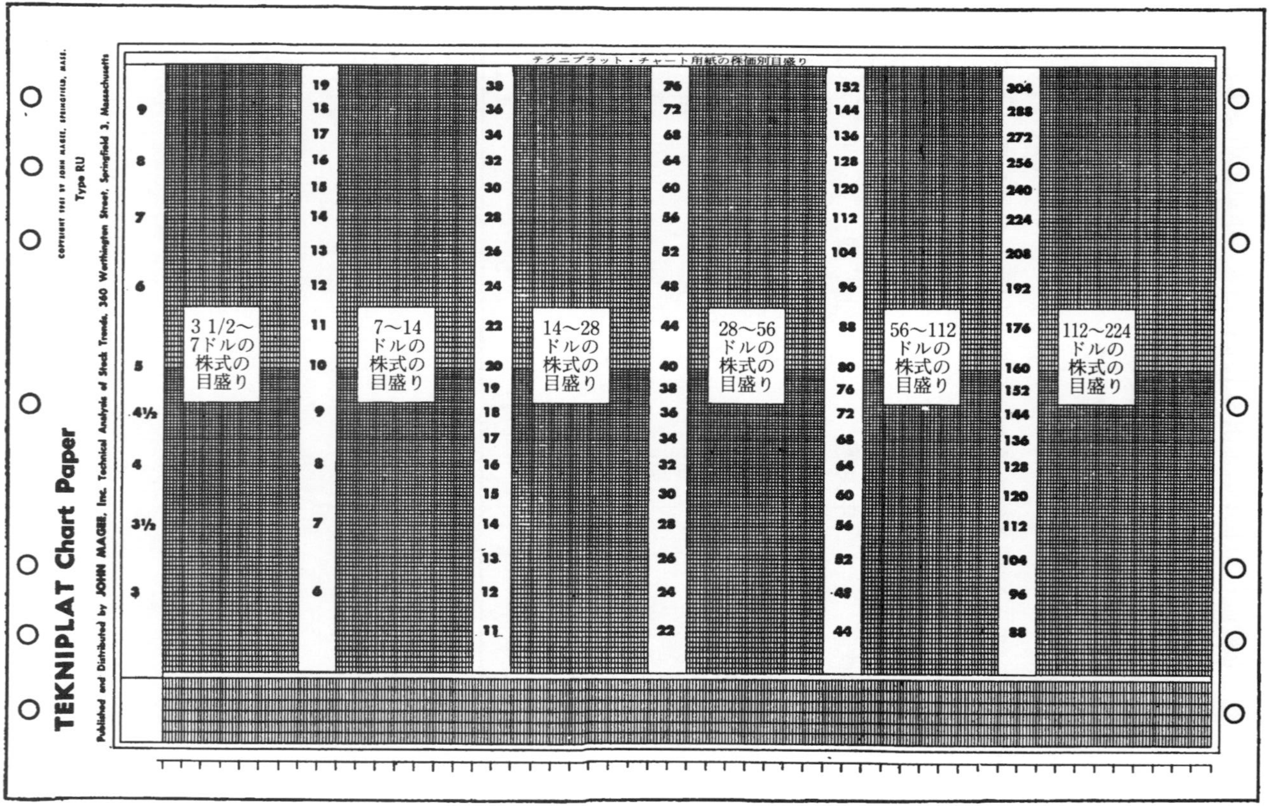

時間の目盛り

　テクニプラット・チャート用紙は丸１年間記入できるようになって
いる。用紙は53週に分割されており、各週は６日から成り、そのなか
の太線は土曜日を表している。主要な市場では土曜日は立ち会いがな
いので、ここは空白にしておく。しかし、この太線はある週のある日
を速やかに探すときに便利である。土曜日が空白になっていても、テ
クニカルパターンのトレンドにはほとんど影響を及ぼさない。一方、
祝日は飛ばして空欄にしておく。通常では小さな「Ｈ」をチャートの
下に書き入れて祝日のマークとし、チャート上の途切れを説明する。
多くのテクニカルアナリストは暦年の最初からチャートをつけ始め、
用紙下の空白に各週の終わりを示す土曜日の日付を書き込み、これら
の日付のすぐ上に月を記入する。しかし、チャートはいつからつけ始
めてもよい。多くのチャートを書くときは暦年の四半期ごとに分けて
始めるとよい。つまり、Ａ～Ｆ銘柄は１月から、Ｇ～Ｍ銘柄は４月か
ら、Ｎ～Ｓ銘柄は７月から、Ｔ～Ｚ銘柄は10月からつけ始めるなどで
ある。
　一方、出来高の最も使いやすい目盛りは普通目盛りである。そこで
は垂直に表された各単位が取引された株数を示す。出来高を書き込む
欄は日付の上に特別に設けてある。以前に対数目盛りを使ったことが
あったが、取引が極めて活発な日の大商いが圧縮される傾向があり、
逆に取引が少ないときの出来高があまりにも強調される傾向があるの
で、対数目盛りの使用をやめた。出来高の目盛りには適当な数字を決
める必要がある。お勧めできる基準はなく、少し試行錯誤を繰り返す
しかない。少し経験を積めば、チャートをつける株式のいろいろな知
識から判断して、その株式が活発に取引されたときはどのくらいの出
来高になるのかが予測できるようになる。そうなれば、最大の出来高
の目盛りを決めることができる。出来高欄の上限を実際の出来高が何

度も超えるようなことがあってはならず、そのようなことは異常な出来高という例外的なケースだけに限定する。習性がまったく分からない新しい株式を扱うときは、鉛筆で仮の出来高目盛りを薄く書き込んで、数週間にわたって様子を見るとよい。そうすれば目盛りを変える必要があっても、チャート全体を書き直さずに変更することができる。

配当落ちと株式分割

配当落ちや権利落ちなどがあれば、通常では株価はほぼその落ち分だけ下がる。このような日にはチャートに注釈を付ける。それには便宜上、日付の下に（つまりチャートの一番下に）配当額、その権利の概算値、その他の利益額などを記入する。もしもその金額が大きすぎてそれに伴う株価の下落を説明しなければならないときは、前日の株価から落ちた株価まで垂直に点線を引き、その下落分は株価の変動によるものではなく、配当や権利落ちに伴う単なる株価の調整にすぎないことを表示してもよい。

株式分割、企業分割、またはその他の資本の変更があったときも同じようにする。例えば、１株を３株に分割したときは株価の水準が変わり、チャートは新しい水準で引かれる。垂直に点線を引いて説明の注釈を付けておけば、何が起こったのかが一目で分かる。このようなときはチャートの連続性を保つために、前の株価のパターンをカーボン紙で写して正しい位置に移し替えれば、必要なだけ過去にさかのぼって新しい基準に調整してチャートを書き続けることができる。一方、１株が２株、または１株が４株に分割されたときは、チャート上にその事実を書き込み、２や４ですべての目盛りの数字を割って目盛りを変えるだけでよく、チャートに何の変更も加える必要はない。例えば、80ドルの１株が２株に分割されたときは、そのチャートの目盛りを40ドルに直して書き続ければよい。株式分割やその他の資本変更があっ

たときは垂直の赤線を引いておけば、あとでかなり役に立つだろう
(注　ここまで来ると読者の皆さんももうお分かりだと思うが、本書
のほとんどのチャートはテクニプラット用紙に描いてある。**図246**が
この用紙の全体である。手書きチャートに興味ある読者は、http://
www.johnmageeta.com/ からテクニプラット用紙に関する最新の
情報を入手できる)。

付録C

商品先物チャートのテクニカル分析

（**編者注**　この付録は第7版の編集者であるリチャード・マクダーモットによって編集された
いわば第16章の続編である。数量分析のコンセプトを紹介するコンパクトな内容となってい
る。商品先物市場のテクニカル分析に関する優れた推薦図書は、ジャック・シュワッガーの
一連の著書である）

商品先物

　（将来のある時点で受け渡される商品を現在の価格で売買する標準
化された）商品先物には、農産物（トウモロコシ、オート麦、小麦、
大豆、家畜）、貴金属（金、銀、プラチナ、パラジウム）、木材・繊維
・食品（木材、綿花、オレンジジュース、砂糖、ココア、コーヒー）、
エネルギー（原油、灯油、ガソリン、天然ガス）、金融・その他のデ
リバティブ（Tボンドなどの債券、株価指数、通貨）などがある。ア
メリカの商品先物市場は現在の価格で取引し、将来に受け渡す農産物
の生産業者と買い手の所得を安定化させるため、1800年代初めに創設
された。それ以降の先物市場は急速に発展し、商品も標準化されたこ
とから、ヘッジと投機の主要なマーケットに成長した。先物とオプシ
ョンの投資商品は、近年ではさらに多様化とグローバル化している。
　これまでの経験によれば、チャートパターンは株式だけでなく、取
引所で売買されるその他の金融商品にも認められる。また商品先物に
も将来の価格の方向を示唆するチャートパターンが現れている。活発
に取引される商品の価格トレンドは需要と供給の力関係だけを反映し
ており、それをグラフ用紙にプロットすると意味のあるパターンが認
められる。それらは株式の動きが形成するパターンと同じような上昇
トレンド・下降トレンド、保ち合い・揉み合いや反転パターンなどで

※参考文献　ジャック・D・シュワッガー著『シュワッガーのテクニカル分析』（パンローリング）

ある。それが株式や商品先物であろうとも、それらのマーケットにおける投機家と投資家の心理に基づく行動は類似している。したがって、テクニカル分析の原則はトウモロコシ、綿花、ココア、コーヒー、小麦など活発に取引されるどの商品先物にも当てはまる。しかし、商品先物と株式・債券の間には次のような4つの本質的な相違点がある。

1．限月——株式と商品先物の最も大きな違いのひとつは、先物には将来の一定時点で納会となる限月があることである。各先物取引にはそれぞれの限月があるが、現物商品やその他の比較しうる取引と類似するパターンが見られる。ただし、限月制という制約があるために短期的な支持圏・抵抗圏などはそれなりの価値はあるが、長期のテクニカル分析の対象という点では価値が劣る。

2．ヘッジ——二番目の重要な相違点は、多くの投資家は投機というよりはヘッジという保守的な手段として先物市場を利用していることである。こうした理由から短期の支持圏・抵抗圏の利用価値もやはり株式よりは劣っている。また特に農産物などの商品では、ヘッジャーや投機家は季節的な影響というものを常に考慮している。いろいろな季節的要因が商品先物のテクニカル分析におけるシグナルの信頼性に対してさまざまな影響を及ぼしている。

3．出来高——三番目の違いは出来高である。株式の出来高はそれほど複雑ではなく、取引される株数は一定数に決められている。発行済み株式数を変更するには関係当局の認可が必要である。1日の平均出来高が公表されているので、突然に急増・急減すればその株式に何か異変が起こったと分かる。これに対し、ひとつの先物商品が売買される約定総数には上限がない（ひとりの個人が取引する約定数には一定限度が設けられている）。実際に受け渡される数量を超える取組高を示すのは何ら珍しいことではなく、ほとんどの建玉は納会までに差金決済される。

4．天候——最後の大きな相違点は、干ばつや洪水など天候のニュー

スが農産物商品に大きな影響を与え、それによってそのトレンドが急激に大きく変化してしまうことである。株式市場にはそうしたことはない（注　FRBの発表やグリーンスパン議長の発言が株価を大きく左右することはあるが）。

観察できるパターン

　以上の相違点はあるが、通常の状況下では株式と同じように、商品先物にもテクニカル分析の対象として利用できる次のようなチャートパターンが観察される。
●ヘッド・アンド・ショルダーズ
●円形天井と円形底

　また基本的なトレンドラインも引くことができるうえ、株式と同じように三角形、長方形、フラッグなどのパターンも現れる。しかし、これらの出現回数は株式の場合よりも少なく、将来の価格の方向を示唆するシグナルとしての信頼性もかなり低い。ときに支持圏・抵抗圏がはっきりと現れることもあるが、ヘッジや投機的な取引以外の需給要因によって形成されるパターンはあまり明確には現れない。ギャップも株式の場合に比べてその重要性は小さい。三角形も株式チャートの三角形に比べて出現回数は少なく、その信頼性も低い（ときにはっきりと現れることもある）。三角形からのブレイクアウトは価格が頂点まで押し込まれないうちに起これば信頼性は高いが、これは株式の場合と同様である。先物取引で成功するには、その価格に影響を及ぼすさまざまな背景要因を十分に理解することが大切である。以上のように、株式と比較した商品先物の本質的な違いを十分に考慮して、そのシグナルの信頼性を評価しなければならない。

ストップロスオーダーの大切さ

　ストップロスオーダーは未決済玉を手仕舞うひとつの方法である。買い建玉を持つときはそのときの市場価格で手仕舞いする転売注文、売り建玉を持つときは買い戻し注文となる。株式のストップロスオーダーについてはこれまで詳述したが、プロの先物トレーダーも壊滅的な損失を回避する手段としてストップロスオーダーの重要性は十分に理解している。1990年代には個人投資家と民間企業が先物やその他のデリバティブ市場で巨額の損失を被る事件が頻発した。ストップロス

図180　下降トレンドにあるトウモロコシ先物。支持線から上昇した相場（7〜8月にはダブルボトムを形成している）は、360セントで抵抗に遭って下落している。下降局面ではそれまでの支持線が抵抗線に転化する。11月初め〜12月の支持線に注目。（支持・抵抗については第13章と第30章を参照）。

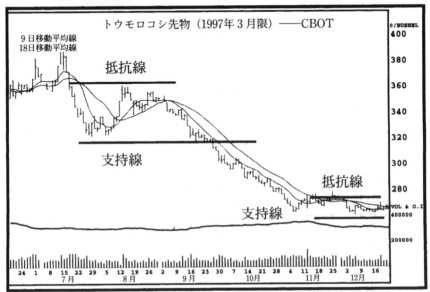

オーダーとは基本的に保険つなぎのヘッジ手段であり、取引コストの一部と考えるべきである。

理想的なストップロスは（メジャートレンド反転などを除く）通常の値動きですぐに執行されないように、現在の市場価格よりも適当に離れたところに入れたほうがよい。しかし、マーケットが自分の期待どおりに動くことはほとんどなく、ストップロスの位置が現在価格よりも近すぎたり、または遠すぎることもよくある。この２つのうちどちらかを選択せよと言われたら、多くの投資家にとっては現在価格から少し遠すぎるストップロスのほうがよいだろう。ストップロスの位置が現在価格から近すぎるとすぐに執行されて取引コストがかさみ、ストレスが大きくなるからだ。また頻繁に売買すると頭が混乱するだけでなく、リスクも大きくなる。

ストップロスの位置は数学的な分析（標準偏差の使用）に基づいたり、または支持圏・抵抗圏などを含むチャートパターンを調べて決定してもよい。いずれの場合でも、価格が目標レンジを突破したときに執行されるようにストップロスの位置を決めることが大切である。それには実践の積み重ねが必要であるが、現在価格から適度に離れたストップロスのメリットはスリッページや取引コストを節約できることであるが、その一方でポートフォリオ全体のリスクが大きくなるという欠点もある。どのようにストップロスの位置を決めるときでも、しょっちゅうその位置を変えるようなことは避けるべきだ。一方、価格が大きく変動するマーケットでは、売り買い両方で損失が出るちゃぶつきに陥らないように注意しなければならない（株式のストップロスオーダーについては第27章を参照）。

週足チャート

毎日の値動きを見る日足チャートは大切であるが、それを週足や月

足チャートと比較してダブルチェックすることも重要である。長期の
チャートは大局観を示しているので、現在のトレンドの方向を予測す
るのに有効である。「トレンドは友である」という言葉は、株式だけ
でなく商品先物取引においても真実である。

トレンド

　一般にトレンドは比較的長期にわたって継続するので、トレンドに
逆らうような取引はしないようがよい。株式と同じく商品先物でも主
要な安値を結ぶ上昇トレンドライン、高値を結ぶ下降トレンドライン
が引かれる。それらとリターンラインで挟まれた領域がトレンドチャ
ネルである。高値・安値を結ぶトレンドラインのほかに、終値（また
は始値）を結ぶ点線のトレンドラインを引くテクニカルアナリストも
いる。商品先物のトレンドラインも終値でブレイクされないかぎり、
その方向に沿った値動きが続くと予想される。一方、下降トレンドの
底値圏では横ばいの動きとなり、そのトレンドの終了が近いことを示
している。底値圏で現れるこのような保ち合い局面が長ければ長いほ
ど、その後の上昇トレンドは力強いものになる。すべての投資家が神
経質になっている天井圏ではダマシの反転のシグナルが出ることもよ
くある。最も信頼できるトレンドラインの角度は45度であると言われ
るが、４週間以上続いたトレンドラインはそれ以降もその方向に継続
する傾向がある。

図181　このチャートに現れたさまざまなパターンは明確であるが、7月の下降
　　　　局面では（ヘッドと右肩を含む）大きなヘッド・アンド・ショルダーズ
　　　　のパターンが崩れる可能性もあった。8月には出来高が減少しており、
　　　　一般に低水準の出来高は右肩形成の特徴である。これがヘッド・アンド
　　　　・ショルダーズであるかどうかを判断することが重要である（図183の
　　　　週足チャートを参照）。その後の三角形の形成は明らかであり、その頂
　　　　点から下降トレンドラインが引かれている（三角形については第8章、
　　　　トレンドラインについては第14〜15章と第40章を参照）。

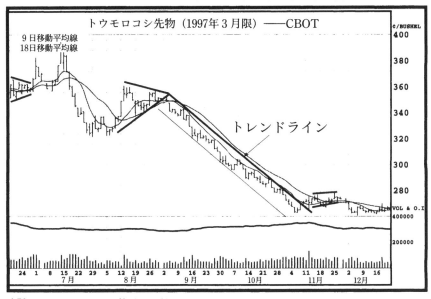

出所＝マーケットリサーチ社（http://www.barchart.com/）

マーケットタイミング指標

　トレンドパターンの信頼性を高めるために、先物市場で信頼できる
シグナルを出す実績のあるその他のマーケットタイミング指標を併用
してもよい。しかし、売買のタイミングを向上させるには、そうした

図182 トレンドの大きな流れを見るには日足よりは週足チャート、そして短い
限月制の先物よりは現物チャートのほうがよい。1996年のトレンドは明
らかに強気である。7月の調整局面の抵抗線が上抜かれたあとは、その
水準が12月まで支持線として機能している。12月にトレンドラインが下
抜かれたが、そこは反転というよりは一時的な調整局面と思われる。

出所＝マーケットリサーチ社（http://www.barchart.com/）

指標の信頼性をほかのチャートパターンなどに照らして確認する必要
がある。チャートパターンとその他のタイミング指標をうまく併用す
れば、大きな効果が期待できる。

移動平均

移動平均は最も古い歴史のあるテクニカル指標のひとつであり、今
でも最も広く利用されている。移動平均は一定時期の価格を平均して

トレンドとして表したもので、日々の値動きを円滑化することがその目的である。トレンドラインも日々の値動きを円滑化したものだが、その他の伝統的なチャートパターンと併用すれば移動平均からはいろいろとユニークなシグナルが読み取れる。

図183　トウモロコシ現物の週足チャート。図181の先物の日足チャートのところで言及したように、トウモロコシ現物は9カ月にわたる大きなヘッド・アンド・ショルダーズ・トップを形成した。左肩は1995年12月半ば、ヘッドは1996年5〜6月、（薄商いの）右肩は8月に形成された。一般にボトム（ネックラインの水準）は保ち合い圏となり、11〜12月の横ばいの動きには注目すべきである（ヘッド・アンド・ショルダーズについては第6〜8章を参照）。

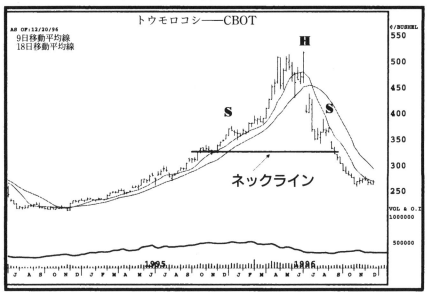

出所＝マーケットリサーチ社（http://www.barchart.com/）

移動平均の期間

　移動平均のユーザーはその期間を自由に決めることができる。株式の最も一般的な移動平均の期間は10日、30日、50日、100日、200日などであるが、ユーザーのニーズに応じて自由にその期間をとってもよい。唯一の正しい期間というものはなく、各期間の移動平均にはそれぞれの特徴がある。期間が短くなるほど、その移動平均は値動きに対

図184　このチャートではいくつもの三角形が形成され、その頂点近くでブレイクしている。7月には大商いで大きな上放れ、8月半ばは下放れ、11月末も大きな下放れである。10月の上放れのときの出来高は幾分増加したが、9月の上放れでは少なかった。支持線は4回（6月、7月、9月に2回）機能し、7〜8月の抵抗線は10月初めにも抵抗線として働いているが、10月後半にその水準を上抜いたあとは急上昇している。

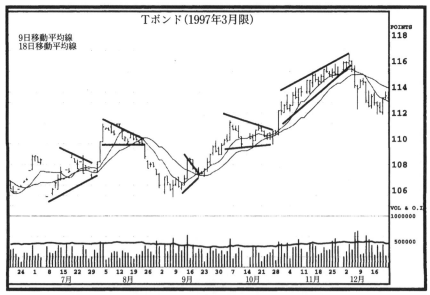

出所＝マーケットリサーチ社（http://www.barchart.com/）

して敏感になる。その反対に、期間の長い移動平均は値動きに鈍感になるが、そのトレンドは滑らかになる。一方、考慮すべきもうひとつの要因はその価格である。一般には毎日の終値を使うが、（高値＋安値）÷２、（高値＋安値＋終値）÷３、（始値＋高値＋安値＋終値）÷４などの移動平均を使うテクニカルアナリストもいる。しかし、終値は投資家が翌日に持ち越すポジションの価格を表している点ではやはり重要である。

単独の移動平均

移動平均を理解するベストの方法はその実例を見ることである。**図185**はIBMの100日間にわたる50日移動平均である。この移動平均の作り方は、まず過去50日の終値を合計してそれを50で割り、次に今日の終値を加えて最も古い日の終値を差し引くという作業を繰り返していく。こうして得られたすべての数字をチャート上にプロットし、それ線で結んだのがこのような移動平均である。

２本の移動平均

複数の移動平均を使うとその効果はさらに大きくなる。そのひとつの組み合わせは、同じチャート上に９日と18日の移動平均を引くことである。この２つの移動平均がともに上向きで、９日移動平均が18日移動平均を下から上へ突破したときが買いシグナル、２つの移動平均がともに下向きで、９日移動平均が18日移動平均を上から下へ突破したときが売りシグナルとなる。併記する移動平均は何本でもよく、３〜４本の移動平均を使っているテクニカルアナリストもいる。これまでの調査によれば、２本の移動平均が最も効果的であると言われ、多くのテクニカルアナリストも２本の移動平均を使用している。しかし、

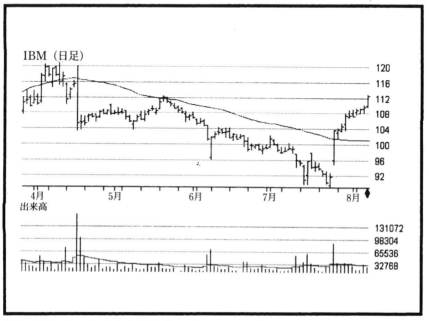

図185　IBMの1996年の50日指数移動平均。この移動平均は平準化された株価トレンドを表す。移動平均線が上向きとなり、株価がそれを下から上抜いたときが買いシグナルとなる。売りシグナルは移動平均線が下向きとなり、株価がそれを上から下抜いたときである。移動平均線が方向を変えたが、株価がそれを上（下）抜かなければ、買い（売り）シグナルとはならない。

出所＝AIQマーケットエクスパート社（http://www.aiq.com/）

　その他の多くの指標と同様に、値動きの速い市場では移動平均の有効性は低下し、それによる売買はかなり難しい。移動平均には直近の値動きのデータが反映されておらず、過去と比較した最近の動きが分かるだけである。相場が長期の保ち合い圏に入ったときはダマシのシグナルが出やすくなるので、多くのテクニカルアナリストは相場の方向を予測するためにほかの指標を併用している。そうした指標とは三角形、長方形、ペナント、その他の保ち合いパターンなどを表すチャートパ

ターンであり、これらの指標と移動平均を併用すればそのシグナルは
かなり明確になる（保ち合いパターンについては第11章を参照）。

加重移動平均と指数平滑平均

　移動平均には単純移動平均のほか、加重移動平均と指数平滑平均が
ある。単純移動平均は最も広く使われているが、シグナルが遅いとい
う欠点がある。この欠点を克服するために、直近の価格の値動きをよ
く反映するように価格データを加重平均した加重移動平均を使うテク

**図186　このチャートでは買いと売りのシグナルが4回ずつ出ているが、いく
つかの売買益はかなり小さい。移動平均に基づいて売買するときは、
そのシグナルの有利性を十分に見極める必要がある（移動平均につい
ては第36章を参照）。**

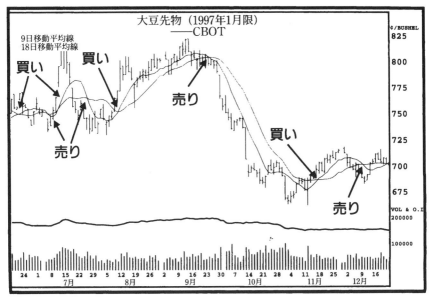

出所＝マーケットリサーチ社（http://www.barchart.com/）

ニカルアナリストも少なくない。この加重平均は単純平均よりも早く相場の反転を示唆する。加重移動平均の最も広く使われている方法は、例えば5日移動平均について見ると、4日前を1倍、3日前を2倍、2日前を3倍、前日を4倍、今日を5倍し、その合計を倍数の計（15＝1＋2＋3＋4＋5）で割って求める。この加重移動平均の方向が変わるときが買いシグナルや売りシグナルとなる。

　一方、指数平滑移動平均とは加重平均の一種であり、例えば20日指数平滑平均を作成するには、まず最初に20日の単純平均を算出する。20日単純平均の数値が42であるとすれば、21日目は43、22日目は44となる。次に21日目の数値43から20日の42を引いた1.00に平滑化定数の0.1を掛けると0.1となり、これを20日目の数値42に加えると42.100となる。この作業を繰り返して得られた数字をチャート上に描いたのが指数平滑平均である（平滑化定数とは2を移動平均の期間で割ったもので、この場合は2÷20＝0.1となる）。

　移動平均が支持線・抵抗線として働くこともある。価格が移動平均に接触する回数が多いほど、そのブレイクは大きな意味を持つ。移動平均のブレイクはトレンドの反転を示唆するシグナルとなるが、その他の指標で確認する必要がある。一般に移動平均の期間が長くなるほど、価格線とのクロスオーバーは重要な意味を持つ。

移動平均の注意点

　移動平均の最大の問題点は、その有効性がトレンドのある市場だけに限られるということである。横ばいまたは保ち合い圏では平らな移動平均となる（第11章を参照）。もうひとつの欠点は移動平均が相場の急速な動きに追い付けないことであり、数日後にようやく移動平均に反映される。この点について加重平均や指数平滑平均は単純平均よりは幾分ましであるが、それでもこうした局面ではちゃぶつき傾向と

なり、値動きの円滑化という移動平均のメリットが失われることになる。こうした理由から移動平均だけに依存するのは危険であり、移動平均と併用する伝統的なチャートパターンの有効性がここにも存在する。

MACD

オシレーター系の指標であるMACD（移動平均収束拡散法）では、直近の値動きを重視する２つのEMA（指数平滑移動平均）の差を表すMACDとそれを平滑平均したシグナルと呼ばれる２本のラインを、中央にゼロラインをとったチャートに描いて売買シグナルを求める。売買ポイントは先行するMACDラインが遅行するシグナルラインを下から上へ突破したあと、この２本のラインがともにゼロラインを上回れば強気のシグナル、その反対にMACDラインがシグナルラインを上から下へ突破したあと、この２本のラインがゼロラインを下回れば弱気のシグナルとなる。普通は12日と26日のEMAの差を表すMACDラインと、MACDの９日指数平滑平均であるシグナルラインを使用する。それぞれの平滑化定数は0.15、0.075、0.20で、MACDはラインやヒストグラムとしてチャートに表示される。

ユーザーはこの３つの平滑化定数の数値を自由に変えることができる。またシグナルをMACDの指数平滑平均や単純移動平均にしてもよい。いずれにしても、当初の数値を変更するときはデータのカーブフィッティング（データに対して都合のよいルールを加えすぎること）に注意する必要がある。ひとつの有効な方法は買いシグナルと売りシグナル用の２つの異なる数値の組み合わせを使うことである。例えば、その２つに９日のEMA（平滑化定数は0.20）を使ってもよいが、0.15と0.075という平滑化定数の組み合わせを売りシグナル用に、そして買いシグナル用のEMAを８日（平滑化定数は0.22）と17日

※MACDについては『アペル流テクニカル売買のコツ』（パンローリング）を参照。

（同0.11）にしてもよい。一般にこのような平滑化定数の組み合わせによる売りシグナルは遅行する傾向があるので（買いでは素早く仕掛けてすぐに利益を確定する）、商品先物取引では標準的な数値の組み合わせを使うのがよいだろう。もっとも、そうした売りシグナルが幾分遅行するとはいっても、ほとんどの状況ではかなり信頼できるものである。

売りシグナルと買いシグナル

一般に先行するMACDラインが遅行するシグナルラインを下から上へ突破したときが買いシグナル、その反対が売りシグナルとなる。しかし、この２本のラインのクロスオーバーに機械的に従って売買すると、ちゃぶつきや大幅なドローダウンに陥ることになる。特に小幅な値動きのトレーディングレンジでは頻繁にダマシのシグナルが出るので要注意である。

MACDの買われ過ぎと売られ過ぎ

1979年に（株式売買のタイミングツールとして）MACDを開発したジェラルド・アペルは当初、S&P500がMACD目盛りの＋2.50となったときを買われ過ぎ、－2.50を売られ過ぎの状態と設定した（ダウ平均では＋1.20が買われ過ぎ、－1.20が売られ過ぎ）。MACDがこの領域に入ったときが買いシグナルや売りシグナルとなる。どのような市場のレンジにもこのような領域が存在するので、こうした手法に従えば短期的な値動きのちゃぶつきに陥ることは避けられるだろう。MACDは長期のテクニカル分析ツールとして利用するのがベストである。

図187　1996年のS&P500指数とMACD。MACDの先行線が遅行線を下から上抜いたときが買いシグナル、上から下抜いたときが売りシグナルとなる。しかし、すべての売買シグナルに従ってメカニカルに売買するのは難しく、またリスクも大きい。出動時期を限定すればリスクは幾分軽減されるが、ほかの指標を併用すれば（MACDのトレンドラインなど）、売買ポイントの決定は大きく向上するだろう。MACDのトレンドラインを併用すると出動回数は9回から3回に減るが、その成果はかなり大きくなる。

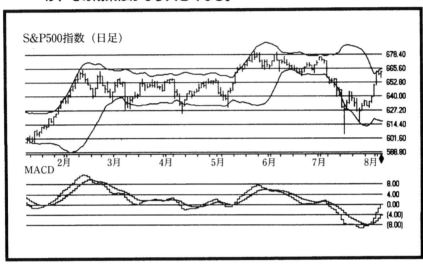

出所＝AIQマーケットエクスパート社（http://www.aiq.com/）

MACDのトレンドライン、ダーバージェンスおよびその組み合わせ

　MACDに沿ってトレンドラインを引き、そのラインがブレイクされたときに出動すれば、マーケットの変化を先取りすることができる。MACDのクロスオーバーはトレンドラインのブレイクに先行、またはそれと同時に起きたときが大きな意味を持つ。攻撃的なトレーダーはそのトレンドラインのブレイクを仕掛け場として出動するが、慎重

なトレーダーは再確認のシグナルを待つ。トレンドラインのブレイクとその後に続くMACDとシグナルラインのクロスオーバーを待っていると仕掛けのチャンスを逃すこともある。

　一方、ダイバージェンスはテクニカル分析においては、最も有効なパターンのひとつである。MACDが価格の方向と逆行するダイバージェンスは重要なシグナルであるが、このパターンが現れるには時間がかかり、またいつでも出現するわけではない。このため、MACDとシグナルラインのクロスオーバーとその他のテクニカルパターンを併用すれば、MACDによる売買手法の信頼性はさらに高まる。短期のMACDを確認するために長期のMACDを使ってメジャートレンドを調べてもよい。例えば、１カ月のMACDで週足パターンを確認し、週足パターンで日足のパターンを、そして日足パターンでイントラデイのパターンを確認することもできる。長期のMACDの方向に沿って短期シグナルに従って売買すれば、ちゃぶつき相場でもうまく乗り切れるだろう。その他の売買手法と同様に、MACDによる手法でもストップロスオーダーを活用するのが望ましい。

反転

　移動平均の方向の転換は、２本の移動平均のクロスオーバーよりも信頼性が高い。上昇トレンドでは次のようなルールに従うべきである。
● 価格が移動平均の上方にあるかぎり、買いポジションはそのまま維持する。
● 価格が移動平均を下から上へ突破したときは買いシグナルとなる。
● 価格が移動平均のところまで下落したが、それを下へ突破することなく上昇したときも買いシグナルとなる。

　また、下降トレンドやその他の局面における一般的な売買ルールは

次のようなものである。

●価格が急落して移動平均を下へ突破したあとに移動平均のところまで戻ったら、その後はちゃぶつく。

●下降トレンドで価格が移動平均の下にあるかぎり、売りポジションはそのまま維持する。

●価格が下向きの移動平均を上抜いたときも売りシグナルとなる。

●価格が移動平均のところまで上昇したが、それを上へ突破することなく下落したときも売りシグナルとなる。

（注　テクニカル・テキストブックの「MACDのトレード手法」——1990年1月刊の『テクニカル・トレーダーズ・ブレティン』誌。エクイティ・アナリティクス社のメールアドレスは「EquityAnalytics@worldnet.att.net」）

ボリンジャーバンド

ジョン・ボリンジャー（フィナンシャル・ニュース・ネットワークのチーフ・テクニカルアナリスト）によって開発されたボリンジャーバンドは、20日移動平均から2標準偏差離れたアルファ・ベータ・バンドである。これは一定のトレーディングバンド（移動平均から一定距離の上下のエンベロープで包まれた価格帯）のなかで相場の反転を判断するものである。ボリンジャーは移動平均から一定距離の標準偏差を使用することで、短期の値動きに敏感に反応するようにした。

買われ過ぎと売られ過ぎ

ボリンジャーバンドの主な目的は、価格の相対的な買われ過ぎと売られ過ぎの状態を表すことにある。それらの領域が示唆されたときは、その他の指標の売買シグナル（RSIなど）を参考にトレードする。

※ボリンジャーについては『ボリンジャーバンド入門』（パンローリング）を参照。

ボリンジャーバンドのカスタマイズ

　標準偏差の係数はいろいろに変えることができる。移動平均の期間を50日、そこからの距離を標準偏差×2から標準偏差×2.5に拡大するトレーダーもいる。しかし、多くのテクニカルアナリストは10日移動平均と標準偏差×1.5の係数を使用している。その係数を変更すれば、それに関連する多くのデータも調整する必要がある。

ボリンジャーバンドとその他の指標

　ボリンジャーバンドだけでは売買シグナルを確認できないので、RSI（相対力指数）のようなその他のテクニカル指標を併用する必要がある。価格がアッパーバンドか、ロワーバンドのどちらかに接触したときは、トレンドの継続や反転の示唆となる。しかし、ボリンジャーバンドの売買シグナルはその他の指標で確認されなければならない（第30章の「支持線と抵抗線」を参照）。RSIやチャートパターンなどと併用することで、ボリンジャーバンドはさらに強力なツールとなる。RSIは買われ過ぎと売られ過ぎの状態を示唆する優れた指標であり、例えば価格がアッパーバンドに接近してもRSIが70以下にあれば、トレンドの継続が示唆される。また価格がロワーバンドに接近してもRSIが30以上にあるときも、それまでのトレンドが継続すると予想される。一方、価格がアッパーバンドに接近したときRSIが70以上（または80近く）にあれば、トレンドの反転下降が示唆される。また価格がロワーバンドに接近したときRSIが30以下（または20近く）にあれば、トレンドの反転上昇が予想される。

ボリンジャーバンドのロジック

ボリンジャーバンドのロジックはマーケットに外部の秩序を押しつけようとするのではなく、市場の変数に反応するシステムを作ることである。いわばマーケットにすべきことを教えるのではなく、今起きていることを尋ねようとするものである。ボリンジャーバンドのチャートはこうしたロジックを反映しているので、この点を十分に念頭に置いて利用する必要がある。

（注　「ボリンジャーバンド」──1990年7月刊の『テクニカル・トレーダーズ・ブレティン』誌）

図188　1996年のS&P500指数とボリンジャーバンド。ジョン・ボリンジャーが開発したボリンジャーバンドは、株式と商品を売買するときの信頼できる優れた指標という評価を得ている。ボリンジャーの意図は、マーケットについて何らかの秩序を見つけだそうというよりは、マーケットが何をすべきかを教えてくれるようなシステムを作ることにあった。ボリンジャーバンドは買われ過ぎ・売られ過ぎを示唆するが、売買シグナルの決定ではほかの指標（RSIなど）も併用したほうがよい。

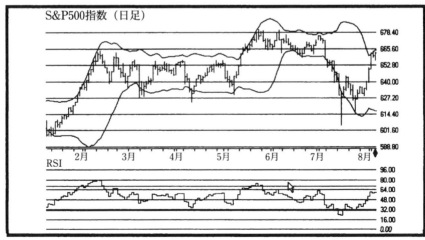

出所＝AIQマーケットエクスパート社（http://www.aiq.com/）

ストキャスティックス

ジョージ・レーンが考案したこのオシレーター系の指標は、現在の終値を一定期間の価格レンジと比較するものである。レーンによれば、上昇トレンドの終値は高値に近く、下降トレンドの終値は安値に近くなる。上昇トレンドや下降トレンドが転換点に近づくと、終値は各レンジの上限水準・下限水準から乖離し始める。

価格の集合

ストキャスティックスは上昇トレンドでは価格がその日の安値、下降トレンドではその日の高値近辺に集合し始めるときを見極めようとするものである。そうした状態はトレンドの反転を示唆している。

％Ｄと％Ｋライン

ストキャスティックスは％Ｄと％Ｋと呼ばれる２本のラインを使用し、％Ｄは％Ｋよりも重要なラインである。レンジの範囲は０〜100％で、それらのラインがこの範囲を越えることはない。80％以上では終値がレンジの上限に近づいており、かなりの強気の状態にあると考えられる。20％以下では終値が底値近辺に近づいていることを意味している。普通は％Ｋが％Ｄに先立って方向を転換すると考えられるが、％Ｄが％Ｋよりも先に方向転換するときにゆっくりした確実な反転が示唆されることが多い。例えば、％Ｋと％Ｄの２本のラインが100％近辺の領域から下方に方向を転換し、下向きの％Ｄに％Ｋがクロスしたときが強い売りシグナルとなる。その後、価格が上昇し、それらのラインが上限近くに戻ったときが次の売りチャンスとなる。また２本のラインが横ばいになったら、次のトレーディングレンジでトレンド

※ストキャスティックスについては『投資苑』（パンローリング）を参照。

図189 オート麦先物とストキャスティックス。%Dが%Kより先に方向を転換したとき（8月後半や10月初めなど）が反転のシグナルとなる。価格が安値圏にあった7月末、9月後半、そして10月末〜11月初めには、%Kと%Dもボトム圏にあった。

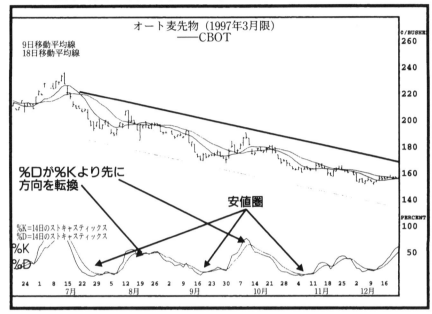

出所＝マーケットリサーチ社（http://www.barchart.com/）

が反転する示唆となる。

ストキャスティックスの計算期間

　ストキャスティックスを先物取引で使うときの計算期間は、その先物商品のサイクルに基づいて決定する。普通はその商品サイクルの2分の1の期間を使う。例えば、サイクル期間が18日の先物商品については9日の計算期間にする。迅速な売買ポイントを得るには短期のストキャスティックスを使うが、その商品のトレンドに応じて最適なス

トキャスティックスを決定すべきである。

　（注　テクニカル・テキストブックのジョージ・レーン著「修正されたストキャスティックス」——1990年12月刊の『テクニカル・トレーダーズ・ブレティン』誌）

ダイバージェンス

　チャートにダイバージェンスが現れるのは珍しいことではない。これは価格が上昇しているときにストキャスティックスが下降する、または価格が下降しているときにストキャスティックスが上昇するという逆行現象である。このようなときは、まもなくトレンドが反転することを示唆している。ジョージ・レーンが1950年代半ばに初めてこのストキャスティックスによるテクニカル分析システムを開発したとき、トレンド反転の唯一の有効なシグナルは価格と％Ｄラインのダイバージェンスであると信じていた。しかし、彼はあとになってこの考え方が必ずしも正しくないとしてこれを取り消したので、当初のこのルールを順守していたテクニカルアナリストは混乱した。レーンによれば、上昇トレンドの最終局面ではダブルトップやトリプルトップなどの天井パターンが現れるが（これらの反転パターンについては第９章を参照）、こうした天井圏で特に％Ｋが％Ｄに３回クロスして、最後にはっきりと上から下抜いたときが強い売りシグナルとなる（レーンはこれを「ガーベッジ・トップ（Garbage Top）」と呼んだ）。一方、底値圏で％Ｄが反転上昇したあと、％Ｋが遅れて％Ｄにクロスしたときは「スパイクボトム（Spike Bottom）」と呼ばれる強い買いシグナルとなる。こうしたパターンを知っていれば、トレンドのある相場で有利なトレードを進められるだろう。

0％と100％の水準に関する誤解

ストキャスティックスの％Kが100％の上限や0％の下限に近づいたときの状況についてどうも誤解があるようだ。例えば、％Kが100％に近づいても、それは何も価格がそれ以上上昇しないという意味ではない。その反対に％Kが0％に近づいても、価格がさらに下落することも珍しくない。必ずしも100％のところが天井で、0％が底ではない。100％の水準とは単なる強気の上限水準、0％とは弱気の下限水準を表しているだけであり、これらの水準を「買われ過ぎ」「売られ過ぎ」と解釈していることにこうした誤解の原因があるようだ。確かに％Kと％Dがともに75％以上（または25％以下）の水準にあれば、買われ過ぎ（または売られ過ぎ）の状態にあると考えられる（80％以上、20％以下という基準を使うトレーダーもいる）。しかし、価格がさらにその方向に進むことも珍しくなく、例えばストキャスティックスが下限近辺にあるとき、価格がさらに続落することもよくある。

週足チャートと月足チャート

ほかのトレンド指標と同様に、ストキャスティックスも短期だけでなく長期のチャートにも常に目を向けるべきである。日足チャートを見たら、次は長期的に何が起こるのかを予測するためにそれを週足チャートと比較する。長期トレンドのチャートには、逆に現在の状況をよく理解するためのヒントを与えてくれることがある。ストキャスティックスを従来のチャートパターンと併用すれば、その効果はさらに大きくなるだろう。例えば、そのトレンドがブレイクされず、保ち合いパターンや反転パターンも現れないとき、ストキャスティックスに反転シグナルが現れても、おそらくそれはダマシのシグナルであろうと判断できる。一方、例えば三角形が形成され、トレンドもブレイク

図190　ストキャスティックスがゼロ近くにあったので、多くの人々が相場は
売られ過ぎであると考えるのも当然であろう。トウモロコシ先物価格
は続落し、ストキャスティックスもゼロ近くにあったので、反転が間
近いと間違って判断する投資家が少なくなかった。ストキャスティッ
クスがゼロ近くにあれば極度の弱気であるが、下降トレンドが続いて
いるときは25％以下の状態がしばらく続くものである（9月初め～11
月初めなど）。

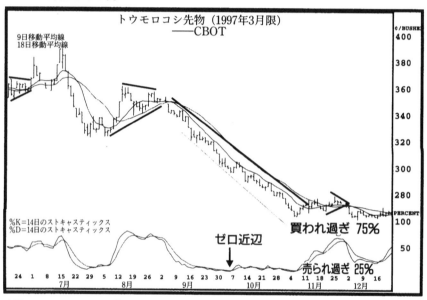

出所＝マーケットリサーチ社（http://www.barchart.com/）

されたときにストキャスティックスに反転シグナルが出現すれば、そ
れはトレンドの反転を確認するものとなる。

ストキャスティックスの計算式

　ストキャスティックスのチャートのラインは0 ～100％を範囲を上
下する。未加工の値と％Kを使ったものが「ファスト・ストキャスティ
ックス」で値動きに非常に敏感な指標、％Kと％Dによる「スロー

・ストキャスティックス」はファスト・ストキャスティックスを滑らかにしたものである。

    未加工の値＝（当日終値－過去20日間の最安値）÷（過去20日間の最高値－過去20日間の最安値）×100

    ％K＝未加工の値の3日移動平均

    ％D＝％Kの3日移動平均

ストキャスティックスの日々の計算式

新％K＝2/3×前日の％K＋1/3×当日の未加工の値

新％D＝2/3×前日の％D＋1/3×％K

  ストキャスティックスの計算式で、過去20日間の最高値（最安値）とは、20日前の高値（安値）ではない。ストキャスティックスは商品先物のトレンドの変化を分析するのに有効であり、その実績は30年以上にわたって実証されている。しかしそうであっても、ほとんどのテクニカル分析手法と同様に、従来のチャートパターンなどを併用しないと有効な売買ツールとはならないだろう。トレードするのはストキャスティックスのシグナルやその他の指標ではなく、あくまでも商品先物の価格であるからだ。またテクニカル指標のシグナルがどれほど有効であっても、それらはマーケットの大きなトレンドという文脈のなかで判断すべきである。

出来高と取組高

  一般に相場が上昇するときは出来高が増加し、下落するときは減少する。株式市場で出来高はマーケットのセンチメントを測る重要な指標と考えられている。出来高は商品先物市場でも重要な要素であるが、

株式市場の場合と事情はかなり異なっている。

図191　先物取引では1枚の買いと売りが出合って1枚の出来高となるので、大
　　　商いが相場を押し上げることはあまりない。出来高はさまざまな変動
　　　要因のひとつにすぎず、出来高から相場の方向を予測するのは難しい。
　　　例えば、11月には価格は引き続き上昇したが、出来高は減少傾向をた
　　　どった（株式の出来高と重要な反転パターンについては第6章を参照）。

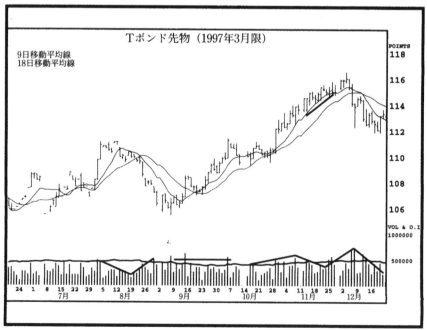

シグナル確認としての出来高

日々のベースで通常の水準にある出来高パターンが突然に変化したとき、それはダイバージェンスと呼ばれている。商品先物の出来高は株式の場合と同じ意味はなく、そのデータの発表も株式市場よりも遅い。商品先物の出来高も相場全体の一部であることに変わりはないが、その他の指標が示唆するシグナルを確認する手掛かりといった程度である。

資金の流れ

一般に取組高（建玉）のデータは、出来高の棒グラフの上に折れ線で表されている。それは先物市場に流入・流出する資金の量を表している。新規の売りと新規買いが入れば、建玉は増加する。売り買いの一方が新規で他方が転売か買い戻しであれば、建玉に変化はない。売り買いの両方が手仕舞いであれば、建玉は減少する。建玉の分析は季節要因（穀物の収穫期にはヘッジ取引が急増する）、投機的な取引、限月間の乗り換え（月間データよりは総建玉数を見たほうがよい）、市場間のサヤ取りなどの影響でかなり複雑になる。出来高と建玉の関係は次のようになっている。

出来高と建玉の関係

	価格	出来高	建玉	相場の基調
1.	上昇	増加	増加	強い
2.	上昇	減少	減少	弱い
3.	下落	増加	増加	弱い
4.	下落	減少	減少	強い

新規の資金が流入すると建玉と価格は増加・上昇する。買い方は高い値段を支払ってもよいと考え、売り方もそれを受け入れる（買い方と売り方の数は常に同じである）。これが強気相場である。一方、価格が上昇して建玉が減少すれば、新規の買いが少なくなっており、資金が市場から流出している状態である。相場の上昇は売り玉の買い戻しによるもので、こうした状況は短期的には強気基調であるが、まもなく弱気に転じる。新規の資金が市場に流入しなくなると上昇ペースは鈍化するが、売り玉の買い戻しは予想以上に長期にわたるものである。

　価格が下落して建玉が増加すれば、新規の資金は流入しているが、それは売り注文であって相場の基調は弱気である。一方、価格と建玉がともに下落・減少すれば、売り玉は変わらないが、買い玉の転売が増えていることを意味する。市場に流入する資金はほとんどなく、当初の相場は弱気であるが、まもなく強気に転じる可能性がある。下落のモメンタムが鈍化するにつれて、売り玉の買い戻しが急速に増え、それに伴って新規の資金が流入することになる。

新規の資金

　商品先物市場では1枚の買いと売りが出合って1枚の出来高となるので、相場が安定して上昇するには新規の資金が流入しなければならない。株式市場では買いが売りを上回ると買い方は売り方に圧力をかけることができるが、先物市場では相場を押し上げるのは新規資金の流入である。新規の資金が流入すれば建玉と出来高は増加するが、真の強気相場になるには価格の上昇が伴わなければならない。相場全体から見ると建玉と出来高はそれなりの重要性はあるが、短期の相場見通しをそのデータだけで予想するには信頼性が低く、またデータの発表も遅い。出来高と建玉によるシグナルはその他の信頼できる指標で

確認すべきである。株式市場の出来高はそのデータがすぐに発表されること、そして買い方と売り方の数が一致しないことから、かなり重要な意味を持つ。これに対し、商品先物市場では買い方と売り方の数が常に一致するので、建玉データはそれなりの意味はあるが、売買の目安という点ではその他の指標よりも信頼性は低い。

（**注**　テクニカル・テキストブックの「出来高と取組高」――1990年7月刊の『テクニカル・トレーダーズ・ブレティン』誌）

RSI

レラティブ・ストレングスはベンチマーク（S&P500など）に対する個別株式の相対的な強さを表すものとして長年使われてきたが、J・ウエルズ・ワイルダーが開発したRSI（相対力指数）は変動のある市場で有効な売買シグナルを出すシステムである。RSIの数値は0～100%の範囲を上下し、30%以下の水準は売られ過ぎ、70%以上は買われ過ぎの状態を表す。このほかRSIには次のような特徴がある（RSIをうまく使って利益を上げるには、一定のリードタイムを見込む必要がある）。

1．バーチャートではっきりと読み取れない値動きも確認できる。

2．70%以上、30%以下の水準で現れる「失敗したスイング」は株価の反転シグナルとなる。

3．支持圏・抵抗圏がはっきりと分かる。

4．RSIと株価のダイバージェンス（乖離）は信頼できる反転シグナルとなる。

失敗したスイング（Wフォーメーション）

RSIが急落して30%の水準を下抜いたあと、少し戻して再び先の安

※RSIについては『投資苑』（パンローリング）を参照。

図192 価格は上昇しているが、取組高が減少しているというのは、新規の買いが入らず、資金が市場から退出していることを意味する。既存のショートポジションの買い戻しでも価格は上昇する。そうした状況は短期的には強気かもしれないが、まもなく弱気に転換する可能性がある。たとえ弱気に転じなくても、取組高が増加して価格も上昇し始めるまで相場は横ばい状態を続けるだろう。価格が上昇するというのは、新規の資金が流入していることを意味する。新規資金の流入が細れば価格も伸び悩むが、ショートポジションの買い戻しが予想外に長く続くこともある。そのようなときは取組高が減少しても、価格は上昇する。このチャートでは取組高は11月初めまではあまり増加していない。

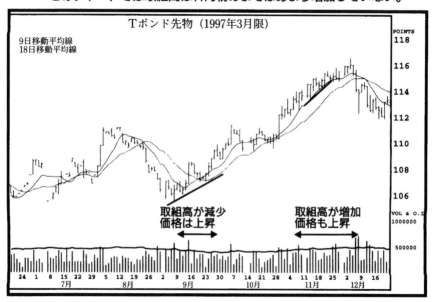

出所＝マーケットリサーチ社（http://www.barchart.com/）

図193 7月の売りシグナルは絶好のタイミングだった。一方、10月初め〜11
月初めに14日RSIラインが「失敗したスイング」の山を上抜いたと
きに買いシグナルが出た。このときはRSIが横ばい、価格が下降し
ているという重要なダイバージェンス（乖離）状態にあった。このよ
うな価格とRSIの乖離は大きな反転シグナルとなる。7月後半〜8月
にも「失敗したスイング」が出現してRSIラインはその山を上抜い
たが、ほかの時期に比べてあまりはっきりしていない。

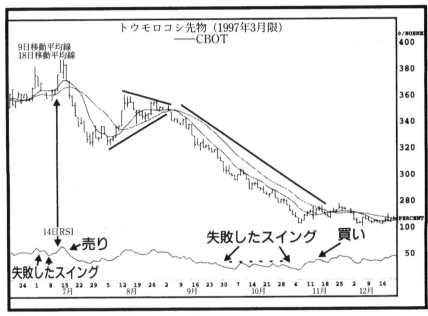

出所＝マーケットリサーチ社（http://www.barchart.com/）

値水準を割り込むところまで下落した。その後にRSIがこの「Wフォ
ーメーション」の中間水準を突破したときが買いシグナルとなる。70
％以上の水準でこの逆のパターンになったときが売りシグナルとなる。

ダイバージェンス

あらゆるテクニカル指標のなかで最も頻繁に現れ、しかも極めて重

図194 RSIが70%以上は買われ過ぎ、30%以下は売られ過ぎの状態である。RSIは8月末に30%台に低下し、その水準を大きく割り込むことはなかったが、ここは14日RSIの感応度としてはやや強気の買いである。RSIが70%を超えた11月にも「失敗したスイング」が起きて売りシグナルとなったが、さらに弱気のシグナルは価格とRSIが乖離したときである（支持と抵抗については第12章を参照）。

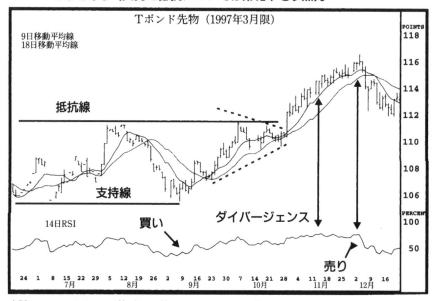

出所＝マーケットリサーチ社（http://www.barchart.com/）

要なパターンがダイバージェンスである。ダイバージェンスとは通常では同じ方向を向いている株価とRSIが逆行するもので、信頼性の高い反転シグナルとなる。トレンドのダイバージェンスはダウ工業株平均と運輸株平均、個別株式とインデックス（S&P500など）、先物価格と10〜14日RSIなどに見られる。トレーダーはよくダマシのシグナルを確認する指標としてこのダイバージェンスを利用している。

図195　RSIの売買シグナルは正確に天底で出るわけではないが、このコメ
　　　　先物に関するかぎり、反転の直前という良いタイミングで出ている。
　　　　（70%を超えた）RSIラインが2回下降スパイクを見せ、その中間水
　　　　準を上抜いた7月に売りシグナルが出た。買いシグナルは（30%を割
　　　　り込んだ）RSIが同じような動きとなった10月である。

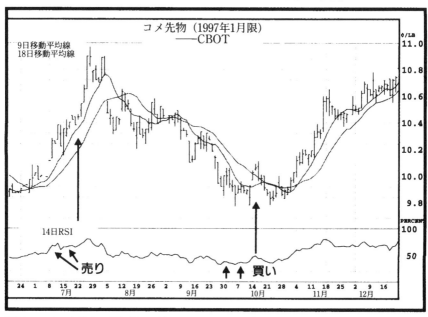

出所＝マーケットリサーチ社（http://www.barchart.com/）

RSIの期間

　最も一般的なものは14日のRSIであるが、その他の期間を使っても
よい。例えば、75%以上の水準に達したあとの下落局面をトレードす
るため、イントラデイ分析ツールとして6日RSIを使っているトレー
ダーもいる。短期のRSIは現在の値動きにかなり敏感であり、さらに
70%と30%以内のレンジで売買するために3日RSIを使用するテクニ

図196　S&P500指数先物と14日RSI。14日RSIによる買いシグナルが明確
　　　ではないとき、3日RSIを使うとそれがはっきりと分かる。短期の
　　　RSIは直近の動きに対して極めて敏感であり、素早く買いシグナル
　　　を出す。図197と比較してみよう。

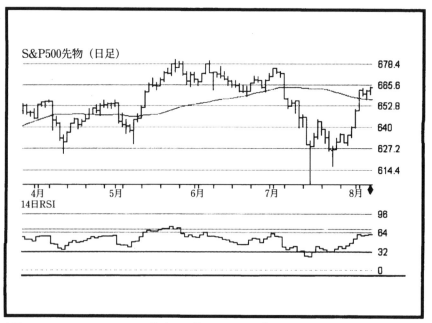

出所＝AIQマーケットエクスパート社（http://www.aiq.com/）

　カルアナリストもいる。一方、株価指数、債券、通貨などでは10週
RSIなどが使われ、ときに有効なシグナルとしてダイバージェンスが
現れることもあるが、こうした長期のRSIはそれ以外の市場ではあま
り正確な指標とはならない。
　（注　テクニカル・テキストブックの「RSI（相対力指数）」——
1990年9月刊の『テクニカル・トレーダーズ・ブレティン』誌）

図197　S&P500指数先物と3日RSI。14日RSIによる買いシグナルが明確
　　　　ではないとき、3日RSIを使うとそれがはっきりと分かる。短期の
　　　　RSIは直近の動きに対して極めて敏感であり、素早く買いシグナル
　　　　を出す。図196と比較してみよう。

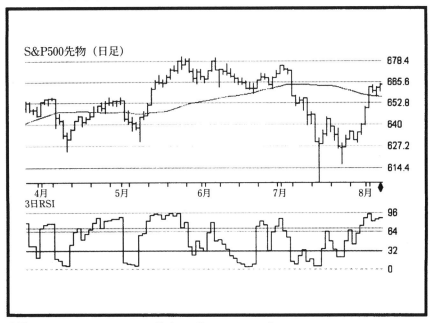

出所＝AIQマーケットエクスパート社（http://www.aiq.com/）

RSIの算式

　　一般的な14日RSIの算式は次のとおりである。

　　　　$RSI = 100 - [100 \div (1 + U \div D)]$

　　　　U＝14日間の値上がり幅の平均

　　　　D＝14日間の値下がり幅の平均

　　RSIは人気の高い逆張り型のオシレーター指標で、ほとんどの市場

403

で信頼できる買われ過ぎ・売られ過ぎのシグナルを出すほか、大天井や大底圏では長期のダイバージェンスも現れる。RSIによる売買シグナルはかなりはっきりしているが、短期取引向けか、長期取引向けにその感応度を調整する必要がある。チャートパターンも商品先物トレーダーに反転上昇や反転下落の有効なシグナルを示唆するが、それらはほとんどオシレーター、バンド、移動平均などのその他の指標と一致している。それらの指標のシグナルが一致しないとき、それはダマシのシグナルとなる。それに引っかからないようにするには複数の指標を使う必要があり、そのマーケットの理解や取引経験と併せて相互のシグナルやトレンドの転換を常に確認すべきである。

商品先物とデリバティブ取引の大切なポイント

●先物価格は天候や需給などの外部要因に大きく左右される。
●先物市場では株式よりも短期のヘッジや投機取引が多い。
●先物市場の取組高に上限はない。
●商品先物には価格に大きな影響を及ぼす限月がある。
●ストップロスオーダーをうまく活用する。
●売買決定に当たっては複数のテクニカル指標を参考にする。
●最も重要な指標のひとつであるトレンドラインは、価格のほかに各種のテクニカル指標についても引かれる。またダイバージェンスはもっとも信頼できるシグナルのひとつである。
●チャートパターンをその他のテクニカル指標と併用する。
●トレードするのはテクニカル指標ではなく価格である。
●長期トレンド（週足や月足チャート）を見て大局観を計る。
●感応度を敏感にしたり、またはトレンドを円滑化するために、テクニカル指標の計算期間を調整する。

付録D

参考資料

- ●セクション1——主なウエブサイト
- ●セクション2——その他のサイトと参考文献
- ●セクション3——投資関連と証券会社のウエブサイト
- ●セクション4——シャープレシオ
- ●セクション5——ボラティリティの算式とリスク・利益分析
- ●セクション6——ギャンブラーの破滅
- ●セクション7——ファンダメンタルズ分析

セクション1　主なウエブサイト

john magee technical analysis::delphic options research ltd (jmta::dor)

email	johnmageeta@bigfoot.com
jmta::dor website	www.johnmageeta.com
SEC Enforcement	enforcement@sec.gov

（私は問い合わせのメールなどが来ると、すぐにこの便利なSECのサイトを紹介する。皆さんにもこの方法をお勧めする）

TEKNIPLAT chart paper	visit www.johnmageeta.com
Volatilities and Options:	www.optionstrategist.com
	www.cboe.com
Software reviews and info	www.traders.com
Software demos and packages	www.omegaresearch.com
	www.comstar.com
	www.aiq.com
	www.tradestation.com
	www.equis.com
Web analysis site	www.prophetfinance.com
Morningstar	www.morningstar.net
Industry Evaluations	www.gomez.com
Mutual Fund Cost Calculator	www.sec.gov/mfcc-int.htm
Internet Analysis	www.prophetfinance.com

セクション2　その他のサイトと参考文献

On Volatilities and Options:	www.optionstrategist.com
(and futures)	www.cboe.com
DOW Futures and Options	www.cbot.com
AMEX ishares (DIA, QQQ, ETC)	www.amex.com
On betas	http://risk.mit.edu:8080/web/beta

On Risk:
Value at Risk, Jorion, Phillipe; New York, John Wiley & Sons, 1996.
Against the Gods, Bernstein, Peter; New York, John Wiley & Sons, 1996.
Risk Management 101 (software), Zoologic Inc.

On Candlesticks:
Japanese Candlestick Charting Techniques, Nison, Steve; NYIF, New York, 1991.
Beyond Candlesticks, Nison, Steve; New York, John Wiley & Sons, 1994.

On Futures:
Schwager on Futures, Technical Analysis, Schwager, Jack; John Wiley & Sons, 1996
(and other titles by Schwager in References).

On Portfolio Management:
The Journal of Portfolio Management
Risk Management 101 (software), Zoologic Inc.

セクション3　投資関連と証券会社のウエブサイト

AARP Investment Program	www.aarp.scudder.com
Accutrade	www.accutrade.com
ADR.com	www.adr.com
American Association of Individual Investors	www.aaii.com
American Century	www.americancentury.com
American Express Financial Services (American Express now advertises free trades for some accounts)	www.americanexpress.com/direct
American Stock Exchange	www.amex.com
Ameritrade (has little-advertised free trade site)	www.ameritrade.com
Annual Report Gallery	www.reportgallery.com
Barron's	www.barrons.com

BigCharts	www.bigcharts.com
Bloomberg Financial	www.bloomberg.com
Bonds Online	www.bondsonline.com
Briefing.com	www.briefing.com
Brill's Mutual Funds Interactive	www.fundsinteractive.com
Business Week	www.businessweek.com
CBS MarketWatch	www.marketwatch.com
Chicago Board of Options Exchange	www.cboe.com
CNNFN	www.cnnfn.com
DailyStocks	www.dailystocks.com
Excite	www.excite.com
Federal Deposit Insurance Corp	www.fdic.gov
Federal Trade Commission	www.ftc.gov
Fidelity Investments	www.fidelity.com
Financial Times	www.ft.com
Forrester Research	www.forrester.com
FundFocus	www.fundfocus.com
Fund Spot	www.fundspot.com
Gomez Advisers	www.gomez.com
H&R Block	www.hrblock.com
Hoover's StockScreener	www.stockscreener.com
IPO Central	www.ipocentral.com
Lombard	www.lombard.com
Marketplayer	www.marketplayer.com
Market Technician's Assoc.	www.mta.org
Microsoft MoneyCentral	www.moneycentral.com
Morningstar	www.morningstar.net
National Assoc. of Securities Dealers	www.nasd.com
National Discount Brokers	www.ndb.com
Net Investor	www.netinvestor.com
New York Stock Exchange	www.nyse.com
Online Investor	www.onlineinvestor.com
Philadelphia Stock Exchange	www.phlx.com
Quick & Reilly	www.quickwaynet.com
Quicken	www.quicken.com
Quicken Financial Network	www.qfn.com
Realty Stocks	www.realtystocks.com
Reuters	www.reuters.com
Schwab, Charles	www.schwab.com
SEC Enforcement	enforcement@sec.gov
Securities and Exchange Commission	www.sec.gov
Securities Industry Association	www.sia.com
Securities Investor Protection Corporation	www.sipc.org
SmartMoney	www.smartmoney.com
Social Security Online	www.ssa.gov
Standard & Poor's Fund Analyst	www.micropal.com
Standard & Poor's Ratings Services	www.ratingsdirect.com
Stock Guide	www.stockguide.com

Stockpoint	www.stockpoint.com
Suretrade	www.suretrade.com
1040.com	www.1040.com
The Motley Fool	www.fool.com
TheStreet.com	www.thestreet.com
T. Rowe Price	www.troweprice.com
TreasuryDirect	www.publicdebt.treas.gov
VanguardBrokerage Services	www.vanguard.com
Wall Street Access	www.wsaccess.com
Wall Street Journal Interactive Ed	www.wsj.com
Yahoo! Finance	www.quote.yahoo.com
Zacks Investment Research	www.zacks.com
ZD Interactive Investor	www.zdii.com

証券会社

Waterhouse Securities	www.waterhouse.com 800-934-4134
A. B. Watley	www.abwatley.com 888-229-2853
Web Street Securities	www.webstreetsecurities.com 800-932-0438
Jack White	www.jackwhiteco.com 800-753-1700
WitCapital	www.witcapital.com 888-494-8227
Net Investor	www.netinvestor.com 800-638-4250
Quick & Reilly	www.quickwaynet.com 800-672-7220
Charles Schwab	www.schwab.com 800-435-4000
Suretrade	www.suretrade.com 401-642-6900
Vanguard Brokerage Services	www.vanguard.com 800-992-8327
Wall Street Access	www.wsaccess.com 888-925-5782
Empire Financial Group, Inc.	www.lowfees.com 800-900-8101
E*TRADE	www.etrade.com 800-786-2575
Lombard	www.lombard.com
National Discount Brokers	www.ndb.com 800-888-3999
Accutrade	www.accutrade.com 800-494-8939
Ameritrade	www.ameritrade.com 800-326-7507
See also	www.freetrade.com
Discover Brokerage	www.discoverbrokerage.com 800-688-3462
DLJ Direct	www.dljdirect.com 800-825-5723
Datek Online	www.datek.com
Discover Brokerage	www.discoverbrokerage.com
DLJ Direct	www.dljdirect.com
Dow Jones Markets	www.djmarkets.com
DRIP Central	www.dripcentral.com
Empire Financial Group	www.lowfees.com

セクション4　シャープレシオ

　シャープレシオは完全な指標ではないが、知っておいて損はないだろう。知っていることと信じることは別であるからだ。シャープレシオの算式は次のとおりである。

　　　　シャープレシオ＝（E−I）÷sd

　　　　E＝ポートフォリオの予想収益率

　　　　I＝無リスク証券の収益率

　　　　sd＝ポートフォリオの収益率の標準偏差

　この指標を参考にすることで、その期待収益を得るためにどれくらいのリスクを取っているのかが分かるだろう。分母の収益のボラティリティはリスクを表す。しかし、この算式ではトレードにおける最も重要な問題である最大ドローダウン、または損益の変動率などを正確に予測することができない。シャープレシオの値が大きいほど、そのポートフォリオの効率は高いと言われている。

セクション5　ボラティリティの算式とリスク・利益分析

　ポートフォリオのボラティリティは、次のような手順で計算する。

ステップ1——ポートフォリオのトレード全体の平均リターンを求める。

ステップ2——平均リターンと各トレードのリターンの差を出す。

ステップ3——その数値を2乗する。

ステップ4——それらを合計する。

ステップ5——その合計値をトレード数で割る。

ステップ6——その平方根を求める。

グラフ12　ボラティリティの算式。ボラティリティの計算手順は次のとおりである。①トレード全体の平均リターンを求める、②平均リターンと各トレードのリターンの差を出す、③その数値を2乗し、④それらを合計する、⑤その合計値をトレード数から1を引いた数で割り、⑥その平方根を求める。

$$\sigma = \sqrt{\frac{\displaystyle\sum_{i=1}^{n}(R_i - \mu)^2}{n-1}}$$

ポートフォリオ分析のスクリーン

次の**グラフ13**と**グラフ14**は、ポートフォリオのリスク・利益分析を表すスクリーンの一例である。デルフィック・オプションズ・リサーチ社がスタンダード・アンド・プアーズのトレーディングシステムとプルデンシャル証券向けに提供している高度なポートフォリオのリスク・利益の数量分析レポートで、プロの人たちが行っている高度で複雑なリスク・利益分析のプロセスが分かるだろう。このレポートは当初、ブレア・ハルとレスター・ループスが自らのマーケットメーキング向けに作成したものである。

グラフ13 リスク分析（ポートフォリオリスク・レポート）。ポートフォリオリスク分析スクリーンにはデルタ、利益などのほか、ユーザーが指定した株式やオプションポートフォリオのリスクに関するさまざまな数値が要約して表示される。スクリーンの略号は次のとおり。STOCK SYM＝株式シンボル、STOCK POS＝株式ポジションまたは保有銘柄数、DELTAS TOTAL＝株式デルタとオプション・デルタの合計、BETA＝各株式のベータ値（未決済分）、$BETA＝平均株価の変動によるリスク額（デルタ値×株価×ベータ値）、$DELTA＝ポジションのアンバランスによる年間リスク額（デルタ合計値×株価×ボラティリティ）、$GAMMA＝ポジションの偏りによる年間リスク額（＋の数値は逆ザヤ、－の数値はバーティカルポジションを表す。ガンマ合計値×株価×ボラティリティ）、$THETA＝株価が変化しないとき、ポジションの1日当たりの理論上の利益または損失額、$RISK＝$DELTAと$GAMMAの合成値に基づくポジションの年間標準偏差、%RISK＝各ポジションのポートフォリオリスク率、TOT＝上記各項目の合計値、AVERAGE VOLATILITY＝株式の平均ボラティリティ、EQUIVALENT MARKET EQUITY＝各株式の株価にデルタ合計値を掛けた数値、PORTFOLIO PROFIT RATIO＝ポートフォリオの利益総額をリスク総額で割った数値、PORTFOLIO PROFIT GAMMA RATIO＝ポートフォリオの利益総額を$GAMMAで割った数値を2乗したもの。

PORTFOLIO RISK ANALYSIS (.30 *Filename*)

OMS+ .30 PORTFOLIO RISK ANALYSIS   3/24/87   10:55:28

SYM	--STOCK-- POS	----DELTAS---- OPTION	TOTAL	PROFIT	BETA	$BETA	$DELTA	$GAMMA	$THETA	$RISK	%RISK
FDX	2800	–3063	–263	16734	1.60	–32081	–7017	158136	–121	18075	7.3
GE	3200	–3089	110	12632	.95	11374	2993	120104	–16	13000	5.3
HWP	–6200	5682	–517	8270	1.20	–45959	–13404	–522208	734	56617	22.9
LIT	–6700	0	–6700	0	1.40	–569834	–122107	0	0	122107	49.3
NSM	3600	–4080	–480	10411	1.45	–21076	–7267	150464	–169	17436	7.0
XRX	–3600	3991	391	–882	1.05	18132	4835	186506	–260	20232	8.2
.											
.											
.											
*TOT	–6900	–559	–7459	47165		–639444	–141969	93000	166	247470	100.0

AVERAGE VOLATILITY: .338
EQUIVALENT MARKET EQUITY: –419613.40
PORTFOLIO PROFIT RATIO: .191
PORTFOLIO PROFIT GAMMA RATIO: 4.815

411

グラフ14　利益分析（ポートフォリオ利益レポート）。ポートフォリオ利益分析スクリーンにはデルタ、利益などのほか、ユーザーが指定した株式やオプションポートフォリオの利益に関するさまざまな数値が要約して表示される。スクリーンの略号は次のとおり。STOCK SYM＝株式シンボル、STOCK POS＝株式ポジションまたは保有銘柄数、DELTAS OPTION＝オプションポジションのデルタ合計、DELTAS TOTAL＝株式デルタとオプション・デルタの合計、M TO M＝値洗い額（市場価格に基づく株式とオプションポジションの時価総額）、PROFIT TOTAL＝各ポジションの理論上の利益総額、PROFIT/DAY＝理論上の利益を満期日までの日数で割ったもの、PROFIT/RISK＝理論上の対リスク収益率、PROFIT/DY/RISK＝1日当たりの理論上の対リスク収益率、$THETA＝株価が変化しないとき、ポジションの1日当たりの理論上の利益または損失額、$RISK＝$DELTAと$GAMMAの合成値に基づくポジションの年間標準偏差、%RISK＝各ポジションのポートフォリオリスク率、TOT＝上記各項目の合計値、AVERAGE VOLATILITY＝株式の平均ボラティリティ、EQUIVALENT MARKET EQUITY＝各株式の株価にデルタ合計値を掛けた数値、PORTFOLIO PROFIT RATIO＝ポートフォリオの利益総額をリスク総額で割った数値、PORTFOLIO PROFIT GAMMA RATIO＝ポートフォリオの利益総額を$GAMMAで割った数値を2乗したもの。

PORTFOLIO PROFIT ANALYSIS (.31 *Filename*)

OMS+ .31	PORTFOLIO PROFIT ANALYSIS								3/24/87		10:55:28
--STOCK--		----DELTAS----			------------PROFIT------------				$	$	%
SYM	POS	OPTION	TOTAL	M TO M	TOTAL	/DAY	/RISK	/DY/RISK	THETA	RISK	RISK
FDX	2800	−3063	−263	423162	16734	213	.93	4.31	−121	18075	7.3
GE	3200	−3089	110	704006	12632	107	.97	3.01	.16	13000	5.3
HWP	−6200	5682	−517	53787	8270	150	.15	.97	734	56617	22.9
LIT	−6700	0	−6700	−407025	0	0	.00	.00	0	122107	49.3
NSM	3600	−4080	−480	157293	10411	105	.60	2.21	−169	17436	7.0
XRX	−3600	3991	391	−4431	−882	−18	−.04	−.34	−260	20232	8.2
.				.							.
.											
.				.							.
*TOT	−6900	−559	−7459	926792	47165	557	.19	.00	166	247470	100.0

AVERAGE VOLATILITY:	.338
EQUIVALENT MARKET EQUITY:	−419613.40
PORTFOLIO PROFIT RATIO:	.191
PORTFOLIO PROFIT GAMMA RATIO:	4.815

セクション6　ギャンブラーの破滅

(注　以下の文章は、著者であるビクター・ニーダーホッファーの許可を得て『エデュケーション・オブ・ア・スペキュレーター（The Education of a Speculator)』から転載したものである)

　あらゆる投機的な状況に当てはまる一般的なギャンブラーの破滅とは次のようなものである。まずCの当初資金を持つ投機家がカジノでゲームをするとき、各ゲームで1.00ドルを勝ち取る勝率をP、1.00ドルを失う負率をQ×（1－P）とする。彼が一連のゲームで当初資金をAまで増やす、またはゼロになるギャンブラーの破滅の確率は次の算式で表される。

$$\frac{(Q/P)^A - (Q/P)^C}{(Q/P)^A - 1}$$

　それによれば、各ゲームで60%の勝率を有する投機家が当初資金の1.00ドルを10.00ドルに増やそうとするとき、一連のゲームが終了するときの破滅の確率は66.1%である。これを逆に見ると、当初資金を10.00ドルに増やせる確率は33.9%（100－66.1%）で、そのときの手元資金は3.39ドル（純利益は2.39ドル）となる。以下の表はこのカジノゲームの当初資金と勝率をまとめたもので、この**表**を見ると当初資金が4.00ドル、60%の勝率のときが分岐点となっている。すなわち、1.00ドルの資金で60%の勝率があるときは2.39ドルになるが、当初資金を4.00ドルに増やすと60%の勝率では4.17ドルにとどまる。このリターンは十分な資金を持つ優れたポーカーゲームのプレーヤーとほぼ同じ収益率である。当初資金を4.00ドル以上に増やすと破滅のリスクは小さくなるが、その予想利益率は低下する。例えば、当初資金を9.00ドルにするとリターンはわずか1.00ドルにすぎない。

ギャンブラーの破滅の確率を示すこの**表**は、実際のトレードにも当てはまるだろう。投機家は手持ち資金のごくわずかだけしかリスクにさらさなければ破滅する可能性は低くなるが、目標リターンを実現するには投入資金を一定水準まで増加しなければならない。残念なことに実際の投機家は各トレードにおける投下資金と勝率のこうした関係を知らないので、リスクにさらす最適な資金レベルを計算することができない。この**表**には載っていないが、勝率が50％以下では状況は一変する。一方、打率の高いプレーヤーが利益を上げ続けるには少ない投下資金でもよいが、打率の低いプレーヤーが最大のリターンを上げようとすれば、ホームランをかっ飛ばすしか勝者になる方法はない。カジノがギャンブラーの賭け金に一定限度を設けたり、または証券取引所が個人投資家のポジション制限を規定しているのはこうした理由による。

ギャンブラーの期待利益

勝率＼資金	$1.00	$2.00	$3.00	$4.00	$5.00	$6.00	$7.00	$8.00	$9.00
100%	$9.00	$8.00	$7.00	$6.00	$5.00	$4.00	$3.00	$2.00	$1.00
90%	7.89	7.88	6.99	6.00	5.00	4.00	3.00	2.00	1.00
80%	6.50	7.38	6.84	5.96	4.99	4.00	3.00	2.00	1.00
70%	4.72	6.16	6.21	5.66	4.86	3.94	2.98	1.99	1.00
60%	2.39	3.65	+.16	4.17	3.84	3.28	2.58	1.78	0.91

セクション7　ファンダメンタルズ分析

(1984年12月15日付の「ジョン・マギー・マーケット・レターズ」からリチャード・マクダーモットが引用)

エリオット波動理論──その概要と解説

　われわれは今週、全米テクニカルアナリスト協会の12月定期会合に出席した。長期の購読者であれば、同協会が1978年にジョン・マギーを「マン・オブ・ザ・イヤー」に選んだことを覚えておられるだろう。このときのスピーカーは、エリオット波動理論に基づいて株式相場を予測した『エリオット波動論者』の著者であるロバート・プレクター氏だった。

　購読者にとって大きな関心があるのは、テクニカル分析に対するプレクター氏の考え方であろう。忘れてはならないのは、エリオット波動理論とは何よりも株価の動きをだけを重視しており、そこから将来の主要な株価パターンを予測するという点ではいわば純粋なテクニカル分析なのである。同氏のファンダメンタルズ分析に対する定義と考え方は次のようなものである。

1．まず最初に「テクニカル」と「ファンダメンタル」なデータを定義すれば、テクニカルなデータとはマーケットの動きに関するデータである。

2．ファンダメンタルズ分析の大きな問題点は、その分析対象がマーケットそのものから離れていることである。ファンダメンタルズ分析家はさまざまな外部要因とマーケットの動きとの因果関係を求めようとしているが、そのような考え方はまったく間違っている。さらに重要であまり理解されていないのは、ファンダメンタルズ分析ではファンダメンタルなデータに基づいて未来を予測し、そこからマーケットの動きの結論を引き出そうとしていることである。そしてそのような

予測的な要因がマーケットにどのような影響を及ぼすのかという結論を出そうとしている。一方、テクニカルアナリストはマーケットの動きだけを見ており、その大きなメリットはさまざまな要因に基づいた予測はしないことである。

3. ファンダメンタリストのそのような2段階のステップは、ちょうど流砂の上に家を建てようとするようなものである。……ファンダメンタルズ分析の主な目的は、その会社の今期と来期の業績を予測して、そこから妥当な株価を予測することにある。しかし、実はそのような予測はまったく当てにならないもので、6月号のバロンズ誌によれば、ダウ工業株30銘柄の今期利益に対する予測外れ率は平均で18%、来期の利益予想になるとその比率は54%にも達している。この事実を見ても、正しい利益予想が株式市場で勝者になれる方法であるという考え方がまったく間違っているのが分かるだろう。さらにバロンズ誌の同じ記事によれば、最も高い利益予想のダウ平均構成の10銘柄を購入したとき、過去10年間のその複利リターンは推定40.5%だったのに対し、最悪の利益予想の10銘柄の同リターンは何と142.5%に上ったという。

以上がファンダメンタルズ分析とテクニカル分析に対するプレクター氏の見解であるが、テクニカル分析に対するこのような見方はわれわれの考え方と同じではない。またファンダメンタルズ分析に対する彼の考え方についても、すべての点について賛成することはできない。

本書の図とグラフについて

本書に掲載した図のなかで特別に出所を明記していないすべての図は、筆者自身が作成していたチャートを複写したものである。これらの図はもともと私用のために作成したもので、複写することはもちろん、出版物に掲載することなどまったく意図していなかった。これら

のチャートが芸術的に優れた価値があるとは思わないが、これらの手製の作品は本書で論じられているさまざまなチャートパターンやマーケットの現象、売買ルールなどを説明するのに十分に役立ったと信じている。残念ながらこれらのチャートのラインなどはプロの製図家のようにうまく書けていない。この点についてはどうかお許し願いたい。

　図の選択に当たってさまざまなテクニカルパターンの好例を見つけるのに、何千というチャートを調べる必要はなかったことを指摘しておきたい。数十か、数百のチャートを見れば、ほとんどあらゆる種類のパターンを見いだすことができる。パターンの見方を覚えればだれでも、たとえチャートの数がわずか50枚や100枚であっても、ちょっと調べればそのなかに数多くのテクニカルパターンの好例を見つけられるだろう。換言すると、本書の図は特別にユニークなものではない。われわれがこれらの図を選択するときは、できるだけバラエティを持たせること、2000年というごく最近のものだけでなく、ずっと以前のチャートからも選択するように心掛けた。これらの図（または本文で引用されている図）を作成したときに使用した株価や出来高などに関する情報は絶対に正確であるという保証はないが、信頼性が高いと言われている資料に基づいていることを付記しておく（注　第8版に新しく掲載した図やグラフは**図10.1**、**グラフ10.1**などと表記した）。なお、「図」と記載したチャートはすべて過去の株価の実際の動きを示したものだが、「グラフ」は実際の株価の動きではなく、いろいろな売買ルールを分かりやすく説明するために単純な仮定の値動きを表したものである（これらのグラフはもっと広い目的にも役立つだろう）。

用語解説

（注　以下の用語集は第7版の編集者であるリチャード・マクダーモットがまとめたもので、第8版ではわずかな修正が加えられている）

200日移動平均線（200-Day Moving Average Line）　過去200日の終値を合計してそれを200で割る。次に今日の終値を加え、最も古い日の終値を差し引くという作業を繰り返して得られた数値を結んだもの。

50日移動平均線（50-Day Moving Average Line）　過去50日間の終値を合計し、それを50で割ったもの（注　n日単純移動平均とは過去n日間の終値を合計し、それをnで割る。次に新しい日の価格を加算し、最も古い日の価格を差し引き、その数値をnで割るという作業を繰り返していく）。

MOC（Market On Close）　終値か、それに近いレートで執行される注文。

V/D出来高（V/D Volume）　出来高が増加した日と減少した日を比較した指標。過去50日間のうちで株価が前日比で高かった日の出来高合計を安かった日の合計で割ったもの。

Wフォーメーション（W Formation）　「トリプルトップ」を参照。

アービトラージ（Arbitrage）　相関性の高い2つの証券を同時に

売り・買いして、異なる市場間の価格差（サヤ）を取ること（注　企業買収のときに買収企業の株式を買い、被買収企業の株式を売って利益を上げる「アーブ」とか、「アービトラージャー」と呼ばれる人々は真の意味でのアービトラージャーではなく、実際にはサヤ取りトレーダーである）。

アイランドリバーサル（Island Reversal）　急激な上昇や急激な下落のあとに現れる小さなトレーディングレンジで、その前後に形成されるエグゾースチョンギャップによってそれまでのトレンドから分離された島のような形になっている。それが１日だけの形になっているものは「１日のアイランドリバーサル」と呼ばれる。その前後のギャップはほぼ同じ水準に現れる。このパターンそのものに大きな意味はないが、その後の株価はそれまでとは反対方向に向かうことが多い。

青のトレンドライン（Blue Trendline）　２つ以上の高値を結ぶライン。エドワーズとマギーは高値を結ぶラインを「青のトレンドライン」、安値を結ぶラインを「赤のトレンドライン」としている。

青の平行線（Blue Parallel）　２つ以上の高値を結ぶ青のトレンドラインと平行に引いたライン。２つ以上の安値を結ぶ青の平行線は、次の安値を示唆するラインである。

赤のトレンドライン（Red Trendline）　２つ以上の安値を結ぶライン。安値を結ぶラインを「赤のトレンドライン」、高値を結ぶラインを「青のトレンドライン」としているので混乱しないように。

赤の平行線（Red Parallel）　２つ以上の安値を結ぶ赤のトレン

ドラインと平行に引いたライン。2つ以上の高値を結ぶ赤の平行線は、次の高値を示唆するラインである。

アキュミュレーション、買い集め（Accumulation）　強気相場の最初の局面で、目ざとい投資家が失望した売り方から株式を買い集めている時期。一般に企業の財務報告は最悪で、大衆は株式市場に完全に嫌気がさしている。出来高は低水準であるが、上昇局面では増加し始める。

アット・ザ・マネー（At-the-Money）　オプションの対象商品の時価と権利行使価格が等しい状態。

アップティック（Uptick）　直近の取引価格よりも高い値段で取引すること。

1日のレンジ（Daily Range）　1営業日の高値と安値の値幅。

1日の反転（One-Day Reversal）　「アイランドリバーサル」を参照。

5つの反転ポイント（Five-Point Reversal）　「拡大型のパターン」を参照。

移動平均（Moving Average）　価格データを円滑化する数学的な手法。すでに決まっている価格データを時間の経緯に従ってならすので「移動平均」と呼ばれる。新しいデータを加え、古いデータを削除することで、株価や先物価格の動きを移動平均化すること。

移動平均収束拡散法（MACD, Moving Average Convergence Divergence）　オシレーター系の指標であるMACDでは、直近の値動きを重視する2つのEMA（指数平滑移動平均）の差を表すMACDとそれを平滑平均したシグナルと呼ばれる2本のラインを、中央をゼロラインにしたチャートに描いて売買シグナルを求める。売買ポイントは先行するMACDラインが遅行するシグナルラインを下から上に突破したあと、この2本のラインがともにゼロラインを上回れば強気のシグナル、その反対にMACDラインがシグナルラインを上から下に突破したあと、この2本のラインがゼロラインを下回れば弱気のシグナルとなる。普通は12日と26日のEMAの差を表すMACDラインと、MACDの9日指数平滑平均であるシグナルラインを使用する。それぞれの平滑化定数は0.15、0.075、0.20で、MACDは折れ線か、ヒストグラムとしてチャートに表示される。一般に先行するMACDラインが遅行するシグナルラインを下から上に突破したときが買いシグナル、その反対が売りシグナルとなる。しかし、この2本のラインのクロスオーバーに機械的に従って売買すると、ちゃぶつきで大幅なドローダウンに陥ることになる。特に小幅な値動きのトレーディングレンジでは頻繁にダマシのシグナルが出るので要注意である（**付録C**を参照）。

移動平均のクロスオーバー（Moving Average Crossover）
ある移動平均がもうひとつの移動平均を下から上に突破する、または上から下に突破すること。

インサイダー（Insider）　株価に大きな影響を及ぼすが、一般にはまだ公表されていない重要な企業情報を握っている関係者。未公表の合併情報を知っているその企業の関係者など。こうした情報を握っているインサイダーがその株式を売買することは法律で禁じられてい

る。

インサイドデイ（Inside Day）　その日の値幅が前日のレンジの
なかに完全にはらまれている日。

ウエッジ（Wedge）　収斂するほぼ真っすぐな上限線・下限線で
形成されたチャートパターン。

売られ過ぎ（Oversold）　急速に下がりすぎた相場の状態。

売り買い一往復（Round Trip）　仕掛けと手仕舞いを含めた1回
の取引コスト。

エグゾースチョンギャップ（Exhaustion Gap）　力強いトレン
ドの最終局面で現れる株価や先物価格の比較的大きいギャップ。この
ギャップは普通では2～5日以内に埋められるという点でランナウエ
ーギャップ（かなり長期にわたり埋められない）と異なる。エグゾー
スチョンギャップが現れたからといって必ずしもメジャートレンド反
転になるとは限らず、それまでのトレンドが一時的に休止したあと、
何らかの保ち合いパターンが形成されることが多い。

エリアギャップ（Area Gap）　「コモンギャップ」を参照。

円形底（Rounding Bottom）　下落から上昇にゆっくり進行し
ていく左右対称の保ち合いパターン。株価と出来高のパターンはとも
にボウル（椀）またはソーサー（皿）と呼ばれる凹形をしている。は
っきりした値幅測定方式はない。

円形天井（Rounding Top）　上昇から下落にゆっくり進行していく左右対称の保ち合いパターン。株価のパターンはときに逆ボウルと呼ばれる凸形をしている。出来高パターンは株価がピークのときに低水準で、下落に転じると高水準になる凹形になっている。はっきりした値幅測定方式はない。

エンドラン（End Run）　対称三角形からブレイクアウトした株価が逆行して（上放れのときは）支持圏のほぼ真ん中、（下放れのときは）抵抗圏の真ん中まで戻ること。こうした動きを「エンドラン・アラウンド・ザ・ライン」または単に「エンドラン」と言う。ブレイクアウトが失敗に終わったときに使われる。

大商い（Heavy Volume）　エドワーズとマギーが使っている「大商い」という表現は、その株式の直近の出来高と比較した水準だけを意味しているのではない。

押し（Throwback）　保ち合いパターンから上放れた株価が再び上限まで下落すること。保ち合いパターンから下放れた株価が再び下限まで上昇するのは「戻り（Pullback）」と呼ばれる。

押し（Reaction）　それまでの上げ分の一部を消す株価の下落。

オシレーター（Oscillator）　モメンタムを表す指標で、一般に＋1〜−1、0％〜100％の範囲で表示する。

オプション（Option）　株式や商品先物を一定期間中に一定価格で買う権利（コールオプション）、売る権利（プットオプション）をある投資家から別の投資家に与えること。オプションの買い手は売り

手に対して、オプション料としてプレミアムを支払う。

オプションズ・リサーチ社（Options Research, Inc.） ブレア・ハルが設立し、ブラック・ショールズ・モデルを初めてコンピューター化した会社。旧社名はハル・トレーディング社。

終値（Closing Price） 株式立ち会いの最後の取引価格。商品先物では最終取引日の決済価格を言うこともある。

拡大型の直角三角形（Right-Angled Broadening Triangle） 上限線・下限線のひとつが水平で、もうひとつが拡大している保ち合いパターン。逆上昇三角形・下降三角形とか、上限線・下限線のひとつが水平なメガフォンに似ている。そのどちらが水平であっても、この三角形は弱気のパターンである。通常の上昇三角形・下降三角形と同じく、株価が水平線から決定的に３％以上放れたときが真のブレイクアウトの確認となる。

拡大型の天井（Broadening Top） 転換点保ち合いパターンのひとつで、逆対称三角形、逆上昇三角形・下降三角形のいずれかの形となる。通常の三角形のパターンとは異なり、一連の高値と安値は必ずしも拡大する上限線・下限線で止まるとは限らない。出来高も漸減する通常の三角形とは逆に、パターンの形成が進むにつれて不規則に急増していく。はっきりした値幅測定方式はない。

拡大型パターン（Broadening Formation） 逆三角形とも呼ばれる。狭いレンジから次第に上限線と下限線が拡大していくパターン（拡大型の直角三角形、拡大型の天井、ヘッド・アンド・ショルダーズ、ダイヤモンドなどを参照）。

拡大するパターン、拡大するトレンド（Divergent Pattern/ Trend）　　上限線と下限線が次第に拡大していく逆三角形のパターン（「拡大型パターン」を参照）。

確認（Confirmation）　　株価や先物価格が保ち合いパターンから予想された方向に放れるとき、真のブレイクアウトの最低基準を満たす値幅や出来高の条件。ダウ理論では工業株平均と運輸株平均がほぼ同じ時期に新高値や新安値をとることが条件となる。一方の平均株価が新高値（または新安値）を付けたが、他方の平均株価がそうでないときはシグナルの確認とはならず、ダイバージェンスとなる。こうした現象は株価とオシレーター指標の間にも見られる。株価や先物価格が新高値（または新安値）を付けたときは、オシレーター指標もそうなることが確認の条件である。オシレーターが新高値（または新安値）の確認に失敗したときはダイバージェンスとなり、トレンド反転の早すぎるシグナルである。

下降ウエッジ（Falling Wedge）　　2本の収斂する下降ラインで構成される保ち合いパターン。普通は完成するまでに3週間以上かかり、出来高は株価が頂点のほうに進むにつれて漸減する。下降ウエッジから予想される株価の動きは上放れである。最小限の上値目標値は、ウエッジの最も大きい値幅の距離をブレイクアウト地点から上方に延長したところ。

下降三角形（Descending Triangle）　　直角三角形と呼ばれる保ち合いパターンのひとつで、上限線か下限線の一方がほぼ水平、他方が上向きに傾斜している。下限線が水平で上限線が下向きになっているのが下降三角形である。これは弱気のパターンであり、株価は水平な下限線のどこかでブレイクアウトすると予想される。下値目標値

は、三角形の最も大きい値幅の距離をブレイクアウト地点から下方に
延長したところ。

下降トレンド（Downtrend）　「下降トレンドライン」と「トレンド」を参照。

下降トレンドチャネル（Descending ［Parallel］ Trend Channel）　基本的な下降トレンドラインとそれと平行なリターンライン（アウトライン）の2本のラインに挟まれたレンジ。

下降トレンドライン（Descending Trendline）　株式や商品先物の下落の値動は一連のさざ波で構成されるが、切り下がる高値を結んだラインが基本的な下降トレンドラインである。

肩（Shoulder）　「ヘッド・アンド・ショルダーズ」を参照。

株価の通常のレンジ（Normal Range for Price）　個別株式のボラティリティを測定するため、マギーが考案した分析ツール（**付録A**を参照）。

株式分割（Stock Split）　企業の普通株数を変更することで、それまでとは異なる株価にする経営手法。通常は旧株を回収し、株主にそれまでよりも多くの新株を発行して株価を引き下げる。最も一般的な株式分割は2対1、3対1、3対2など。一方、株価を引き上げるために、数株の旧株を新株1株にまとめて発行株数を減らす株式併合もある。

空売り（Short Sale）　株式や商品先物を最初に売って、あとで

（できれば売値よりも安く）買い戻すこと。株式の空売りではブローカーから株を借りて売り、あとで買い戻して返済する。商品先物の売りと買いはすべてブローカーを通じて行うので、売りと買いの手続きはまったく同じである。

空売りポジション（Short Interest）　空売りしてまだ買い戻されていない株式。NYSE（ニューヨーク証券取引所）では毎月そのデータが発表される。

買われ過ぎ（Overbought）　急速に上がりすぎた相場の状態。

買われ過ぎ・売られ過ぎの状態を表す指標（Overbought/ Oversold Indicator）　価格がある方向に急速に行きすぎたとき、反転の可能性を示唆する指標。

感応度（Sensitivity）　エドワーズとマギーが使った指標で、特定期間における平均株価と比較した個別株式の予想変動率（注　ベータ値とほぼ同じ）。

期近、当限（Front-Month）　一連の限月のうち最初に納会が来る限月。

基点（Basing Point）　ストップオーダーを入れる位置の基準となる株価水準。上昇局面では基点とストップの位置を上方に移動し、下落局面では下方に移動していく（「プログレッシブストップ」を参照）。

基本的なトレンドライン（Basic Trendline）　「トレンドライ

ン」を参照。

逆三角形（Inverted Triangle）　「拡大型パターン」を参照。

逆ボウル（Inverted Bowl）　「円形天井」を参照。

ギャップ（Gap）　①その日の最安値が前日の最高値よりも高い、または②その日の最高値が前日の最安値よりも安い——のどちらかによって形成される価格レンジの窓。この2日の価格レンジをチャート上にプロットすると重複しない空間ができるが、その値幅がギャップの大きさとなる（コモンギャップ、配当落ちギャップ、ブレイクアウエーギャップ、ランナウエーギャップ、エグゾースチョンギャップなどを参照）。

ギャップを埋める（Closing the Gap）　株価や先物価格がギャップを形成したあと、価格が逆行してその水準を埋めること。「Covering（Filling）the Gap」とも言う。

休止した底（Dormant Bottom）　円形底のひとつで、長期にわたるフラットなパターン。品薄株にときどき現れるが、ときに何日も取引のない日が続くこともあるので、そのチャートは「ハエのふんによるシミ」のように見える。予想されるテクニカルなシグナルは上昇である。

供給（Supply）　一定価格で入手できる株式数。

供給線（Supply Line）　「抵抗圏」を参照。

均衡相場（Equilibrium Market） 需要と供給がほぼバランスのとれている相場。

クライマックスセリング（Climax, Selling） セリングクライマックスと同じ。

クライマックスデイ（Climax Day） 「1日の反転」を参照。

クライマックストップ（Climactic Top） 異常な大商い（通常の大商いよりもさらに多い水準）を伴って急騰し、最後の噴き上げを見せたあとに反転下落し、または少なくとも保ち合いや調整局面に入ること。

グラフ（Graph） 「チャート」を参照。

クリーンアウトデイ（Clean-Out Day） 「セリングクライマックス」を参照。

クレードル（Cradle） 対称三角形の2本の上限線・下限線が交わるところ（「頂点」を参照）。

継続パターン（Continuation Pattern） 「保ち合いパターン」を参照。

権利行使（Exercise） オプションの保有者が現物株の買いや売りの権利を行使すること。

コイル（Coil） 対称三角形の別称。

公益株平均（Utility Average） 「ダウ公益株平均」を参照。

工業株平均（Industrial Average） 「ダウ工業株平均」を参照。

コモンギャップ（Common Gap） 「エリアギャップ」とも言う。保ち合い圏で現れるギャップ（窓）で、その後の株価の方向を示唆する重要性はない（「ギャップ」を参照）。

コールオプション（Call Option） 買い手が満期までに一定価格で対象商品を買う権利があるオプション。売り手は買い手からプレミアムをもらう代わりに、買い手の権利行使に必ず応じる義務がある。

コンティニュエーションギャップ（Continuation Gap） 「ランナウエーギャップ」を参照。

指値注文（Limit Order） 売買値を指定した注文。例えば、IBM株を100ドルで指値注文したとき、100ドル以下の有利な価格でしか注文は執行されない。

三角形（Triangle） 「上昇三角形」「下降三角形」「直角三角形」「対称三角形」を参照。

軸（Axis） 株価や各種パターンの測定基準となるグラフ上の真っすぐな線。

支持圏（Support Level） 株価の下落をストップさせるほど多くの買い物が控えている水準で、株価はそこから上昇する可能性がある。

市場逆数（Market Reciprocal）　その株式の数年間の平均レンジに基づく標準的な平均変動率を直近の平均変動率で割ったもの。その数値はその期間の変動率の逆数となる。1以下の小数は大きな値動き、1以上の大きな数値は小さな値動きを表す。

市場逆数（Reciprocal, Market）　「市場逆数（Market Reciprocal）」を参照。

指数平滑平均（Exponential Smoothing）　過去の価格データを累積加重平均したもので、直近の価格にウエートを置いた統計手法。

品薄株（Thin Issue）　発行済み株式数が少なく、取引が少ない株式。

収斂するパターン、収斂するトレンド（Convergent Pattern/Trend）　パターンの形成が進むにつれて上限線と下限線が1点に収斂するパターン（「上昇三角形」「下降三角形」「対称三角形」「ウエッジ」「ペナント」などを参照）。

需要（Demand）　一定価格でその株式を買おうとする買い気。

純資産（Book Value）　その企業の総資産から総負債を差し引いた価値をベースとした株式の理論上の価値。

上限・下限（Boundary）　保ち合いパターンの上限線や下限線。

証拠金（Margin）　信用取引で株式を売買するときの最低必要資

金。米政府は2000年現在の証拠金率を50％に定めている。商品先物市場では約10％の証拠金で先物を売買できるが、必要証拠金率は各取引所によって異なる。株式の場合はブローカーが残りの必要資金を投資家に融資するので、その分については金利を支払う必要がある。一方、商品先物取引の証拠金は「信義則（good faith）」の扱いとなり、ブローカーはその不足分を融資しないので金利はかからない。

上昇（Rally）　それまでの下げ分の一部を埋める株価の上昇。

上昇ウエッジ（Rising Wedge）　収斂する上向きの2本のトレンドラインで形成される保ち合いパターン。通常は完成までに3週間以上かかり、出来高は株価が頂点に向かうに従って漸減する。その後に予想される株価の方向は下落である。最小限の下値目標値は、ウエッジの最も大きい値幅の距離をブレイクアウト地点から下方に延長したところ。

上昇三角形（Ascending Triangle）　直角三角形と呼ばれる保ち合いパターンのひとつで、上限線か下限線の一方がほぼ水平、他方が上向きに傾斜している。上限線が水平で下限線が上向きになっているのが上昇三角形である。これは強気のパターンであり、株価は水平な上限線のどこかでブレイクアウトすると予想される。上値目標値は、三角形の最も大きい値幅の距離をブレイクアウト地点から上方に延長したところ。

上昇トレンド（Uptrend）　「上昇トレンドライン（Ascending Trendline）」を参照。

上昇トレンドチャネル（Ascending［Parallel］Trend

Channel）　上昇トレンドの主要な安値を結ぶ基本的なトレンド
ラインと、主要な高値を結ぶリターンライン（アウトライン）で挟ま
れたレンジ。

上昇トレンドライン（Ascending [Up] Trendline）　株式や
商品先物の上昇の値動きは一連のさざ波で構成され、切り上がる安値
に沿って引いたラインが基本的な上昇トレンドラインである。

水平なチャネル（Horizontal Channel）　トレンドの主要な高
値と主要安値を結ぶほぼ平行な２本のラインで挟まれたレンジ。この
初期の段階は長方形とも呼ばれる。

水平なトレンドライン（Horizontal Trendline）　主要な高値
や主要な安値を結ぶトレンドラインがほぼ水平なもの。

スカロップ（Scallop）　最後に反転上昇する水準が最初に下落し
始める水準よりも幾分高い一連の円形底（ソーサー）のパターン。そ
の値幅率は個別株式によって異なるが、10〜15％であることが多い。
また左端の高値からソーサーの底までの下落率は20〜30％。形成期間
は５〜７カ月間で、３週間以内に完成することはほとんどない。出来
高パターンは凸形やボウル形となっている。

ストキャスティックス（Stochastics）　ジョージ・レーンが考
案したこのオシレーター系の指標は、現在の終値を一定期間の価格レ
ンジと比較するものである。レーンによれば、上昇トレンドの終値は
高値に近く、下降トレンドの終値は安値に近くなる。上昇トレンド・
下降トレンドが転換点に近づくと、終値は各レンジの上限水準・下限
水準から乖離し始める。ストキャスティックスは上昇トレンドでは価

格がその日の安値、下降トレンドではその日の高値近辺に集合し始めるときを見極めようとするものである。そうした状態はトレンドの反転を示唆している。ストキャスティックスは％Ｄと％Ｋと呼ばれる２本のラインを使用し、％Ｄは％Ｋよりも重要なラインである。レンジの範囲は０〜100％で、それらのラインがこの範囲を越えることはない。80％以上では終値がレンジの上限に近づいており、かなりの強気の状態にあると考えられる。20％以下では終値が底値近辺に近づいていることを意味している。普通は％Ｋが％Ｄに先立って方向を転換すると考えられるが、％Ｄが％Ｋよりも先に方向転換するときにゆっくりした確実な反転が示唆されることが多い。例えば、％Ｋと％Ｄの２本のラインが100％近辺の領域から下方に方向を転換し、下向きの％Ｄに％Ｋがクロスしたときが強い売りシグナルとなる。その後に価格が上昇し、それらのラインが上限近くに戻ったときが次の売りチャンスとなる。また２本のラインが横ばいになったら、次のトレーディングレンジでトレンドが反転する示唆となる（**付録C**を参照）。

ストキャスティック（Stochastic）　ランダム（確率）とほぼ同じ意味。

ストップ（Stop）　買いの場合は現在の市場価格よりも高いところ、売りの場合は現在の価格よりも安いところに入れる事前の注文。株価や先物価格が買いストップの価格まで上昇、または売りストップの価格まで下落したときに成行注文となる。ストップオーダーは新規の仕掛け、保有ポジションの手仕舞いのときに利用される（「プロテクティブストップ」「プログレッシブストップ」を参照）。

ストップロスオーダー（Stop Loss）　「プロテクティブストップ」を参照。

スパイク（Spike）　1～2日の急激な価格の動き。

接線（Tangent）　「トレンドライン」を参照。

狭いレンジの日（Narrow Range Day）　前日と比較して狭い値動きで推移した日。

セミロガリスミック目盛り（Semilogarithmic Scale）　株価や出来高を表す縦軸（横線の幅）が同じ比率になっている目盛り。「対数目盛り（Logarithmic Scale）」と同じ。

セリングクライマックス（Selling Climax）　下降メジャートレンドの最終段階で起こる異常な大商いを伴った暴落局面で、多くの投機家やしびれを切らした個人投資家が持ち株を総投げすること。異常な大商いとは、先の上昇トレンドのどの日の出来高よりもかなり多い水準を言う。「クリーンアウトデイ（Clean-Out Day）」とも呼ばれ、マーケットのテクニカルパターンが反転することが多い。1日の反転でないかぎり、数日間にわたって続く。

総合平均株価（Composite Average）　ダウ工業株平均や公益株平均で構成される65銘柄の平均株価。

総合レバレッジ（Composite Leverage）　エドワーズとマギーのテクニカル分析の用語で、株価、感応度、証拠金などの主な要素をひとつの数値で表した指標。

相対的なレラティブストレングス（Comparative Relative Strength）　同業他社、同じ業種や市場全体の株価と比較したそ

の株式の強気度。

底（Bottom）　「休止した底」「ダブルボトム」「ヘッド・アンド・ショルダーズ・ボトム」「円形底」「セリングクライマックス」などを参照。

ソーサー（Saucer）　「円形底」や「スカロップ」を参照。

対称三角形（Symmetrical Triangle）　「コイル（Coil）」とも呼ばれる継続パターン、または反転パターン。目先天井が次第に切り下がる一方、目先底が切り上がるほぼ横ばいの揉み合い圏。上限線と下限線は右端の頂点に向けて収斂していくという点ではウエッジと似ている。パターン形成中の出来高は漸減していく。最小限の値幅目標値は、最も大きい値幅の距離をブレイクアウト地点から延長したところ。

対数目盛り（Logarithmic Scale）　「セミロガリスミック目盛り」を参照。

ダイバージェンス（Divergence）　ある指標が新高値（または新安値）を付けたが、ほかの指標がそれに追随しない現象（「確認」を参照）。

ダイヤモンド（Diamond）　通常は反転パターンであるが、ときに継続型のダイヤモンドもある。V字に曲がったネックラインを持つ複雑なヘッド・アンド・ショルダーズ、または逆三角形と通常の三角形をつなげたパターンとも言える。全体として4つの頂点を持つダイヤモンドの形になっており、かなり活発な相場の大天井に形成される。

ダイヤモンドは多くのヘッドを持つ複雑なヘッド・アンド・ショルダーズに似ているが、右半分は上限線と下限線が収斂し、出来高も細っていく通常の対称三角形の形になっている。最小限の値幅目標値は、ダイヤモンドの最も大きい値幅の距離をブレイクアウト地点から延長したところ。

ダウ運輸株平均（Dow-Jones Transportation Average） 19世紀末に工業株平均から分離した新しい運輸株平均は当初は鉄道株平均と呼ばれ、20の鉄道株で構成された。航空機時代の到来とともに同平均は1970年に一新され、現在の運輸株平均となった。

ダウ公益株平均（Dow-Jones Utility Average） 1929年に公益事業株が工業株平均から分離して新しい公益株20種となった。1938年に構成銘柄は現在の15社となった。

ダウ工業株平均（Dow-Jones Industrial Average） マーケットのトレンドを確認するため、チャールズ・ダウが1884年に開発した平均株価。当初は14銘柄（鉄道株が12、工業株が2）で構成されていたが、1897年にそれらの鉄道株は個別の鉄道株平均となり、12の工業株が現在のダウ工業株平均のベースとなった。構成銘柄は1916年に20、1928年に30となった。工業株平均の構成銘柄はその時代の合併・買収などを反映して変化し、現在まで残っている会社はゼネラル・エレクトリックだけである。

ダウ理論のライン（Line, Dow Theory） ダウ工業株平均や運輸株平均の中期的な横ばい局面で、上下5％以内の小さな値動きのレンジ。

ダウンティック（Downtick）　直近の取引価格よりも安い値段で取引すること。

谷（Valley）　2つの天井に挟まれたV字形の安値（「ダブルトップ」「トリプルトップ」を参照）。

ダブルトップ（Double Top）　高水準の出来高を伴った一番天井を付けたあと、少ない出来高で上げ幅の15％以上を押し、それから一番天井のときよりも少ない出来高の二番天井（一番天井よりも3％ほど高安の水準）付ける。その後の下落で谷の水準を下抜けば反転の確認となる。一番天井から二番天井までの期間が1カ月以上離れていることが条件となる。最小限の下値目標値は、最も高い天井から谷までの距離を谷の水準から下方に延長したところ。

ダブルボトム（Double Bottom）　反転パターンのひとつで、比較的高水準の出来高を伴った一番底を付けたあと、下げ幅の15％以上の戻り高値（山）をとり、それから少ない出来高の二番底（やや丸みを帯びて、一番底よりも3％ほど高安の水準）を付ける。その後の上昇で直近の山の水準を上抜けば反転の確認となる。一番底から二番底までの期間が1カ月以上離れていることが条件となる。最小限の上値目標値は、最も安い底値から山までの距離を山の水準から上方に延長したところ。

ダマシのブレイクアウト（False Breakout）　株価や先物価格がブレイクアウトしてからすぐに逆行し、最終的には放れた方向とは反対方向に向かうこと。こうしたブレイクアウトが起こった時点では、早すぎるブレイクアウトや真のブレイクアウトと区別がつかない。

試し（Test）　株価や先物価格が以前のトレンドラインや支持圏や抵抗圏の有効性を試すこと。

単位株（Round Lot）　売買単位。

チャート（Chart）　株価や先物価格と出来高をグラフ化したもの（「バーチャート」「ポイント・アンド・フィギュア・チャート」などを参照）。

チャネル（Channel）　主要な高値と安値を結ぶ2本のラインに挟まれたレンジ（上昇トレンドライン・下降トレンドライン、水平なトレンドラインなど）。

中期トレンド、修正トレンド（Secondary Trend）　「Intermediate Trend（中期トレンド）」を参照。

中期トレンド、修正トレンド（Intermediate Trend）　エドワーズとマギーの定義によれば、中期トレンドとはメジャートレンドに逆行するトレンド（またはそうしたトレンドを示すパターン）で、3週間～3カ月間続く。逆行幅はメジャートレンドのそれまでの上げ（下げ）幅の3分の1から3分の2。

注文（Order）　「指値注文」「成行注文」「ストップオーダー」を参照。

調整（Correction）　メジャートレンドに逆行する株価や先物価格の動きであるが、メジャートレンドを転換するほどのものではない。上昇トレンド途上の押しや下降トレンドの戻り局面など。ダウ理論で

はメジャートレンドに逆行する中期トレンド（修正トレンド）を指し、通常では３週間〜３カ月間続き、それまでのメジャートレンドに対する逆行幅は３分の１から３分の２である。

頂点（Apex）　三角形の頂点。

長方形（Rectangle）　上限線と下限線が水平か、ほぼ水平な保ち合いパターン。その後のブレイクアウトの方向によって反転型と保ち合い型がある。最小限の値幅目標値は、高さの距離をブレイクアウト地点から延長したところ。

直角三角形（Right-Angled Triangle）　「上昇三角形」「下降三角形」を参照。

強気相場（Bull Market）　長期にわたって株価が上昇していく期間。通常は（常にではない）３つの局面に分けられる。最初はアキュミュレーション（株の買い集め）、二番目は高水準の出来高を伴った安定した上昇局面、最後は大衆が利益を得ようと競って参入してくる大商いの波乱期である。

抵抗圏（Resistance Level）　株価の上昇をストップさせるほど多くの売り物が控えている水準で、株価はそこから下落する可能性がある。

ディストリビューション（Distribution）　弱気相場の最初の段階で、強気相場の最終局面で始まる。目ざとい投資家が株価はファンダメンタルズで正当化される水準以上まで買われているとして、持ち株を急いで手仕舞っている時期。出来高はまだ高水準にあるが、小反

発のたびに細っていく。大衆は活発に買っているが、次第に利益のチャンスが少なくなっていることに警戒感を抱き始めている。

出来高（Volume）　一定期間に取引された株式数や先物約定数。

テクニプラット用紙（TEKNIPLAT Paper）　特別製の対数グラフ用紙で、6本目ごとに太線が引いてあり、株式や商品先物のチャート用紙として使われる。関連情報の入手先は「http://www.john-mageeta.com/」。

鉄道株平均（Rail Average）　「ダウ運輸株平均」を参照。

テープリーダー（Tape Reader）　NYSEやAMEX（アメリカン証券取引所）から電子チッカーテープで流される株価や出来高の情報に基づいて売買しているトレーダー。

天井（Top）　「拡大型の天井」「ダブルトップ」「トリプルトップ」「ヘッド・アンド・ショルダーズ・トップ」「円形天井」などを参照。

突破、突き抜け（Penetration）　保ち合いパターンの上限線・下限線、トレンドライン、支持圏・抵抗圏などを突破すること。

トリプルトップ（Triple Top）　やや長期の3つの天井で構成され、その間に丸みを帯びた幾分深い谷が2つある保ち合いパターン。二番天井の出来高は一番天井のときよりも少なく、三番天井ではさらに低水準となる。とりわけ二番天井が一番天井や三番天井よりも低いときは「Wパターン」とも呼ばれる。三番天井から下落した株価が2つの谷のうちより低い谷を下抜いたときにトリプルトップの確認とな

る。

トリプルボトム（Triple Bottom）　3つの底で構成される保ち合いパターンで、フラットなヘッド・アンド・ショルダーズ・ボトムや長方形とも似ている。

トレンド（Trend）　同じ方向に向かう価格の動きが真っすぐな線で結ばれる傾向（「上昇トレンドチャネル」「下降トレンドチャネル」「水平なトレンドチャネル」「収斂するトレンド」「拡大するトレンド」「マイナートレンド」「中期トレンド」「メジャートレンド」などを参照）。

トレンドチャネル（Trend Channel）　2本のラインで挟まれたレンジ。

トレンドのある相場（Trending Market）　ある方向に大きく動いて引ける相場。

トレンドライン（Trendline）　いくつかの価格のトレンドに定規を当てると、例えば主要な安値を結ぶ真っすぐなラインが引かれる。上昇トレンドでは一連の安値に沿って上向きのラインが引かれるが、高値を結ぶラインは真っすぐなときもあるが、高値が一直線にならず不規則であることが多い。一方、下降トレンドでは主要な高値を結ぶラインは真っすぐになるが、安値に沿って真っすぐなラインを引くことはできない。このように上昇トレンドの安値を結ぶライン、下降トレンドの高値を結ぶラインを基本的なトレンドラインという。

トレンドラインのブレイクの有効性（Validity of Trendline

Penetration）　トレンドラインがブレイクされたとき、次の3つの基準を当てはめてその有効性を確認する。①ブレイク率、②ブレイクしたときの出来高、③ブレイクしたあとの株価の動き。

ドローダウン、リトレースメント（Drawdown or Retracement）　株式ポートフォリオの最大資産額から最小資産額までの損失額。最大ドローダウンとは資産のピークから引かされた金額の最大値。

成行注文（Market Order）　注文が取引所に届いたときの市場価格で執行される注文。

ナンピン（Averaging Cost）　株式や商品先物の買値平均を引き下げるためのナンピン買い下がり、売値平均を引き上げるためのナンピン売り上がりなど（**注**　素人投資家がよくやる愚かな手法である）。

2本のトレンドライン（Double Trendline）　比較的近い距離のところに2本の平行なトレンドラインが引かれるとき、真のトレンドが確認される（「トレンドライン」を参照)。

ネガティブダイバージェンス（Negative Divergence）　2つ以上の移動平均、株価指数、テクニカル指標が相互にトレンドの反転を確認しないこと。

ネックライン（Neckline）　ヘッド・アンド・ショルダーズ・トップでは2つの谷を結ぶライン、同ボトムでは2つの山を結ぶライン。ネックラインを終値で3％以上突破するとブレイクアウトの確認とな

る。ヘッド・アンド・ショルダーズと類似するダイヤモンドのネックラインは、Ｖや逆Ｖの形になっている（「ダイヤモンド」「ヘッド・アンド・ショルダーズ」を参照）。

値幅制限（Limit Move, Limit Up, Limit Down）　先物価格などで取引所が定める１日でつけることができる上限価格や下限価格。

値幅測定方式（Measuring Formula）　各パターンに応じてその後の最小限の目標値が推測できる。それらの典型的なパターンは三角形、長方形、ヘッド・アンド・ショルダーズ、ペナント、フラッグなど。

- ●**三角形**　対称三角形からブレイクアウトした株価は、少なくともそこから三角形の最も大きい値幅の距離だけ動く。
- ●**長方形**　最小限の値幅目標値は、その長方形の高さの距離をブレイクアウト地点から延長したところである。
- ●**ヘッド・アンド・ショルダーズ**　値幅目標値がはっきりと予測できるパターンのひとつで、ヘッドからネックラインまでの距離をブレイクアウトした地点から延長したところが最小限の目標値となる。
- ●**ペナントとフラッグ**　この継続パターンは「マストの真ん中」に現れるという性質から、そのトレンドのスタート地点からそのパターンまでの距離を、ブレイクアウト地点から同じ方向に延長したところが値幅目標値となる。

配当（Dividend）　株主に支払われる現金や株式などによる利益の分配金。

配当落ち（Ex-Dividend）　配当分を株価から落とすこと。

配当落ちギャップ（Ex-Dividend Gap）　配当落ち分だけ株価を下方に調整したときにできるギャップ。

売買高（Activity）　「出来高」を参照。

売買手数料（Commission）　株式、オプションや商品先物の売買注文を執行してもらうためブローカーに支払う料金。株式やオプションでは買いと売りのたびごとに支払うが、商品先物では当初の注文を反対売買で手仕舞うときに支払う（往復手数料とも言う）。

ハイブリッド型のヘッド・アンド・ショルダーズ（Hybrid Head-and-Shoulders）　大きなヘッド・アンド・ショルダーズのなかに作られた小さなヘッド・アンド・ショルダーズ（「ヘッド・アンド・ショルダーズ」を参照）。

端株（Odd Lot）　100株の単位株に満たない株数。

バスケット取引（Basket Trade）　異なる数銘柄の大口取引。

パターン（Pattern）　「保ち合いパターン」を参照。

バーチャート（Bar Chart）　ラインチャートとも呼ばれる。特定時期の最高値と最安値を1本の垂線で表したもので、始値は左側の短い横線、終値は右側の短い線で示す。バーチャートは価格が入手できるどの期間についても作成できる。最も一般的なものは時間足、日足、週足、月足など。パソコンの普及とリアルタイムなデータの入手が可能になったことから、時間足のバーチャートを使用しているトレーダーもいる。

パニック（Panic）　買い方は次第に減少し、売り方はどの価格でも売ろうとする弱気相場の第二局面。それまでの下降トレンドは突然に急勾配となり、出来高はクライマックス的な高水準となる（「弱気相場」を参照）。

パニック底（Panic Bottom）　「セリングクライマックス」を参照。

早すぎるブレイクアウト（Premature Breakout）　保ち合いパターンからブレイクアウトした価格が再びそこに戻ってくること。最終的にブレイクアウトする価格は同じ方向に放れる。早すぎるブレイクアウトが起こった時点では、ダマシのブレイクアウトか、真のブレイクアウトかは区別できない。

バランスのとれたプログラム（Balanced Program）　投資資金のすべてか、その一部を買いと売りに等しく配分すること。

反転パターン（Reversal Pattern）　それまでのトレンドとは反対方向に株価がブレイクアウトする保ち合いパターン（各種三角形、「円形底」「円形天井」「拡大型パターン」「ダイヤモンド」「ダブルトップ」「ダブルボトム」「トリプルトップ」「トリプルボトム」「ヘッド・アンド・ショルダーズ」「長方形」「ウエッジ」などを参照）。

ピーク（Peak）　「トップ」を参照。

ヒストリカルデータ（Historical Data）　日、週や月単位の過去の価格や出来高の記録。

ファンダメンタルズ（Fundamentals） その企業の事業、利益、配当金などに関する株式の情報。商品先物では需給に関係するすべての要因の情報を指す（注 収益、利益、利益率、キャッシュフロー、売上高などの数字がその株式の価値を分かりにくくしている面もある）。

ファンライン（Fan Line） 同じ高値や同じ安値のスタート地点から３本の補助的なトレンドラインが引かれるが、それらはファン（扇）のような形になっている。上昇メジャートレンドでは中期的な下落局面の安値、下降トレンドでは中期的な上昇局面の高値に向かって引かれる。三番目のファンラインがブレイクされたとき、メジャートレンドが再開するシグナルとなる。

フォーメーション（Formation） 「保ち合いパターン」を参照。

噴き上げ（Blow-Off） 「クライマックストップ」を参照。

複合型のヘッド・アンド・ショルダーズ（Multiple Head-and-Shoulders Pattern） 「複雑なヘッド・アンド・ショルダーズ」を参照。

複雑なヘッド・アンド・ショルダーズ（Complex Head-and-Shoulders） 複合型のヘッド・アンド・ショルダーズとも呼ばれる。複数の左肩や右肩やヘッドを持つヘッド・アンド・ショルダーズのひとつ（「ヘッド・アンド・ショルダーズ」を参照）。

普通目盛り（Arithmetic Scale） 株価（金額）や出来高（株数）を表す縦軸の単位が等しい目盛り。

フックデイ（Hook Day）　その日の始値が前日の高値（安値）よりも高く（安く）、終値が前日の終値よりも安い（高い）小さなレンジの日。

プット（Put）　一定期間内に一定の権利行使価格で株式や商品先物を売るオプションの権利。

浮動株（Floating Supply）　いつでも売買できる株式数。一般に発行済み株式数からインサイダーの持ち株や従業員年金基金の保有分などを差し引いた株式を言う。

ブラケッティング（Bracketing）　トレンドのない価格領域やトレーディングレンジ。

フラッグ（Flag）　揉み合いの継続パターンで４週間以内に完成する。ほぼ垂直な急騰・急落のあとに形成される。上限線と下限線はほぼ平行で、ともに上向きか、下向きか、横ばいのいずれかになっている。その形が船のマストの旗のような形をしていることからこの名称がついた。またフラッグは上昇トレンドや下降トレンド全体のほぼ真ん中に形成されるため、「メジャリング（値幅測定）」とか「マストの真ん中」のパターンとも呼ばれる。フラッグ形成中の出来高は漸減し、ブレイクアウトのときに急増する。最小限の値幅目標値は、そのトレンドのスタート地点からフラッグまでの距離をブレイクアウト地点から同じ方向に延長したところ。

ふるい落とし（Shakeout）　メジャートレンドが再開される前に付和雷同する大衆投資家をふるい落とすためのやや大きな逆行の動き。

ブルーチップ（Blue Chip） 業績が良く、株価も安定している値がさ優良株の別称で「gilt-edged stock」とも呼ばれる。IBM、AT&T、GM、ゼネラル・エレクトリックなど。

ブレイクアウエーギャップ（Breakaway Gap） 株価や先物価格が保ち合い圏から放れたあとで形成するギャップ（窓）。

ブレイクアウト（Breakout） 株価や先物価格が保ち合いパターンから放れること。

プログラムトレーディング（Program Trading） コンピューターフログラムの指示に従って売買することで、通常ではトレーダーのコンピューターは取引所のコンピューターシステムと直結している（注 通常ではプロのトレーダーによる大口取引で大商いとなる）。

プログレッシブストップ（Progressive Stop） 株価の上昇・下落に応じてストップの位置を上方や下方に移動していくストップオーダー（「ストップ」を参照）。

ブロック取引（Block Trade） ひとつの銘柄の大口取引。

プロテクティブストップ（Protective Stop） 保有するポジションの利益を確定したり、損失を限定するためのストップオーダー（「ストップ」を参照）。

分散投資（Diversification） リスクを軽減するため、さまざまな産業グループや投資商品に資金を分散して投資すること。ひとつの籠にすべての卵を盛るな。

平滑化（Smoothing）　基本的なトレンドを正しく評価するため、価格のばらつきを平準化する数学的な手法。

平均株価（Averages）　ダウ工業株平均、移動平均、ダウ運輸株・公益株平均などを参照。

平均方向性指数（ADX）　ウエルズ・ワイルダーが考案した方向性のコンセプトをベースとしたトレンドフォロー型の指標。価格のトレンドの強弱を測るために開発されたもので、ADXはよくトレンドのないマーケットを避けるために利用される。一般に指数が高い数値を示すときはトレンドが強く利益につながる局面、低い数値のときはトレンドのない市場を表す。方向性とは一定期間における正味の総変動率を意味する。まず最初に日々の変動幅を合計したポジティブとネガティブの方向性を計算し、それを実質的な変動率である「真の値幅（トゥルーレンジ）」で割って標準化した数値の差が方向性指数（％で表示）である。ADXのさらにスムーズな動きで表すものとして、ADXを平滑平均したADXR指数がある。ADXの数値が高いとき（25％以上）はトレンドの強い局面、低いときはトレンドのない時期である。

ベーシスポイント（Basis Point）　債券やノートなどの利回りを表す最小単位で、1ベーシスポイント＝0.01％。

ベータ（Beta）　市場全体の変動率に対する個別株式の感応度。

ベータ値（Beta ［Coefficient］）　市場全体の変動率に対する感応度の数値。

ヘッジ（Hedging）　リスクを軽減するために反対の取引をすること。例えば、株式ポートフォリオにXYZ株を100株組み入れたとき、そのヘッジとして同じ株のプットオプションを買うなど。株価が下落すればオプションの利益で現物株の損失をカバーできるが、株価が上昇したときの利益は限定される。

ヘッド・アンド・ショルダーズ（Head-and-Shoulders Pattern）　ときに調整型のヘッド・アンド・ショルダーズと呼ばれる継続パターンも見られるが、通常では信頼性の高いメジャートレンド反転パターンである。ヘッド・アンド・ショルダーズ・トップの形成プロセスは次のようになっている。①大商いを伴った急騰が終わり、出来高も細って小反落する。これが左肩である。②再び大商いを伴って上昇し、左肩の水準を突破するが、その後はやはり売買高が細って下落し、前の安値近辺まで下落する。これがヘッドである。③3回目の上昇のときの出来高は左肩とヘッドのときよりも決定的に少なく、株価もヘッドの水準に届かない。これが右肩である。④その後の株価は2つの安値を結ぶネックラインまで急反落し、その水準を終値ベースで3％以上下抜いてブレイクアウトの確認となる。ヘッド・アンド・ショルダーズ・ボトムやその他の複合型も基本的にはこのプロセスをたどる。ヘッド・アンド・ショルダーズ・トップと同ボトムの大きな違いは出来高パターンである。同トップのブレイクアウトのときの出来高は低水準であるが、ヘッド・アンド・ショルダーズ・ボトムから上放れるときの出来高は「著しい大商い」という条件が付く。最小限の値幅目標値は、ヘッドとネックラインまでの距離をブレイクアウト地点から延長したところ。

ヘッド・アンド・ショルダーズ・トップ（Head-and-Shoulders Top）　上昇トレンドが反転下落する保ち合いパターン

(「ヘッド・アンド・ショルダーズ」を参照)。

ヘッド・アンド・ショルダーズ・ボトム (Head-and-Shoulders Bottom)　下降トレンドが反転上昇する保ち合いパターン（「ヘッド・アンド・ショルダーズ」を参照）(**注**　ヘッド・アンド・ショルダーズ・トップを逆にしたもので、「キルロイボトム」と呼んだほうがよい)。

ペナント (Pennant)　上限線と下限線が収斂するフラッグのパターン（「フラッグ」を参照)。

ポイント・アンド・フィギュア・チャート (Point ＆ Figure Chart)　チャールズ・ダウが考案したチャート手法で、事前に決めておいた値幅以上に値動きがあったときに、マス目を設けたグラフ上に×印や○印を書き込んでいく。価格が一定値幅以上に逆行しない（反転しない）かぎり、そのトレンドが継続していると考えて同じ印を続けて記入していく。反転が起こったときは、右側の新しいマス目にそれまでとは反対方向から逆の印を書き入れる。このP＆Fは時間を考慮しない非時系列チャートである。

棒上げ、棒下げ (Running Market)　押しや戻りをほとんど見せずに、株価が上や下の方向に急速に動くこと。

ボウル (Bowl)　「円形底」を参照。

ボラティリティ (Volatility)　直近12カ月間の株価の動きと比較したその日の変動率（**付録D**を参照）。

ボリンジャーバンド（Bollinger Band [BB]）

１本の単純移動平均線から２標準偏差離れた線で囲まれたエンベロープで、ここがボリンジャーバンドとその他のエンベロープの大きな違いである。標準偏差はボラティリティによって違ってくるので、ボリンジャーバンドは相場の各局面でいろいろなレンジになる。ボラティリティが大きいときは広く、小さいときは狭いバンドになる。ボリンジャーバンドのロジックはマーケットにすべきことを教えるのではなく、今起きていることを尋ねようとするものである。一般に使用されるのは20日移動平均で、調整局面ではこの移動平均が支持線となり、株価が移動平均を下抜いてもそれは短期間で終わる。ボリンジャーは短期取引では10日移動平均と1.5標準偏差、中期取引では20日移動平均と２標準偏差、長期取引では50日移動平均と2.5標準偏差の組み合わせを勧めている。一方、時間枠は月足、週足、日足、イントラデイ足のどれでもかまわない。

　一般にボリンジャーバンドだけで売買シグナルを決定してはならず、ボリンジャーもその他の指標との併用を勧めている。このバンドのひとつの利用法としては、株価がバンドの上限に接しても、その他の指標が強気のシグナルを確認したときは売りのシグナルとはならない（実質的には買い継続のシグナルとなる）。これに対し、株価がバンドの上限に接したが、ほかの指標が強気のシグナルを出さないとき（ダイバージェンス）は売りシグナルとなる。このほか、バンドの外で天井パターンが形成されたあと、続いてバンドの内でも天井パターンが現れたときは売りシグナルとなる（この反対は買いシグナル）。

　ボリンジャーバンドをRSIなどのほかの指標と併用するとかなり強力なツールとなる。RSIは買われ過ぎと売られ過ぎの状態を表す指標で、一般に株価がボリンジャーバンドの上限に接したが、RSIが70％以下にあるときはトレンドの継続が示唆される。同じように株価がバンドの下限に接したが、RSIが30％以下にあるときもそれまでのトレ

ンドが継続すると予想される。これに対し、株価がバンドの上限に接
し、RSIも70%以上（80%近く）になったときはトレンドの反転下落
が示唆される。また株価がバンドの下限に接し、RSIも30%以下（20
％近く）になったときはトレンドの反転上昇が予想される（「マルチ
コリンカリティ」「ワイルダーのRSI」などを参照）。

ボロ株（Cats and Dogs）　投資適格以下の低位株。

マクレラン・オシレーター（McClellan Oscillator）　NYSE
の騰落率を表す指数で、買われ過ぎ・売られ過ぎの状態や短期～中期
のマーケットの方向を示唆する。例えば、－150などの大きなマイナ
ス数値は弱気相場のセリングクライマックス、100以上の大きなプラ
ス数値はかなりの強気相場を表す。

マスト（Mast）　フラッグやペナントが形成される前のほぼ垂直な
上昇や下落。

マストの真ん中のパターン（Half-Mast Formation）　「フラ
ッグ」を参照。

マルチコリンカリティ（Multicolincarity）　異なるテクニカル
指標に同じデータを使うという間違ったやり方。同じデータを使って
いる各種指標はほぼ同時に相互のシグナルを確認することになる。例
えば、RSI、MACD、ROCなどが同じ時期の同じ終値を使えば同じ
シグナルを出すことになるが、こうした方法はそれらの指標の正しい
使い方ではない。こうしたマルチコリンカリティを避けるには、ある
指標では終値、別の指標には出来高、もうひとつの指標では値幅デー
タなどを使うことである。このほか、価格データに基づく指標とチャ

ートパターンを併用してもよい（「MACD」「ボリンジャーバンド」
「RSI」などを参照）。

満期日（Expiration） オプションの権利が行使できる最終日。

3日間のルール（Three-Day-Away Rule） 目先天井や目先
底を確認するため、エドワーズとマギーが使った任意の期間。

メガフォン（Megaphone） この種の拡大型の天井パターンは
逆対称三角形、逆上昇三角形、下降三角形のいずれかの形をとる。例
えば、逆対称三角形の場合、水平軸を中心とした一連の値動きでは各
目先天井は切り上がり、目先底は切り下がりとなる。つまり、上限線
は上向き、下限線は下向きとなっており、通常の対称三角形が規則的
でコンパクトな形をしているのに対し、拡大型の三角形は締まりのな
い不規則な形をしている。また通常の三角形の収斂する上限線・下限
線は明確に引かれ、目先天井と底も上限線・下限線のところでかなり
正確にストップするが、逆三角形の高値と安値は上限線・下限線を突
破することも珍しくない。全体の形がメガフォンに似ていることから
このような名称で呼ばれている。その後の株価は下放れる可能性が高
い。

マイナートレンド（Minor Trend） エドワーズとマギーによれ
ば、中期トレンドを形成する短期の値動き（6日～3週間以内）を言
う。

メジャートレンド（Primary Trend） 「メジャートレンド
（Major trend）」を参照。

メジャートレンド（Major Trend）　エドワーズとマギーによれば、メジャートレンドとは20％以上の変動率を伴った1年以上のトレンド（またはそうしたトレンドに至るパターン）を言う。

メジャリングギャップ（Measuring Gap）　「ランナウエーギャップ」を参照。

保ち合い型のヘッド・アンド・ショルダーズ（Head-and-Shoulders Consolidation）　それまでのトレンドが継続する保ち合い型のヘッド・アンド・ショルダーズ（「ヘッド・アンド・ショルダーズ」を参照）。

保ち合いパターン（Area Pattern）　株式や商品先物の動きが一時的に停止したあと、横ばいの動きが続く局面。その形状はその後の株価の方向を示唆する（「対称・上昇・下降・直角三角形」「逆三角形」「拡大するパターン」「ダイヤモンド」「フラッグ」「ヘッド・アンド・ショルダーズ」「ペナント」「長方形」「ウエッジ」などを参照）。

保ち合いパターン（Consolidation Pattern）　継続パターンとも呼ばれ、それまでのトレンドの方向がその後も継続する中段保ち合い局面である（「上昇・下降・対称三角形」「継続型のヘッド・アンド・ショルダーズ」「ペナント」「長方形」「スカロップ」などを参照）。

戻り（Pullback）　保ち合いパターンから下放れた株価が再び下限まで上昇すること。保ち合いパターンから上放れた株価が再び上限まで下落するのは「押し（Throwback）」と呼ばれる。

戻り（Recovery）　「Rally（上昇）」を参照。

揉み合い（Congestion）　保ち合い圏における横ばいの動きであるが、すべての揉み合い期間がはっきりと分かるわけではない。

モメンタム指標（Momentum Indicator）　マーケットの強気度・弱気度や買われ過ぎ・売られ過ぎの状態、反転ポイントなどを示唆する指標。

弱気相場（Bear Market）　長期にわたって株価が下落する時期で、主に３つの局面から成る。最初はディストリビューション（株の売り抜け）、二番目はパニック、最後は最後まで頑張っていた投資家がついにあきらめて手仕舞う総投げの局面である。

ラリートップ（Rally Top）　それまでの短期の上昇トレンドが終了する株価水準。

ランナウエーギャップ（Runaway Gap）　勢いのついた上昇局面や下落局面で現れるやや大きいギャップ。トレンドのスタート地点から最後の反転日までのほぼ真ん中に形成されることから「メジャリングギャップ（Measuring Gap）」とも呼ばれる。最小限の値幅目標値は、トレンドのスタート地点からこのギャップまでの距離を、ブレイクアウト地点からそれまでと同じ方向に延長したところ。

リターンライン（Return Line）　「上昇トレンドチャネル」「下降トレンドチャネル」を参照。

リトレースメント、押し・戻り（Retracement）　株価がそれまでとは反対の方向に向かうこと。

リバーサルギャップ（Reversal Gap）

その日の安値が前日のレンジよりも高く、その日の終値が始値と中値よりも高く引けたときのチャートパターン。

累積騰落出来高（OBV [On Balance Volume]）

J・E・グランビルが考案した人気の高い出来高指標で、OBV線の作成方法は日々の出来高を終値が前日比で高いか安いによって、正か負の値として分けて加算していく。つまり、高く引けた日の出来高は前日までの値に加算し、安く引けたときはそれを差し引く。こうして求めた数値を折れ線グラフで表したものがOBV線で、値動きのトレンドと同じ方向に動く。価格との関係をまとめると次のようになる。

●今日の終値が前日の終値よりも高いときは、前日のOBV＋今日の出来高。

●今日の終値が前日の終値よりも安いときは、前日のOBV－今日の出来高。

●今日の終値が前日の終値と同じときは、それまでのOBV＝前日のOBV。

レバレッジ（Leverage）

少ない資金で大きな投資を行うこと。例えば、50％の証拠金で株式を買うときは50セントで1ドルの株式が買える（金利や手数料は考慮しない）。

レラティブストレング、RS指数（Relative Strength, RS, RS Index）

個別株式の値動きを前年やインデックス（S&P500など）の値動きと比較したもの。1以下の数値は相対的な弱さ（アンダーパフォーム）、1以上の数値は相対的な強さ（アウトパフォーム）を表す（「ワイルダーのRSI」を参照）。RS指数の算式は次のとおりである。

$$\frac{現在の株価 \div 1 年前の株価}{現在のS\&P500 \div 1 年前のS\&P500}$$

レンジ（Range）　特定期間の高値と安値の値幅。

**ワイルダーのRSI（Wilder Relative Strength Indicator
[RSI]）**　個別株式の値動きをインデックスの変動率と比較した相対力に対し、このRSIはウエルズ・ワイルダーが考案し、1978年に刊行された『ワイルダーのテクニカル分析入門』（パンローリング）のなかで発表されたオシレーター指標である。RSIの数値は0～100%の範囲を上下し、30%以下の水準は売られ過ぎ、70%以上は買われ過ぎの状態を表す。このほかRSIには次のような特徴がある（RSIをうまく使って利益を上げるには、一定のリードタイムを見込む必要がある）。

1．バーチャートではっきりと読み取れない値動きも確認できる。
2．70%以上、30%以下の水準で現れる「失敗したスイング」は反転シグナルとなる。
3．支持圏・抵抗圏がはっきりと分かる。
4．RSIと株価のダイバージェンスは信頼できる反転シグナルとなる。

湾曲したネックライン（Bent Neckline）　「ネックライン」を参照。

参考文献

Allen, R.C., *How to Use the 4 Day, 9 Day and 18 Day Moving Averages to Earn Larger Profits from Commodities*, Best Books, Chicago, 1974.

Arms, Richard W., *Volume Cycles in the Stock Market. Market Timing Through Equivolume Charting*, Dow Jones-Irwin, Homewood, IL, 1983.

Arms, Richard W., Jr., The Arms Index, TRIN), Dow Jones-Irwin, Homewood, IL, 1989.

Belveal, L. Dee, *Charting Commodity Market Price Behavior*, 2nd ed., Dow Jones-Irwin, Homewood, IL, 1985.

Bernstein, Jacob, *The Handbook of Commodity Cycles. A Window on Time*, John Wiley & Sons, New York, 1982.

①Bernstein, Peter, *Against the Gods*, John Wiley & Sons, New York, 1996.

Blumenthal, Earl, *Chart for Profit Point & Figure Trading*, Investors Intelligence, Larchmont, NY, 1975.

Bolton, A. Hamilton, *The Elliott Wave Principle. A Critical Appraisal*, Monetary Research, Hamilton, Bermuda, 1960,

Bressert, Walter J. and James Hardie Jones, *The HAL Blue Book. How to Use Cycles With an Over-Bought/Oversold and Momentum Index For More Consistent Profits*, HAL Market Cycles, Tucson, AZ, 1984.

Chicago Board of Trade, "CBOT Dow Jones Industrial Average and Futures Options," Chicago, 1997.

Cohen, A.W., *How to Use the Three-Point Reversal Method of Point & Figure Stock Market Trading*, 8th rev. ed., Chartcraft, Larchmont, NY, 1982.

Cootner, Paul H., Ed., *The Random Character of Stock Market Prices*, MIT Press, Cambridge, 1964.

de Villiers, Victor, *The Point and Figure Method of Anticipating Stock Price Movements. Complete Theory and Practice*, Windsor Books, Brightwaters, NY, orig. 1933, reprinted in 1975.

Dewey, Edward R. with Og Mandino, *Cycles, the Mysterious Forces That Trigger Events*, Manor Books, New York, 1973.

Dobson, Edward D., *Understanding Fibonacci Numbers*, Trader Press, Greenville, SC, 1984.

Dreman, David, *Contrarian Investment Strategy*, Simon & Schuster, New York, 1974.

Dunn & Hargitt *Point and Figure Commodity Trading. A Computer Evaluation*, Dunn & Hargitt, Lafayette, IN, 1971.

Dunn & Hargitt *Trader's Notebook. Trading Methods Checked by Computer*, Dunn & Hargitt, Lafayette, IN, 1970.

Elliott, Ralph N., *The Major Works of R.N. Elliott*, Prechter, R., Ed., New Classics Library, Chappaqua, NY, 1980.

Emery, Walter L., Ed., *Commodity Year Book*, Commodity Research Bureau, Jersey City, NJ, annually.

Frost, Alfred J. and Robert R. Prechter, *Elliott Wave Principle, Key to Stock Market Profits*, New Classics Library, Chappaqua, NY, 1978.

Galbraith, John K., *The Great Crash 1929*, Houghton Mifflin, Boston, 1961.

②Gann, W.D., *How to Make Profits in Commodities*, rev. ed., Lambert-Gann Publishing, Pomeroy, WA, orig. 1942, reprinted 1976.

③Granville, Joseph E., *New Strategy of Daily Stork Market Timing for Maximum Profits*, Prentice-Hall, Englewood Cliffs, NJ, 1976.

Hadady, R. Earl, *Contrary Opinion. How to Use it For Profit in Trading Commodity Futures*, Hadady Publications, Pasadena, CA, 1983.

Hurst, J.M., *The Profit Magic of Transaction Timing*, Prentice-Hall, Englewood Cliffs, NJ, 1970.

Jiler, Harry, Ed., *Guide to Commodity Price Forecasting*. Commodity Research Bureau, New York, 1971.

Jiler, William L., *How Charts Can Help You in the Stock Market*, Trendline, New York, 1962.

④Jorion, Philippe, *Value at Risk*, John Wiley & Sons, New York, 1996.

Kaufman, Perry J., *Commodity Trading Systems and Methods*, Wiley, New York, 1978.

Kaufman, Perry J., *Technical Analysis in Commodities*, John Wiley & Sons, New York, 1980.

⑤MacKay, Charles, *Extraordinary Popular Delusions and the Madness of Crowds*, Three Rivers Press, New York, 1980.

Magee, John, *Analyzing Bar Charts for Profit*, John Magee Inc. (now St. Lucie Press, Boca Raton FL), 1994.

Magee, John, *Winning the Mental Game on Wall Street*, (2nd edition of *The General Semantics of Wall Street*), edited by W.H.C. Bassetti, St. Lucie Press, Boca Raton, FL, 2000.

Mandelbrot, O., "A MultiFractal Walk Down Wall Street," *Scientific American*, February 1999, June 1999.

McMillan, Lawrence G., *Options as a Strategic Investment*, New York Institute of Finance, New York, 1993.

Natenberg, Sheldon, *Option Volatility and Pricing Strategy*, rev. ed., Probus Publishing Company, Chicago, 1994.

Niederhoffer, Victor, *The Education of a Speculator*, John Wiley & Sons, New York, 1997.

Nison, Steve, *Beyond Candlesticks*, John Wiley & Sons, New York, 1994.

Nison, Steve, *Japanese Candlestick Charting Techniques*, New York Institute of Finance, New York, 1991.

⑥O'Neil, William J., *How to Make Money in Stocks*, 2nd ed., McGraw-Hill, New York, 1995.

Patel, Charles, *Technical Trading Systems for Commodities and Stocks*, Trading Systems Research, Walnut Creek, CA, 1980.

Pring, Martin, *Technical Analysis Explained*, 2nd ed., McGraw-Hill, New York, 1985.

Pring, Martin J., *Technical Analysis Explained*, 3rd ed., McGraw-Hill, New York, 1991.

Schultz, John W., *The Intelligent Chartist*, WRSM Financial Services, New York, 1962.

Schwager, Jack D., *A Complete Guide to the Futures Markets. Fundamental Analysis Technical Analysis, Trading Spreads and Options*, John Wiley & Sons, New York, 1984.

⑦Schwager, Jack, *Schwager on Futures, Technical Analysis*, John Wiley & Sons, New York, 1996.

⑧Schwager, Jack D., *Market Wizards*, HarperBusiness, New York, 1990.

⑨Schwager, Jack D., *The New Market Wizards*, HarperBusiness, New York, 1992.

Shibayama, Zebkei, *Zen Comments on the Mumonkan*, Harper and Row, New York, 1974.

Sklarew, Arthur, *Techniques of a Professional Commodity Chart Analyst*, Commodity Research Bureau, New York, 1980.

Teweles, Richard J., Charles V. Harlow, and Herbert L. Stone, *The Commodity Futures Game — Who Wins? — Who loses? — Why?*, 2nd ed., McGraw-Hill, New York, 1974.

Vodopich, Donald R., *Trading For Profit With Precision Timing*, Precision Timing, Atlanta, GA, 1984.

Wheelan, Alexander H., *Study Helps in Point and Figure Technique*, Morgan Rogers, 1966.

⑩Wilder, J. Welles, *New Concepts in Technical Trading Systems*, Trend Research, Greensboro, NC, 1978.

Williams, Larry R., *How I Made $1,000,000 Trading Commodities Last Year*, 3rd ed., Conceptual Management, Monterey, CA, 1979.

Zieg, Kermit C., Jr. and Perry J. Kaufman, *Point and Figure Commodity Trading Techniques*, Investor's Intelligence, Larchmont, NY, 1975.

⑪Zweig, Martin, *Winning on Wall Street*, Warner Books, New York, 1986.

①ピーター・バーンスタイン著『リスク―神々への反逆』（日本経済新聞社）

②W・D・ギャン著『ギャン著作集II』（日本経済新聞社）

③J・E・グランビル著『グランビルの投資法則――株価変動を最大に活用する戦略』（ダイヤモンド社）

④フィリップ・ジョリオン著『バリュー・アット・リスクのすべて』（ジグマベイスキャピタル）

⑤チャールズ・マッケイ著『狂気とバブル』（パンローリング）

⑥ウィリアム・J・オニール著『オニールの成長株発掘法』（パンローリング）

⑦ジャック・D・シュワッガー著『ジャック・シュワッガーのテクニカル分析』（きんざい）

⑧ジャック・D・シュワッガー著『マーケットの魔術師』（パンローリング）

⑨ジャック・D・シュワッガー著『新マーケットの魔術師』（パンローリング）

⑩ウエルズ・J・ワイルダー著『ワイルダーのテクニカル分析入門』（パンローリング）

⑪マーティン・ツバイク『ツバイク　ウォール街を行く』（パンローリング）

訳者あとがき

　1948年の初版刊行から今回で８版を重ね、50年以上にわたって世界中の投資家の間で読み継がれてきた本書は、すでに株式市場のテクニカル分析の「バイブル」となっている。グレアムとドッドの『証券分析』（パンローリング）がファンダメンタルズ分析の原点であるとすれば、エドワーズとマギーの本書はテクニカル分析の原点である。

　『証券分析』は1930年代半ばからほぼ50年間に、その時代の証券問題を分析した独立したシリーズ本として５冊が出版されたが、本書はこの50年間にその時代に応じた改訂を加えただけで現在に至っている。これは実に驚くべきことである。しかし、読者の皆さまが本書を手にとってここに書かれていることを熟読されるならば、そうした事実は何ら驚くべきことではなく、むしろ当然のことだと納得されるだろう。

　アメリカにおける株式市場のテクニカル分析の歴史はかなり長い。ウォール・ストリート・ジャーナルの設立者であり、また1884年にダウ平均株価を開発したチャールズ・ダウのダウ理論に始まり、ダウの同僚だったウィリアム・Ｐ・ハミルトンなどがダウ理論に基づくテクニカル分析をさらに発展させた。そして1930年代にはフォーブス誌の編集長だったリチャード・シャバッカーが、平均株価の重要なパターン（各種チャートパターン、トレンド、反転・保ち合いパターンなど）は個別株式にも出現することを突き止め、それらをテクニカル分析の理論として体系化した。シャバッカーの義弟だったロバート・エドワーズは、こうしたテクニカル分析の研究の流れをさらに広く深いものにした。経済・統計学者であり、また農業・気象・鳥類学の造詣も深かったエドワーズは、人間性の深い研究者でもあった。ジョン・マギーの同僚であり、また生涯の友であったエドワーズは1965年に亡くなったが、それまでアメリカに蓄積されたテクニカル分析のアプロ

ーチを科学的に集大成したのが本書である（このあたりの経緯については本書の序文に詳述されている）。

　本書では「歴史は繰り返す」ということが大きな前提になっている。それならば、歴史に精通すればするほど、将来に起こりうる結果を正確に予想できるのだろうか。その答えはある程度までは「イエス」であるが、完全にとなれば「ノー」である。それは歴史がまったく正確にまたは同じく繰り返されることはないからである。しかし、ある時期のある株式と別の株式の動き、まったく異なる時期のいくつかの株式には多くの類似点が見られる。すなわち、昨年、5年前、さらには50年前の株価のパターン、トレンド、支持圏・抵抗圏などがかなり似ていることも少なくない。そうであれば、それらを形成する株価のパターンに何らかの原則やルールを探すことができるのではないか。

　こうした視点を念頭に置きながら、本書の読み方についてマギーの次のような言葉を引用しておこう。

　「この本はちょっと目を通すといった性質のものではないし、また簡単に金儲けできるような内容が書いてあるわけではない。読者の皆さんはこの本を何度も熟読し、株式投資の参考書として利用すべきである。最も重要なことは皆さん自身が成功と失敗の両方を実際に経験することである。そうすれば自分のしていることは、さまざまな状況の下で自分ができる唯一のロジカルな行為であることが分かるだろう。このような心構えを持てば、皆さんはそれに見合った程度に成功するだろう。そして失敗も株式投資というビジネスの一環としてうまく切り抜けられるようになれば、投資資金も投資意欲もなくなることはないだろう。本書を通じて詳述・分析されているのは、株式投資の手法というよりはむしろ株式投資の哲学なのである」

　テクニカル分析のバイブルとも言える本書の邦訳を決定された後藤康徳氏（パンローリング）、膨大なチャートや本文の編集・校正でお

世話になった阿部達郎氏（FGI）、素敵な装丁の新田和子氏、皆さまのご尽力に感謝いたします。

2004年6月

関本博英

■著者紹介
ロバート・D・エドワーズ（Robert D. Edwards）
チャールズ・ダウが開発し、ハミルトンやシャバッカーがさらに研究・発展させたダウ理論に基づくテクニカル分析の原則を集大成した。そのベースになっているのは、個別株式のチャートパターン、トレンド、支持圏・抵抗圏などを体系化したシャバッカーのテクニカル分析の理論である。

ジョン・マギー（John Magee）
マサチューセッツ工科大学を卒業し、同名の著名な投資アドバイザリー会社を設立。科学的な観点から株式市場を分析した先駆者であり、「テクニカル分析の父」と呼ばれている。マーケットに対するその実践的でテクニカルなアプローチは、すべてのテクニカルアナリストに大きな影響を与えている。マギーはすでに没していたが、全米テクニカルアナリスト協会は1978年にマギーを「マン・オブ・ザ・イヤー」に選んだ。

W・H・C・バセッティ（W. H. C. Bassetti）
ハーバード大学の優等卒業生で第8版の編集者兼共著者であるバセッティは、1960年代にジョン・マギーの生徒としてテクニカル分析の研究を始め、今では電子マーケットを含む最新のマーケット研究の第一人者のひとりである。カリフォルニア州では最初の公認商品取引アドバイザー、ブレア・ハルのオプションズ・リサーチ社のCEO、マーケットメーカーのマネジングパートナー、オプションによるサヤ取りトレーディング会社社長などのキャリアを経たあと、現在ではカリフォルニア州サンフランシスコのゴールデンゲート大学非常勤教授（ファイナンス・経済学）として株式市場のテクニカル分析の講義を行っている。

■監修者紹介
長尾慎太郎（ながお・しんたろう）
東京大学工学部原子力工学科卒。日米の銀行、投資顧問会社などを経て、現在はヘッジファンドのマネジャーを務める。クオンツアプローチによるシステムトレードを専門とする。訳書に『魔術師リンダ・ラリーの短期売買入門』『タートルズの秘密』『新マーケットの魔術師』『マーケットの魔術師【株式編】』『デマークのチャート分析テクニック』（いずれもパンローリング刊、共訳）、監修に『ワイルダーのテクニカル分析入門』『ゲイリー・スミスの短期売買入門』『ロスフックトレーディング』『間違いだらけの投資法選び』『私は株で200万ドル儲けた』『バーンスタインのデイトレード入門』『究極のトレーディングガイド』『投資苑2』『投資苑2 Q&A』『ワイルダーのアダムセオリー』『マーケットのテクニカル秘録』（いずれもパンローリング刊）など、多数。

■訳者紹介
関本博英（せきもと・ひろひで）
上智大学外国語学部英語学科を卒業。時事通信社・外国経済部を経て翻訳業に入る。国際労働機関（ILO）など国連関連の翻訳をはじめ、労働、経済、証券など多分野の翻訳に従事。訳書に、『賢明なる投資家【財務諸表編】』『証券分析』『究極のトレーディングガイド』『コーポレート・リストラクチャリングによる企業価値の創出』『プロの銘柄選択法を盗め！』『アナリストデータの裏を読め！』（いずれもパンローリング刊）など。

2004年9月17日　初　版第1刷発行
2008年7月5日　　　　第2刷発行
2021年9月1日　新装版第1刷発行
2021年10月2日　　　　第2刷発行

ウィザードブックシリーズ ㉛⑨

新装版 マーケットのテクニカル百科 実践編

著　者　ロバート・D・エドワーズ、ジョン・マギー、W・H・C・バセッティ
監修者　長尾慎太郎
訳　者　関本博英
発行者　後藤康徳
発行所　パンローリング株式会社
　　　　〒 160-0023　東京都新宿区西新宿 7-9-18　6階
　　　　TEL 03-5386-7391　FAX 03-5386-7393
　　　　http://www.panrolling.com/
　　　　E-mail　info@panrolling.com
編　集　エフ・ジー・アイ（Factory of Gnomic Three Monkeys Investment）合資会社
装　丁　パンローリング装丁室
組　版　パンローリング制作室
印刷・製本　株式会社シナノ

ISBN978-4-7759-7288-5

ウィザードブックシリーズ 257

マーケットのテクニカル分析
トレード手法と売買指標の完全総合ガイド

ジョン・J・マーフィー【著】

定価 本体5,800円+税　ISBN:9784775972267

世界的権威が著したテクニカル分析の決定版!

1980年代後半に世に出された『テクニカル・アナリシス・オブ・ザ・フューチャーズ・マーケット (Technical Analysis of the Futures Markets)』は大反響を呼んだ。そして、先物市場のテクニカル分析の考え方とその応用を記した前著は瞬く間に古典となり、今日ではテクニカル分析の「バイブル」とみなされている。そのベストセラーの古典的名著の内容を全面改定し、増補・更新したのが本書である。本書は各要点を分かりやすくするために400もの生きたチャートを付け、解説をより明快にしている。本書を読むことで、チャートの基本的な初級から上級までの応用から最新のコンピューター技術と分析システムの最前線までを一気に知ることができるだろう。

ウィザードブックシリーズ 261

マーケットのテクニカル分析
練習帳

ジョン・J・マーフィー【著】

定価 本体2,800円+税　ISBN:9784775972298

テクニカル分析の定番『マーケットのテクニカル分析』を完全征服!

『マーケットのテクニカル分析』の知見を実践の場で生かすための必携問題集! 本書の目的は、テクニカル分析に関連した膨大な内容に精通しているのか、あるいはどの程度理解しているのかをテストし、それによってテクニカル分析の知識を確かなものにすることである。本書は、読みやすく、段階的にレベルアップするように作られているため、問題を解くことによって、読者のテクニカル分析への理解度の高低が明確になる。そうすることによって、マーフィーが『マーケットのテクニカル分析』で明らかにした多くの情報・知識・成果を実際のマーケットで適用できるようになり、テクニカル分析の神髄と奥義を読者の血と肉にすることができるだろう!